U0830150

马克思中观经济学（普及版）

# 拯救世界的经济学

郎咸平◎著

人民东方出版传媒
東方出版社

# 目录

## 第二部分 福利政策：世界主要国家如何转移剩余价值

## 第三部分　经济计划性：世界主要国家如何干预经济

# 导读　马克思中观经济学为什么是拯救世界的经济学

## 一、写作背景

主流西方经济学可以分为微观经济学和宏观经济学。简单地说，微观经济学分析“个人”行为——消费者和生产者的行为。消费者根据效用的大小决定商品的消费量。生产者根据利润的大小决定商品的生产量。在价格的调整之下，生产者生产的商品等于消费者消费的商品，也就是供需平衡。宏观经济学讨论的是“国家”层面的政策。具体地讲就是政府利用财政政策和货币政策维持经济稳定增长。微观经济学讨论的是个人，宏观经济学讨论的是国家。中间缺个环节就是微观经济学和宏观经济学都没有讨论的“产业”。马克思政治经济学的基本框架就是《资本论》，三卷《资本论》的灵魂就是第二卷所分析的两个产业，马克思称之为生产资料部门和生活资料部门。毫无疑问，《资本论》弥补了微观经济学和宏观经济学缺失的中间环节——产业。我的《马克思中观经济学》（人民出版社出版）就是以《资本论》为基础构建了一个全新的学科。《马克思中观经济学》既不分析微观经济学的个人行为，也不分析宏观经济学的财政和货币政策，只是分析了产业，也就是生产资料部门和生活资料部门。因此《马克思中观经济学》完美地修补了微观经济学和宏观经济学缺失的环节。但是《马克思中观经济学》是一本纯学术著作，书里面用了大量的数学推演运算论证了马克思的三卷《资本论》，因此整本书从第三章开始对于非专业人士而言极其晦涩难懂。为了通俗说明马克思中观经济学这一理论，我又写了这本《马克思中观经济学（普及版）：拯救世界的经济学》。这本书适合没有任何专业知识的社会大众阅读。

## 二、本书的特色

**本书的第一个特色就是将《马克思中观经济学》的复杂数学推演运算用图解的方式从第一章到第五章呈现给读者阅读。**

《资本论》分析了两个部门，一个是生产资料部门（类似重工业），一个是生活资料部门（类似轻工业）。在马克思的扩大再生产设置中，资本家会节省部分从劳动者剥削来的剩余价值以扩大再生产，这是第一章、第二章和第三章的内容。换句话说，如果资本家没有剥削劳动者的剩余价值，资本家就没有动力从事扩大再生产，经济就会陷于停滞状态而不会增长，因此政府必然处于两难的地步。如果为了完全的公平，政府通过税收等方式将资本家剥削的所有剩余价值以社会福利的方式全部转移支付给劳动者，结果就是经济停滞发展。如果政府完全放任资本家剥削剩余价值，虽然资本家有动力扩大再生产，经济可以稳定增长，但是必定会出现贫富悬殊、社会动乱，最后孕育出资本主义的掘墓人。因此政府最适当的做法就是利用税收等方式将部分的剩余价值以社会福利的方式转移支付给劳动者，而这也是世界各国目前通行的做法。

**本书的第二个特色就是研究各国是如何处理剩余价值的。**总结起来有三种模式：（1）经济危机推动；（2）工人团结争取；（3）国家主导分配。但是不论哪种模式，一个重要的问题就是：资本家剥削的劳动剩余价值够不够支付福利支出呢？答案就是“不用担心”，因为我在《马克思中观经济学》以及本书第二章已经用数学证明了剥削率一定大于利润率。换句话说，如果利润是100元，资本家剥削的剩余价值一定超过100元，假设是120元。而全世界各国政府向资本家抽的所得税（公司所得税基本介于20%—50%）一定小于100元，也就是一定小于剩余价值120元，所以剩余价值一定足够支付社会福利。再讲得更具体一点，全世界的政府对资本家的所有税费包括所得税绝对不可能超过100元利润，否则就是杀鸡取卵，搞得企业无法生存，经济崩溃。请注意，马克思的《资本论》无法证明剥削率大于利润率，马克思只能透过一些简单的例子猜想剥削率大于利润率，但是《马克思中观经济学》通过数学证明了剥削率大于利润率，这是理论上的重要突破。

**本书的第三个特色是研究世界发达国家的产业政策。**我在第三章中指出，扩大再生产的过程中，生产资料部门（部门1）是优先的，生活资料部门（部门2）起到了后勤配合的作用。部门1产出的生产资料在供部门1扩大再生产使用之外，剩余的部分将用于部门2的再生产。部门2接收部门1剩余的生产资料，按比例配套其他投入，进行本部门的扩大再生产。马克思在扩大再生产中的这一安排，一方面反映了资本家对生产资料（资本品）的追逐，另一方面也表现出了非常明显的“计划经济”特性。我们这里说的计划经济，并不是针对微观层面资源分配和收入分配上的计划性（类似苏联的计划经济），而是针对社会生产部门层面的计划（类似东亚的产业扶植计划）。社会生产的发展，是靠部门1的优先发展来带动的，部门1的优先发展带动部门2的发展。马克思心目中的计划经济就是政府针对部门1而不是针对部门2的计划。这样经济才可以稳定发展。《马克思中观经济学》的分析结果指出，一旦把两个生产部门的“计划性”去掉，也就是放到自由市场下进行扩大再生产，我们惊奇地发现“市场化”的扩大再生产将变得极不稳定，在多数情况下都不能达到常规意义上的稳定扩张（第四章、第五章）。而马克思安排下的“计划性”的扩大再生产是可以实现两个部门同步的稳定扩张的，所以政府只要把握好生产资料部门的计划性，经济自然稳定增长。换句话说，如果我们全面采取了自由市场的经济政策，那么一个不可避免的事实就是经济的不稳定性。凯恩斯在 1936 年所发展出来的宏观经济学就是在这个自由市场的背景下产生的。就是因为经济的不稳定性，所以需要财政政策和货币政策的搭配达到经济的稳定增长。

## 三、政府管理经济和剩余价值分配的三种模式

我们通过对全球主要发达国家的研究发现，只要国家对生产资料部门进行计划，经济就会稳定发展，否则经济危机就会频繁出现。但是计划又不能过头，有两个后果必须注意。第一个后果就是一旦计划深入生活资料部门就会出现新的问题，比如国企病、经济效率和竞争力下滑等。第二个后果就是生产资料部门也不能投资过度，否则必定爆发产能过剩，导致经济长期萧条。所以我们总结出来三种模式，美国是间接控制生产资料部门，虽然市场很有活力，但是不可避免地出现周期性危机，福利水平为发达国家最低。英国和瑞典则是计划过头，国家计划深入了生活资料领域，不得不调整回归。德国和日本是教科书式的计划经济，随着国家经济变好社会福利上升。这三种模式又和剩余价值的分配方式息息相关、密不可分。我们分别论述。

### 1. 第一种模式：经济危机推动剩余价值的分配

这方面的典型是美国（第六章）。美国是全世界资产阶级掌权最

彻底的地方，工人阶级基本没有任何权利，到今天为止美国也没有全国性的法律规定工人可以带薪休假，这项政策在全世界每一个发达国家都有。民主党也不是真正代表工人利益的政党。所以美国的改革都是危机推动的，不到没办法是不会给工人分配剩余价值的。

1900 年左右美国已经是世界第一大经济体，铁路里程占全球的 50%，制造业产值超过英法德的总和。但是自由市场经济的负面效应非常大，贫富悬殊，经济危机频发，完全符合马克思的预测。举例而言，1900 年，美国 1%的富人拥有美国财富的 87%，美国是当时全世界贫富差距最大的国家。洛克菲勒财团控制美国石油产业的 90%。1900 年前后 15 年，美国三次经济危机，总统三次求助摩根财团挽救国家。1893 年，美国总统克利夫兰请求摩根财团帮助维持美国的黄金储备。1902 年煤矿工人罢工，西奥多·罗斯福总统寻找摩根请求帮助。1907 年金融危机，摩根派人到白宫，建议由摩根财团来拯救国家。

1909—1917 年，美国 3700 个公用事业公司消失了，都落入大公司的口袋，大公司对美国的控制深入各个层面，垄断资产阶级已经强大到威胁政府权力的地步。西奥多·罗斯福说："如果不进行改革，替代的结果要么就是……无政府主义，要么就是有钱的工业家不断增长的权力继续压制民主。"即便总统要改革，也没有机会，没有实力挑战垄断资本家。直到 1929 年的经济危机，政府才有了机会进行改革，推动剩余价值的再分配。

**（1）美国剩余分配法案**

**就业**：1930 年秋建立了总统就业紧急委员会（PECE）；1931 年建立了总统失业救济组织（POUR）；1932 年签署了《紧急救济和建设法案》（*ERCA*），授权联邦政府贷款给州政府 3 亿美元用于救济失业者。1935 年 4 月 8 日美国通过了《紧急救济拨款法》，针对城市失业人员，由联邦政府拨款 50 亿美元实施以工代赈计划，兴办大量公共工程（水坝、公路），提供就业。1938 年 6 月 21 日，联邦政府颁布了《公平劳动标准法》（*FLSA*），规定不分男女，劳动工资最低每小时 25 美分，并逐步增加到 40 美分。1946 年美国国会通过《1946 年失业法》，规定政府必要时可以通过赤字的方式来实现“最大程度的就业，提高生产力和购买力”。1962 年颁布《公共福利修正案》（*Public Welfare Amendments*），扩大儿童、老人、盲人和残疾人的福利支出，大幅度增加了联邦对州政府的工作培训与工作安置的支持力度。1964 年 8 月 20 日通过《经济机会法案》，旨在为每一个人提供教育与培训机会、工作机会。

**社保**：1935 年 8 月，美国国会通过了美国历史上第一部《社会保障法》，规定了老年人保障、失业保障和未成年儿童的保障。1945 年杜鲁门要求国会通过法令限定房子的最高价。授权把全国建筑材料的 50%用来建造廉租房。1948 年 3 月 30 日签署《1948 年住房与房租法》，控制房租，并对住房建设给予紧急财政援助。1949 年 7 月 15 日又签署了《1949 年住房法》，规定美国在 6 年内兴建 81 万套公共住房，提供给收入较低的阶层，清除大城市的贫民窟。1950 年《1935 年社会保障法修正案》获得通过，老年及遗属保险得到进一步完善，1000 多万人被纳入保险。1954 年 6 月 1 日，国会正式通过了《社会保障综合修正案》（H9366 号），扩大社会保障津贴，受益者共 750 万人。1964 年，约翰逊总统规定将食品券这一临时性措施改为永久性政策。有资格获得食品券的低收入家庭可以用 6 美元购买相当于 10 美元的食品，联邦政府负担这一计划的全部费用。1967 年 9 月 27 日国会通过 5953 号议案继续为食品券计划提供两年的拨款。其后，这一法案一直延续下来成为美国政府社会保障的基本内容之一。1996年，克林顿政府颁布《个人责任和工作机会协调法案》缩减福利。2002年，布什政府提出了第二阶段深化福利改革的方案——《为自立而工作法案》，继续缩减福利。

**教育**：1852年，马萨诸塞州成为第一个颁布《义务上学法》的州，到1918年密西西比州最后一个颁布义务教育法，美国普及义务教育前后名义上花了60多年。但这里的受教育权不包括黑人，一直到1954年的布朗案黑人才获得名义上的平等受教育权。所以美国真正实现义务教育是1954年。1965年4月11日通过了《中小学教育法》，规定以一个地区的低收入家庭儿童为基础向学校所在地区拨款。1965年国会批准了《高等教育法》，首次规定为贫困大学生提供联邦奖学金。1969年10月11日国会通过了S3467号决议案，其中包括：第一，特别牛奶计划，授权为非营利学校和其他训练及照顾儿童的机构供应牛奶。第二，学校早餐计划，授权各州为学校实施早餐计划。第三，非食品援助计划，授权拨款为低收入地区援助公立的和非营利的私立学校，提供储藏、储备、运输和服务所需设备的费用。

**医疗**：1965年，国会以1935年《社会保障法》修正案的形式通过了针对65岁和65岁以上老人的医疗照顾（Medicare）和针对穷人的医疗救助（Medicaid）计划，国家医疗保险计划正式建立。2003年，《医疗保险法案》施行，将更多处方药品划入公共医疗补助范围，并且创设了健康储蓄账号（Health Savings Account）制度，使人们可以选择省下医疗保险的一部分资金以投资在其他重要地方。2010年的《病人保护和可负担医疗法案》通过。

**（2）美国政府对经济的计划性干预**

借助于经济危机，美国政府的支出占GDP的比重从危机前的

2%—5%在罗斯福新政后达到20%—25%。从此以后政府对经济的干预就再也停不下来了，而且对第一部门的控制手段不断升级，比如最开始的兴办公共工程，还有“二战”期间的直接办国有企业（战后把企业私有化了）。

20世纪六七十年代美国政府通过法律法规控制企业，为企业设立了严格的生产制造标准等。1965年《水质法令》要求各州改进水质；1966年《食品包装和标签法》《儿童保护法》要求食品企业公布食品相关的一切信息，包括配料、营养标准等。1967年《农业公平实施法》给农产品的生产、价格规定标准。1969年《经济稳定法》控制工资和物价。1972年《消费商品安全法》管理控制消费品的安全与可靠性。大家今天可能觉得这一切都是正常的，实际上在当时这都是开创性的工作，即政府为企业制定一切标准，在资产阶级掌权的美国已经很不容易了。

20世纪90年代以来，美国政府对经济的控制越来越接近直接计划经济（类似于我们的产业规划），政府直接制订产业发展计划，引导经济。比如20世纪90年代克林顿政府的信息高速公路计划，直接导致了信息时代的到来。

2009年在奥巴马的《重振美国制造业框架》《先进制造业计划》等文件下，政府牵头成立15个高端制造业中心，高端制造业重新回归美国，就连福耀玻璃曹德旺、富士康都去美国投资建厂了。

2012年通用电气响应美国政府号召，和IBM、思科、英特尔以及AT&T成立了工业互联网联盟。有可能创造一个15万亿美元的工业互联网产业，这将是再造一个美国，和当初的信息产业一样伟大。有些人会说：这些不都是企业行为吗？5家公司合作而已，和美国政府有什么关系？那请问：为什么2008年美国政府一下子就给通用500亿美元，帮他渡过危机？通用一直处于美国金融稳定监管委员会的监督下，能不听话吗？它们去海外占领市场一直靠美国政府在背后推动，有时候会直接出面给对方国家施压，比如 2016 年 12 月 1 日，奥巴马卸任之前力推通用电气和谷歌等美国公司入驻古巴。所以这些超级大公司都和政府有千丝万缕的联系，千万不要以为它们是什么自由市场经济，政府一直在通过金融的方式直接或间接干预第一部门。目的就是让经济尽可能稳定发展。

美国这种间接控制模式也有弊端，那就是马克思所说的不可避免的经济危机。最近的两次经济危机都是从美国开始的，2000 年的互联网泡沫，2008 年的次贷危机。因为工人阶级没有真正掌权，没有话语权，所以美国的社会福利总体来说是发达国家最差的，和美国的国际地位完全不匹配。社保：美国至今仍有 4000 万人依靠领取食品券生活。教育：公立学校的教育质量之差在发达国家垫底，大学收费高昂。医疗：2010 年才借助金融危机的余波通过了奥巴马的全民医疗法案，这和欧洲比已经落后了半个世纪，而且穷人的医疗待遇还很差，美国家庭因病致贫的比例高达 60% 以上。

**2. 第二种模式：工人团结起来争取剩余价值**

马克思预言的经济危机和工人运动在英国（第七章）、瑞典（第八章）得到了最直接的展示。英国和瑞典的工人阶级组成政党，赢得选举，制定政策直接分配剩余价值。只不过两者处理方式不同。先说英国，和美国一样，长期以来实行自由放任的市场经济，英国经济也长期领先世界。政府力量弱小，1890 年英国政府的开支只占 GDP 的 8%，只能维持最基本的政府运转（军队、文职人员），手中缺乏管理国家经济运行的必要手段。随着经济发展，马克思预言的经济危机也开始频繁出现，19 世纪末英国先后发生了 5 次经济危机，分别在 1873

年、1882 年、1890 年、1900 年、1907 年。每次都让资本主义社会生产力大跌，物价下降，企业破产，工人失业。英国的工人阶级 1900 年成立总工会，1906 年改名工党，要求工人福利，但这都没能动摇自由市场经济的理论。1926 年英国还发生了全国性的大罢工。直到大萧条来临，金融危机为先导、产业危机随后，贸易危机、社会危机同时爆发，人民生活贫困。英国造船业减产 90%，钢铁产量减少 50%，失业率达到 22%，其中煤炭钢铁行业失业率达到 60%，有工作的人的工资也大减。借助经济危机英国才开始逐步转移剩余价值。1945 年“二战”胜利后，工党赢得大选，甚至宣布自己是“社会主义政党”，大规模开启福利制度，1950 年建成了世界上第一个福利国家。从教育、医疗、社保、就业四大主要方面保障国民福利。

**（1）英国剩余分配法案**

**教育**：1944 年，政府通过了新《教育法》，规定对所有的 11—15 岁（苏格兰地区为 12—15 岁）的孩子实行免费的中等教育。1947 年工党将学生的离校年龄提高到了 16 岁。

**医疗**：1945 年，英国政府颁布了《国民保险（工伤）法》，在英国建立起新的工伤保险制度，发生工伤事故后由工伤保险基金赔付工伤保险津贴，保险费用由雇主、雇工与国家三方共同缴纳。1946 年新《国民保健法》获得通过，国民保健制度由医院提供的服务和特殊的医疗服务、由地方健康当局提供的服务以及由开业医生提供的一般性医疗和牙科服务构成。

**社保**：1946 年新《国民保险法》强制缴费，为参保人提供失业保险津贴、疾病保险津贴、产妇津贴、寡妇年金以及寡妇补贴、孤儿补贴、养老金以及死亡津贴。1945 年的《家庭补贴法》引入家庭补贴，规定从第二个孩子开始，向每个孩子提供平均每周 5 先令的家庭补贴。

1952 年 9 月颁布的新的《家庭补贴法》将补贴标准提高到每周 8 先令。1956 年，新的《家庭补贴法》又改为从第一个孩子开始提供补贴，标准为每周 8 先令，而其他孩子增加到每周 10 先令。

**就业（失业）**：1948 年新《国民救助法》废除了原来的济贫法制度。在国民救助制度下，对于穷人的各种救助支出均由议会拨款承担。与国民保险制度相比，国民救助制度提供的津贴标准相对较高，使得一些依靠国民救助的家庭的生活水平要明显好于依靠社会保险制度的家庭的生活水平。

1950 年，英国建成世界上第一个“福利国家”，其主要内容为混合经济、充分就业、全面福利和公平分配。英国的福利国家政策，不但使每一个社会成员有了基本生活条件保证，而且向他们提供了“从摇篮到坟墓”的一系列社会保障措施。

**（2）英国政府对经济的计划性干预**

英国的工人阶级取得政权后如何规划第一产业？国有化！

“二战”后，工党第一次以多数派的角色执政（1945—1950 年），第二次长期执政是 1964—1979 年，这期间英国进行了大规模国有化，直接控制各种主要生产资料，包括银行、铁路、电力、煤炭、航空、通信等。

1946 年以后，政府先后依据一系列国有化法令，在铁路运输、电力、煤气、航空、电信、航运等部门企业推行国有化。1946 年 1 月通过《民用航空法》，将民用航空业收归国有，成立 3 家国营航空公司；3 月，英国政府把英格兰银行收归国有，并使其成为法定中央银行；7 月通过《煤炭法》，建立国家煤炭局，政府用 1.6 亿英镑的补偿费将全国 800 家煤炭公司收归国有。1947 年，通过电报及无线电通信业国有法令，将大东电报局收归国有；通过《国内运输业法》，将运输业收归国有，将英格兰、苏格兰、威尔士的四家大铁路公司收归国有。1948 年，通过《煤气法》，将煤气业收归国有。1949 年，将天然气供应收归各地区所有。1951 年,《冶金工业国有化法案》正式生效，对钢铁业进行大规模国有化。

1964 年，工党再次上台，实行第二次国有化。1965 年，新的国有化法案恢复“英国钢铁公司”的名称，钢铁企业被重新国有化；1968 年通过新的《运输法》，把部分机场和港口收归国家管理经营，并将 160 公里以上的货运公司进行国有化改造；1969 年，成立全国客车公司，成立邮政公司；1971 年，劳斯莱斯有限公司破产，政府将航空发动机部分另立公司收归国有；1973 年，创建英国燃气公司。

1974 年 3 月，工党再次执政，威尔逊和卡拉汉工党政府开展第三次国有化运动。1974 年，工党政府提出要把开发的土地收归国有。1976 年，利兰汽车公司被收归国有。1977 年工党政府宣布建立英国宇航公司，还将一些自动化高端技术设备企业收归国有；将造船工业国有化，组成英国造船公司。70 年代末，卡拉汉政府成立了英国国家石油公司，执行政府参加沿海油田的开发权利，把私人所有的商业港口和运输设备置于国家所有和管理之下。

1977 年截止，银行、煤炭、铁路、造船、煤气、电站、广播通信、邮政领域 100% 是国企；钢铁业、航空业 75% 是国企；汽车业 50%是国企。按照马克思的中观经济学原理，过度的干预生产资料部门也不行，会导致效率低下、人浮于事、国际竞争力下降。英国也碰到了这样的问题，这引起了民众的不满。工党下台，保守党执政。

1979 年撒切尔夫人领导的保守党上台，开始了大刀阔斧的改革。国企大规模引入私有化，国家只保留一个黄金股。过去 100% 由国企经营的铁路、造船等行业开放给民营企业经营牌照。大家不要以为这就是回归自由市场经济了，恰恰相反，这充分体现了政府的调控能力。撒切尔完全没有改变“二战”以来国家职能的基本格局，也不可能回归自由放任，反而是需要市场的时候就让市场更多地发挥作用，需要计划的时候政府随时可以重新计划。通过宏观调控的方式进行引导。

2012年10月，英国建立“绿色投资银行”，由英国政府全资控股，三年内在英国境内投资了超过40个绿色项目。目的是引领绿色经济的发展。具体内容包括发展风力发电及废弃物的无害化处理等。

2017年11月27日，英国商务、能源与战略部发布了《产业战略白皮书》。白皮书规划了英国未来数十年的产业发展策略，提出政府与企业合作，首先在建筑、生命科学、汽车、人工智能四大产业签署合约联合发展，并提出了多项投资研发、教育、基础设施升级的计划。产业战略的目标是，到2030年，英国成为全球最为创新的经济体，为国民创造高技术含量、高收入的就业机会。到2027年，将英国研发投资占GDP的比重，从1.7%提高到2.4%。这意味着，在未来10年内，英国或将对高科技产业再投入800亿英镑。已经进入规划的项目有：2.46亿英镑用于研发下一代电池技术；8600万英镑用于在全国建立机器人中心；对数学、数字技术教育增加投资4.06亿英镑，帮助解决科学、技术、工程、数学技能的短缺问题；1.7亿英镑将用来推动建筑产业转型，提供更为安全的工作、生活环境；2.1亿英镑用于推动早期疾病诊断和精准医疗的发展。这就是典型的国家推动、企业实施，类似于我们的五年规划。

瑞典也一样，自由市场经济的冲击让工人无比痛苦。1868—1874年，仅斯德哥尔摩就发生了25次大罢工。70年代末80年代初，在工会的领导下，瑞典每年都要发生几十次甚至上百次声势浩大的罢工运动，此时的瑞典工人运动也开始成为西方最有影响力的工人运动之一。

1898 年，工人成立瑞典社会民主党争取民众福利。瑞典的社会民主党是以马克思、恩格斯为精神领袖的工人政党。

发源于美国的大萧条也冲击了瑞典，当时瑞典的失业率达到 25%。执政的资产阶级政党——人民党不但不想办法解决人民的痛苦，反而降低工资、紧缩政府开支。资产阶级政党的无能帮助社会民主党在 1932 年成功胜选、组阁。但是他们没有选择英国那样的国有化运动，而是直接命令资本家大幅度提高工人福利，通过高税收的方式转移剩余价值。这些福利不但包括教育、医疗、社保、就业四大方面，还包括建房补助、结婚安家费、带薪假期、工作时间等其他福利，而且其中有些福利强制由雇主承担。资产阶级和工人阶级达成了妥协。

**（3）瑞典剩余分配法案**

**社保**：1934 年，瑞典社会民主党首先颁布了《失业保险法》；1948 年，在社会民主党的推动下，瑞典议会通过了一项新的养老金立法，废止以收入调查、社会保险为基础的养老制度，构建了以国家财政支持为核心的普遍性养老金制度，所有国民均可享受养老金福利并缴纳统一费率的养老金。另外还附加特别住房和家属津贴以提高基本养老金的待遇水平，同时增加了残疾和死亡给付的内涵（残疾人年金和寡妇年金）。[①] 1958 年，瑞典通过了《养老金补充法》，管理方是国家，但费用全部由雇主承担，国家不给予财政支持和担保，具有强制性。1969 年开始为没有补充年金或年金很低的人提供特别养老金，以抚平补充养老金而导致的贫富差距。

**医疗**：1935 年修改了原有的老年保险法和医疗保险法；1943 年瑞典建立了国家健康保险，并将之前所存在的通过慈善机构和工会建立

---

① 杨东：《公共养老金一体化改革研究——以美国、日本、瑞典为例》，[D]. 武汉大学，2014。

的个人医疗保险纳入统一的国家医疗保险中。1946 年，瑞典建立了《健康保险法》，明确强制瑞典各单位要落实医保制度。1969 年，瑞典开始进行“七克朗改革”，主要内容是将所有的医生收编成为全职的公共职员，并限制医生建立私人门诊，将私人运营的医疗机构逐渐纳入公立医院管理，建立统一的公共医疗服务体系。

**就业**：1934 年颁布《失业保险法》，1936 年颁布了《农业工人标准工作时数法》。1938 年，议会批准给所有工人每年两周带薪假期[①]。今天通行全世界的很多工人福利是瑞典人首创的，在资产阶级充分掌权的美国，工人至今没有带薪假期。

**教育**：1950 年，开始实行 9 年制义务教育。随着瑞典社会民主党“人民之家”政策的推行，瑞典通过逐步缩减对私立学校的补贴来限制私营教育机构的发展，瑞典私立教育逐渐萎缩，社会民主党更是将公共强制教育视为实现社会团结的有效手段，因为“在公立学校中，所有的学生都将获得平等的待遇，而无论来自贫穷家庭还是富裕家庭，这将为实现一个没有阶级区别的社会打下基础”。[②]

其他：1934 年的《个人建房补助法》。1937 年，瑞典出台了专门向子女提供生活费用补助的《家庭补贴法》。1937 年，新的法案规定给收入较低的母亲发放抚养补助金，给新安家的年轻夫妇发放政府贷款。

瑞典的高福利政策，只要保证消费部门有合理消费能力，资本家自己就会主动投资生产资料部门。这也符合马克思的中观经济学，只不过一旦消费占有过多就会影响生产资料部门的投资。简单说，工人

① 斯哈登纽斯：《21 世纪的瑞典政治》，求实出版社 1990 年版，第 31 页。

② Andersson, I. and Nilsson, I. “New Political Directions for the Swedish School”, *Educational Review*, 2000, 52 (2): 157.

阶级政党执政也要符合马克思的经济学原理，那就是不能把手伸得太长。70年代的瑞典政府由于工人阶级长期执政，要的福利越来越多，比如限制物价、强制提高工资等方式直接干预生活资料部门。根据马克思的理论，这会造成经济不稳定、竞争力下滑。当时瑞典的工业企业都出现了效率下降，经济活力变差，国际竞争力下降的问题。瑞典的社会民主党在1976年败选，新上台的资产阶级联合政府开始减少福利、恢复经济平衡。

**（4）瑞典政府对经济的计划性干预**

瑞典政府对第一产业的影响一直通过间接的方式进行。80年代开始，瑞典先后兴建科技园区24个，吸引国内外企业到瑞典投资研发，促进了瑞典高新技术人才成长和产业升级。其中希斯达（KISTA）科技园已成为仅次于美国硅谷的世界第二大科技园区。近年政府又投入数十亿美元加强宽带网建设，使信息产业发展环境大为改善。

2008年瑞典投入53亿瑞典克朗用于支持20项具备或者有潜力达到世界最高水准的研究领域发展。比如其中的“可持续制造倡议”，这个项目由瑞典政府、查尔莫斯理工大学、隆德大学共同出资，建立了4个国家级产品创新实验室。

瑞典创新局2014年提出《瑞典制造2030》，关键词就是创新和可持续。预计瑞典将在2030年完成无线充电公路建设。其中各项技术的突破都离不开政府引导和企业研发。瑞典创新局提出：“2030年，瑞典有望成为研发与制造高级产品与服务的少数国家之一。”

**3. 第三种模式：国家主导剩余价值的分配**

这方面的典型是法国（第九章）、德国（第十章）和日本（第十一章）。因为这三个国家发展资本主义的过程都是封建统治者推动和建立的。所以国家在分配剩余价值的过程话语权比较大。其中德国和日本是教科书式的计划经济，法国也是马克思的好学生，但是比德国和日本稍微差了点儿。我们先说法国。

法国一直是欧洲中央计划最强烈的国家，因为其资本主义是在拿破仑政府的推动下发展出来的，1929—1933 年的大萧条对法国的影响也小于英国和美国。“二战”结束前，法国已初步形成社会保险制度。但此时的福利制度基本上是以行业为基础建立起来的，主要是那些要求熟练劳动力的部门企业为稳定本企业职工而实行某些保险项目，范围有限。“二战”后，法国从 1946 年开始就有明确的五年规划，战后三年，国民经济就恢复到了战前水平。法国的福利社会就是随着国家经济实力的增强建立起来的。

**（1）法国剩余分配法案**

**社保和就业：**1945 年 10 月，由国民议会通过的《法国社会保险法》规定所有有雇佣劳动关系的劳动者都必须参加基本养老保险。1946 年的《社会保险法》将社会保险的使用范围扩大到居住在法国领土的所有公民。

**医保：**1945 年法国建立公共医疗保险制度，至今没有太大变化。每一个在法国居住的（包括外国人）都可以享受医保，国家制定统一的征收标准，生病报销 70%。随着经济的发展，国家规定 25 种慢性病可以 100%报销。没有劳动力的穷人任何病都全免费。

**教育：**1792 年，国民应接受 3 年义务教育。1881 年“费里法案”规定所有公民必须接受 7 年义务教育。1936 年延长到 8 年。1959 年延长到 10 年。

**（2）法国政府对经济的计划性干预**

在控制生产资料方面，法国是直接持有和经营国企。1945—1946 年，法国政府颁布了一系列国有化法律，先后将雷诺汽车公司、法兰西电力公司、法兰西煤炭煤气公司、法兰西银行、国民工商银行等，以及 30 多家保险公司收归国有。全国煤炭局、国家铁路局、国家宇航公司和法兰西电力公司等经营管理机构相继建立。1948 年，法国国民议会颁布法令成立新的法国航空公司，法国政府拥有 70%的股权，成为法国国营航空公司。1967 年，34 家保险公司改组为 3 家集团，即巴黎保险联合公司、国家保险集团、巴黎保险总公司。1970 年，北方飞机制造公司、南方飞机制造公司和弹道导弹研究和制造公司合并为国营宇航工业公司。1981 年密特朗政府再次颁布国有化法律，在 1981—1982 年将五大工业集团（法国通用电气公司、圣戈班公司、佩希内于吉纳-库尔曼公司、罗纳-普朗克公司、汤姆逊-布朗特公司）、两大金融公司（巴黎荷兰金融公司和苏伊士金融公司）以及存款在 10 亿法郎以上的 36 家大银行国有化。

至此，法国国有企业在邮政、电信、核电、铁路运输、烟草以及煤气生产方面控制程度达 100%；在钢铁行业的控制比重为 80%，航空运输行业为 87%；在基础化学、人造纤维、有色金属等行业，国有企业的比重也超过了 50%。发展至今，这些企业多多少少都具备国企病。因为随着经济的发展，它们已经从过去的生产资料部门演化为或者延伸到生活资料部门。所以法国也在酝酿国企改革，试图让它们恢复市场活力。

目前法国对经济由直接计划转为鼓励创新科技。2004 年法国把“科研税收抵免”确定为一项永久性的、鼓励创新的公共政策。2008 年进行改革，“科研税收抵免”主要面向从事基础研究、应用研究和实验开发的企业，而且科研有关的人员费用、转包费用等都可以进行税收抵免。2012 年，法国又进一步将税收抵免政策扩展为针对中小企业的“创新税收抵免”。2012 年 11 月 6 日，法国总统奥朗德发布了《促进增长、竞争力和就业国家公约》，开始推行“竞争力与就业税收抵免”政策，继续为企业改善科研与创新等提供税收抵免的财政支持。这一系列的税收抵免政策明确地反映出法国大力支持企业，特别是中小企业开展科技创新活动的政策导向[①]。2013年，法国进行了高校与研究体制的改革，《高教与研究指导法》提出建立国家科研战略委员会，把科研视作国家发展战略的重要一环。

德国的经济发展和法国有类似之处，德国从诞生的第一天就处于俾斯麦政府的强制干预下。德国统一不久（1871年），俾斯麦政府就建立了一系列社会保障制度，促进工人福利，并建立了世界上第一个实行社会保险的国家。“二战”后这些福利政策随着经济回升逐步回归。

**（3）德国剩余分配法案**

**教育**：德国的前身普鲁士是世界上最早实行义务教育的地区（1717年）。**医疗**：1883年德国通过《疾病保险法》，建立以强制性的法定医疗保险为主，自愿性的私人保险为辅的医疗保险体系，覆盖了90%的德国公民。**社保**：1889年《老年和残疾保险法》规定退休老人和因伤残而丧失劳动能力的人，可以按照伤残程度领取养老金；1911的《帝国保险条例和职员保险法》，把保险的对象从工人扩大到公司职员，还成立了专门的社会保险管理和监督机构。因而在“一战”前德国就率先建立起了全面的社会保障制度，基本实现了福利国家化。1919年的社会保险法典，将强制性疾病保险的适用范围扩大到农业工人、用人、零工、家庭雇佣者以及流动小商贩。**就业**：1927年德国颁

① 杨博：《法国研发支出税收抵免政策及对我国的启示》，《会计之友》2012年第8期，第106页。吴海军：《法国科技体制建设和发展情况介绍》，《全球科技经济瞭望》2014年第10期，第13页，第18–19页。

布了《失业介绍法和失业保险法》，标志着德国失业保险制度的真正建立。德国从此开始实行了全面的法定失业保险。

随着经济的发展，这些法案不断完善，保障的疾病种类和人群也越来越完整。1969 年颁布了《劳动促进法》和对《联邦社会救济法》的修改决定，对原有的失业保险制度进行了一系列的调整和补充，扩大了对伤残人士的救济范围，增加了特殊社会困难救济等。1971 年，进一步扩大了工伤保险的覆盖面，将全国所有社会成员纳入进来。1972 年对养老保险进行补充改革，成为世界上最慷慨的养老保险制度之一。1975 年德国政府颁布了《联邦子女补贴费用法》，以法律的形式对未成年者进行补贴做出规定。两德统一后，社会福利支出占国民生产总值的 30%。因为国家力量强大，国家主导资本主义的发展，那么剩余价值自然也是在国家的主导下和工人分享。

**（4）德国政府对经济的计划性干预**

德国之所以能获得那么强大的经济能力挑起了两次世界大战，根源就在于强大的经济计划，尤其是对生产资料部门的计划。“一战”前，德国政府直接拥有全国 94% 的铁路，取消私人邮局，44 个最大的矿山、12 个大钢铁企业、发电设备等统统属于政府，还将私人的发电厂、煤气厂、自来水厂、公共运输公司等改为国有企业，由国家经营。这是德国历史上第一次大规模的国有化。

“二战”以后，德国联邦政府先后颁布法令将水、电、煤气、交通、铁路、邮电和航空等重要公共经济部门收归国有。之后继续颁布《德意志联邦银行法》(1957)、《促进经济稳定与增长法》、《信贷法》(1961) 和《外贸法》(1961) 等，对国民经济及企业的经济行为进行直接强制性干预。效果很明显，德国经济迅速崛起。

如今，德国对国家经济的计划依旧强势。大家都知道德国是世界上第一个提出工业 4.0 的国家（2011 年），其实这不过是德国政府《德国 2020 高技术战略》中提出的五大需求领域之一。2006 年德国就发布了《德国高科技战略》（2006—2009 年）报告，提出到 2009 年，德国政府的高技术投资总额将达到 146 亿欧元。报告确立了 17 个现代技术创新范围：安全研究、健康与医学、环境技术、光学技术、信息与通信、航空航天、车辆与交通技术、微系统技术、纳米技术、生物技术和材料技术等。通过该战略，国家和经济界在研发领域投入了前所未有的资金和精力。高技术战略帮助德国提高了在全球竞争中的地位，成功增加并整合了科研与创新投资。

2010 年 7 月，德国出台了《德国 2020 高技术战略》，基于德国高科技战略的成功模式，强调聚焦于全球挑战、着眼未来和面向欧洲等战略新重点，提出了气候与能源、健康与营养、物流、安全、通信这五大国家需求领域的思路和建议。这些都是典型的控制（引导）第一产业部门，但是对第二产业部门不加干预。

日本的发展过程全方位地复制了德国模式。这个复制过程完全是明治政府一手推动的。而且日本和全世界发达国家都不一样，日本是终身雇佣制。这种体制本身就是一种福利。而且日本重视集体主义，工人很少为了提高待遇罢工。所以日本直到 20 世纪 70 年代才建立起和西方国家相当的福利制度。原因就是，国家在经济发展中处于主导地位，所以对剩余价值的分配也有很大话语权，经济变好后把剩余价值还给老百姓。

**（5）日本剩余分配法案**

**社保**：面对大批失业人员和伤残军人，日本于 1945 年 12 月通过《紧急贫困者援助生活纲要》，1961 年确立了国民皆保险、国民皆年金体制，成为日本社保的主干。**就业**：1947 年，通过《失业保险法》，在受保者失业后，向其支付失业补助金，以保障受保者的生活安定。**医疗：**随着日本经济在20世纪五六十年代好转，不断提高公共事业费、社会保障费，1973年1月实施老人医疗免费化。**教育：**日本对于国民教育非常重视，在全方位学习德国制度时引进了德国的义务教育制度，1872年（明治五年）提出普及小学教育，比法国还早10年。到了1937年大举侵华时，日本9年义务教育普及率已经达到89%。

**（6）日本政府对经济的计划性干预**

在控制生产资料方面，明治政府把建好的工厂以半卖半送的形式交给民间经营，资本主义的发展让日本迅速成为世界强国。“二战”后，在美国的默许下停止解散财阀，继续实施“倾斜式生产方式”，其实就是计划经济，优先发展钢铁、煤炭。20世纪50年代又在国家主导下发展出口导向型经济，成立国家出口银行，为出口型企业提供资金援助，发放低息贷款等。这都是计划经济的典型。但是无论德国还是日本都没有把计划深入生活资料领域，他们深得马克思计划经济的精髓，尤其是“二战”以来的计划经济，堪称教科书式的完美。90年代，日本陷入传说中失去的二十年，实际上日本政府对高新技术产业的扶持，对第一产业部门尤其是高新技术产业的扶持从未止步。这也是日本长期保持科技优势的原因。

20世纪90年代之后日本提出了“创造性知识密集型”的产业政策。1995年12月，日本内阁通过了政府的第十三个长期计划《经济社会结构改革计划》，鼓励创业和改组原有产业，对那些开发能力强、有发展前途的风险企业，理顺其资金渠道，提供资金保障。和全世界都不同的是，日本政府和企业的关系非常密切。日本的经济计划出台的过程中都有大企业直接参与，保证了经济政策符合实际，还能避免企业直接破产引发工人失业。比如2003年4月，政府出资10万亿日元成立“产业再生机构”，对资不抵债的企业进行业务重组、裁员、招聘新的经营团队等，然后重新评估再生后的企业价值，据此推算企业能偿还债务的上限，超过限额的部分要求银行免除债务。产业再生机构一共救活了41家资不抵债的僵尸企业。这和日本企业的发展历史以及日本的集体主义文化密不可分，也可以看出政府和企业的密切关系。但是日本政府从来不去直接指导企业的生产，不去干预生活资料部门。这保证了日本经济的稳定发展，社会和谐。

## 四、中国模式

对于剩余价值的分配方式，发达国家的三种模式各不相同，但是对于具体的保障内容落实起来不外乎以下四方面：医疗、教育、就业（失业）、社保。我们和他们的差别只是保障程度而已。中国（第十二章）目前也已经建立了这四大保障体系，但是因为我们的经济发展水平，尤其是人均GDP和他们还有不小的差距，所以不可能在保障水平上和他们看齐，但是随着经济的发展这些福利都会水涨船高。1978年以前我们首先对城市居民和工人进行了全方位的福利覆盖，包括生老病死，上学、医疗、工作、结婚、住房等全部生活都由“组织”来安排。因为这种计划已经深入生活资料部门，完全不符合马克思的中观经济学原理，问题重重。1978年以后我们开始向第三种模式靠拢，由国家主导剩余价值的分配，逐步建立统筹城乡居民的养老保险、医疗保险，所有企业职工开始享受统一标准的社保，义务教育的公平性也越来越高。

根据各发达国家的经济发展过程我们也可以看出，经过了自由市场经济放任发展，渡过了各种经济危机后，发达国家都有意识地直接或间接控制生产资料部门，首先是实体部门：核电、航空航天、石油、钢铁、农业、水电煤气等。现在发展为对高科技行业的引导：先进制造业、工业互联网、工业 4.0 等。对于生活资料部门（衣食住行），包括汽车、家电、衣服、食品等日常生活相关的工业种类他们基本不干预。

**1. 中国剩余分配法案**

**医疗：**从中华人民共和国成立初期到 20 世纪 70 年代末这段时期，我国在城镇地区建立起了公费医疗制度和劳保医疗制度。其中，公费医疗制度主要面向机关事业单位工作人员、大专院校学生，属于政府保障型，经费由国家财政统一提供。劳保医疗制度是根据 1951 年颁布的《中华人民共和国劳动保险条例》实施的，劳保制度的对象为国有企业职工和退休人员，由企业负担费用。1998 年,《国务院关于建立城镇职工基本医疗保险制度的决定》正式建立起了社会统筹和个人账户相结合的城镇职工基本医疗保险制度。2007 年,《国务院关于开展城镇居民基本医疗保险试点的指导意见》将不属于城镇职工基本医疗保险制度覆盖范围的中小学阶段的学生、少年儿童和其他非从业城镇居民纳入保障范围，以家庭缴费为主，政府（有能力企业）给予适当补助，2009 年实现了城镇居民医疗全覆盖。

农村医疗方面，1956 年全国人大一届三次会议《高级农业生产合作社示范章程》规定，建立起农村合作医疗，后来土地承包制推行导致的集体经济的解体，农村合作医疗陷于崩溃，农民长期处于自生自灭的状态。2002 年 10 月,《中共中央国务院关于进一步加强农村卫生工作的决定》明确指出：重新在农村建立新型合作医疗制度，保障农村居民的医疗卫生需求，提出要求建立以大病统筹为主的新型农村合作医疗制度。2008 年，全国新型农村合作医疗基本覆盖全体农村居民。

2012 年，我国引入市场机制，建立起了大病保险制度，保费从城镇居民医保基金、新农合基金中划出，通过招标形式向商业保险公司购买大病保险，覆盖全部居民。

**教育**：1949 年 9 月，中国人民政治协商会议通过的《共同纲领》指出：在全国要“有计划有步骤地实行普及教育”。但在“文革”期间受到重创。1986 年 4 月 12 日通过《中华人民共和国义务教育法》规定，凡年满六周岁的儿童，不分性别、民族、种族，应当入学接受规定年限的义务教育。但是学习费用如书本费、学费、杂费、取暖费等要学生自己出。2001 年 2 月 13 日，国务院批准《教育部国家计委财政部关于坚决治理农村中小学乱收费问题的通知》，从 2001 年起在农村贫困地区中小学义务教育阶段，实行由中央有关部门规定杂费、书本费标准的“一费制”收费制度，并规定了最高限额。2010 年，我国把农村义务教育全面纳入公共财政保障范围，学生终于实现免费上学，但是城乡教育差距依旧巨大。

**社保**：1951 年我国建立起了适用于城镇职工的劳动保险制度，采取统一的费率，涵盖了养老、疾病、工伤、残疾、死亡、生育等多项内容。1991 年，发布了《国务院关于企业职工养老保险制度改革的决定》，确立了基本养老保险的社会统筹制度。1997 年，《国务院关于建立统一的企业职工基本养老保险制度的决定》主要是从缴费比例、个人账户规模、基本养老金计发办法三个方面统一企业职工基本养老保险制度。2005 年，《国务院关于完善企业职工基本养老保险制度的决定》把制度覆盖范围扩大到了城镇各类企业职工、个体工商户和灵活就业人员。这一制度延续至今。2015 年 1 月，《国务院关于机关事业单位工作人员养老保险制度改革的决定》按照与企业相同的模式，建立起了机关事业单位基本养老保险制度，目前只是还没有解决公务员的双轨制问题。

1992 年我国开始建立起农村社会养老保险制度，实质上是一种变相强制储蓄，1999 年被清理整顿。2009 年，颁布了《国务院关于开展新型农村社会养老保险试点的指导意见》，政府全面介入了新型农村社会养老保险制度，基础养老金完全由公共财政预算安排资金解决，地方财政对农民缴费实行补贴。2011 年，国务院按照新农保的相同模式，开始建立城镇居民基本养老保险制度。2014 年，按照国务院要求，这两项制度被整合为统一的城乡居民基本养老保险制度。

**就业**：1986 年 7 月，国务院颁布了《国营企业职工待业保险暂行规定》，针对失去工作的国有企业职工建立起了待业保险制度。1999 年 1 月颁布《失业保险条例》，制度覆盖范围不再局限于国有企业，而是所有城镇企业，筹资方式从原来只由单位缴费改为单位和个人共同缴费。2002 年，下发了《中共中央国务院关于进一步做好下岗失业人员再就业工作的通知》，从此开始全面实施积极的就业政策。2008 年，《中华人民共和国就业促进法》取消了人员和单位性质及企业行业的限制，所有劳动者均能享受免费的公共就业服务和补贴。

我们目前的问题是很多领域过度市场化。

**教改**：高校收费改革从 20 世纪 90 年代开始，到 1996 年左右并轨的时候，全国平均收费标准年均约为 500 元，但到 2005 年时，收费飙升到了 5000 元左右，10 年上涨到了 10 倍。目前民营高校年度学费突破 10000 元，还在飙升。这样的结果导致每年有一批考上大学的孩子上不起学，幸运者得到资助，但很多人失去了受高等教育的机会。教育本身就是一个供需不平衡的精英取向制度的结果，也就是说教育本身就是一个供给和需求不可能平衡的精英取向制度。而市场化就是通过价格机能，使得供需平衡。结果就是我们要花更高的学费才能进大学，没有钱的农村贫穷家庭的子弟，再也念不起书！今天各行各业很多有成就的人，都来自农村，如今常有人感慨：寒门再难出贵子。如果教育简单地套用市场化的路子，其结果无疑失败。

**医改**：医改只有两条路可以走。一条是非市场化模式；另一条是市场化模式。英国和德国透过政府的税收向全民提供免费或者低价保险，是非市场化的运作；美国就是典型的市场化医疗体系。目前为止，全世界没有一个国家的医疗改革是成功的。总体来说，非市场化比市场化更好。美国的克林顿总统上任的第一天，就聘任他的太太希拉里为美国医药改革委员会主席，结果两年之后彻底地失败。奥巴马勉强通过的医改法案也是发达国家里保障程度最低的。欧洲、亚洲各国也进行过医疗改革，结果都是民怨沸腾，原因就是保险费用太高，政府无法负担。另外一个导致医改失败的原因是信息不对称问题，中国台湾地区就出现了劳工和医院合谋骗取政府资金的事情，不得不调整到让劳工也出一部分钱。所以医疗改革是一件很艰难的事，我们不能轻易把市场化的概念加在医改上！而且通观全球，市场化的医疗改革注定失败，最后必定是要由政府扛下这个担子。

**房改**：房改的问题在于供给面市场化严重不足，需求面市场化严重过度。地产供给面的特性可分三个要点来解释：第一，两大核心资源，里面包含两个小项，一个是银行信贷权，一个就是土地开发权。这两个权力基本上操控在地方政府手中，没有市场化。第二，长流程管理。任何地产开发商从立项、开工、验收到销售等，整个流程差不多有一百多个环节，每一个环节都需要政府盖公章，每个公章都有可能造成权力的腐败，这个又提高了成本。第三，也就是政府卖地的心态。一个地方的领导到任之后，什么事都不要做，光卖地 GDP 就上去了，而且卖的价格越高，GDP 上升就越快。两个核心资源、长流程管理加上政府卖地使得地产供给面价格大幅度上升，供给面的市场化严重不足，进而造成地价飙高，房价飙高，需求面过度市场化。20 世纪 90 年代房改后，除了公务员，所有居民都被赶到了商品房市场。再加上投资环境恶化挤出的企业家的投机资金、国际热钱以及老百姓的储蓄款进入楼市，吹起泡沫，造成地产的需求面市场化过度。地方政府应把卖地资金，取之于民，还之于民，比如说盖廉价租屋或者盖经济适用房等，但是效果并不明显，这方面我们还在补课。

**2. 中国政府对经济的计划性干预**

2008 年的 4 万亿投资直接导致了两个问题。第一，把调控的方向深入消费品领域，消费品需求在短时间暴涨传导到上游，导致严重产能过剩。比如钢铁、纺织、电解铝、玻璃、家电等。第二，直接大量投资“铁公基”部门。投资“铁公基”造成大量没有车跑的高速公路、没有飞机起降的机场等。举例而言，民航局发布《关于对 2016 年民航小机场补贴预算方案的公示》，我们发现在民航总局补贴、地方政府补贴的情况下，亏损的机场比例依然超过 80%，这些机场大部分是 2008 年建设起来的。

鉴于此，政府不得不花很长时间来解决这些问题，即 2013 年提出的“一带一路”和 2015 年提出的供给侧结构性改革。

“一带一路”沿线 60 个国家，经济总量 21 万亿美元，占全球 GDP 的 29%，基本都是发展中国家，基建需求巨大。2013—2016 年，我国与“一带一路”沿线国家新签的对外承包工程项目合同金额为 3758 亿美元。中央企业在“走出去”过程中的年均投资增长 15%，年均销售收入增长 4. 5%。通过“一带一路”的基建项目，中国有效解决了产能过剩问题，也让沿线国家的基础设施水平得到了巨大提升，形成了更高水平的陆海空交流网络。同时有效提升了投资贸易的便利化水平，建立了高品质、高标准的自由贸易区域网，使中国的产能过剩输出取得了双赢局面。这不得不归功于习近平主席高瞻远瞩的国际视野。

供给侧结构性改革的重点任务是“去产能、去库存、去杠杆、降成本、补短板”，具体来说包括处置僵尸企业，化解房地产库存，防控金融风险，降低企业成本和补充供给短板等。目的是以供给侧结构性改革提高供给体系的质量和效率，进一步激发市场活力和社会创造力。如果没有4万亿带来的普遍产能过剩，可能2008年借助危机的推动就开始国内的产业升级了，不用等到现在。

在提高供给质量方面，“中国制造2025”也是非常正确的控制生产资料的方式。中央政府计划到2020年，重点形成约15家制造业创新中心（工业技术研究基地），到2025年形成约40家制造业创新中心（工业技术研究基地）。这和美国的先进制造业计划、法国的创新战略、德国的智能制造本质是一样的。在这些生产资料领域的投资都不会引起不良反应，只会促进经济良性发展，完全符合国际趋势和马克思的中观经济学原理。

十九大报告中提出：“必须坚持质量第一、效益优先，以供给侧结构性改革为主线，推动经济发展质量变革、效率变革、动力变革。”深化供给侧结构性改革具体来说就是牢牢主导生产资料部门：提高产品和服务质量；提升制造业水平；强化基础体系支撑，加强水利、铁路、公路、水运、航空、管道、电网、信息、物流等基础设施网络建设。具体操作上，主导生产资料部门不需要直接由国家经营、投资，只需要政策引导和金融支持就够了，还是要靠市场的活力完成供给质量的提高，这才是符合马克思中观经济学的正确道路，也是主要的发达国家普遍选择的道路。

总结：根据前面分析可知，马克思中观经济学在全球范围内已经得到了有力佐证。在剩余价值转移和发展生产资料部门方面，我们总结出了三种模式：1. 经济危机推动（美国）；2. 工人团结起来推动（英国、瑞典）；3. 国家主导推动（法国、德国、日本）。各国在剩余价值转移后的具体保障措施则大同小异，基本包括了医疗、教育、就业、社保四大保障体系，只是程度的差别而已。而在产业发展方面，各国经历了自由市场经济的发展，渡过了各种危机后，美国间接规划第一部门即生产资料部门的发展，所以还是经常爆发经济危机。英国和瑞典是劳工规划了第一部门的发展，但是却经常做过了头而规划了第二部门，从而产生了一系列问题。法国、德国、日本规划第一部门的发展做得最到位（法国稍差）。第一部门的发展首先是实体部门包括核电、航空航天、石油、钢铁、农业、水电煤气等。现在发展为对高科技行业的引导包括先进制造业、工业互联网、工业 4.0 等。对于第二部门即生活资料部门，各国则是基本不干预。中国基本向第三种模式靠拢。在剩余价值转移方面，政府也在着力发展四大保护体系，只是由于人均 GDP 不足，因此人均福利规模必然落后于其他国家，但是随着经济发展，我们的福利必然水涨船高。中国目前最大的隐患就是过度市场化的问题，比如医疗、教育和住房。在发展产业方面，我们最大的隐忧就是第一部门的过度发展，从而导致严重产能过剩，例如 4 万亿。但是未来产业发展的路径越来越与国际接轨。

本书的完成要感谢李建伟博士。在我的指导下，他帮助我完成了第一章到第五章的图解部分。李建伟是北京大学数学本科，新加坡国立大学统计硕士，是我香港中文大学指导的金融博士生，目前他在深圳一家颇负盛名的证券公司工作。

第一部分

# 《资本论》与中观均衡

# 导　言

本部分是“马克思中观经济学”的理论部分。共五章，是我从拙著《马克思中观经济学》精选而成，其中去掉了繁琐的数学论证部分，尽量用简明的图解方式，向读者阐述我所发现的“马克思中观经济学”的理论精髓。

通过这五章的内容，我将向读者阐释我的如下发现：

1. 马克思经济学是中观经济学。与马克思同时期的瓦尔拉斯均衡理论相比，马克思更关注中观均衡，而且马克思的中观均衡理论，不仅仅关注经济均衡，更关注社会均衡，即剩余价值的流向和再分配。所以，我将马克思经济学定义为马克思中观经济学，而瓦尔拉斯的均衡理论则成为了微观经济学的基础。

这方面的论述，读者可去阅读人民出版社出版的拙著《马克思中观经济学》一书。

2. 剥削率一定大于利润率。我通过本书第一章、第二章和第三章的论述，得出了这一重要结论，这也是本书的重要贡献之一。这一结论是建设福利社会、福利国家的重要理论基础，即通过税收将一部分剩余价值转移成社会福利，以承认劳动价值。另一部分剩余价值鼓励企业进行扩大再生产，最终实现社会均衡。

3. 第一部门（即生产资料部门）需要计划性以实现经济稳定增长。马克思的研究视角是将社会生产分为第一部门（即生产资料部门）和第二部门（即生活资料部门），这是马克思经济学的重要特点。我通过本书第四章和第五章的研究证明只有第一部门实施计划经济，经济才能实现稳定增长。如果第二部门也实行计划经济，经济就会衰退；如果第一部门实行市场经济，就会爆发生产过剩的经济危机。

作为伟大的经济学家，马克思几乎和瓦尔拉斯在同一时期建立了经济学中的一般均衡模型，《资本论》第二卷中的再生产理论便是经济均衡理论。《资本论》第二卷的出版时间是在马克思去世之后的1885年，但是其写作时间却和瓦尔拉斯的《纯粹政治经济学纲要》的出版时间基本相同，这说明马克思研究经济均衡理论比瓦尔拉斯要早一些。

马克思和瓦尔拉斯关于资本生产均衡的模型有很多相似之处。比如马克思的简单再生产（规模不变的再生产）对应瓦尔拉斯的静态一般均衡，而马克思的扩大再生产对应瓦尔拉斯的动态一般均衡。当然，他们的理论也有不同之处，马克思的视野要比瓦尔拉斯更广。瓦尔拉斯只关注商品的再生产，而马克思则同时关注资产阶级和工人阶级的再生产，即如何维持两个对立阶级的关系。生产力的再生产加上生产关系的再生产，才能完整描述整个生产过程的资本主义特性。不过，马克思和瓦尔拉斯支持者们却形成完全对立的两派，即便在马克思逝世百年以后的今天还在互相吵架。

社会是一个复杂的集合体。仅仅从经济上来看，有各种层面的参与者。而整个社会经济处在时时的变化过程中，变化之中存在相对的均衡，还有较少的时间处在急剧的变化甚至崩溃失灵的状态。所以，社会生产的均衡一般来讲是一个动态的过程，但是在相对较短的时间内，比如一年以内或者几年的时间，可能存在一个相对稳定的均衡状态。我们一般称相对稳定的时候为“均衡状态”，而取得这一状态的过程为“均衡过程”。在从学术研究的角度上看，这些稳定或匀速变化的均衡状态是容易进行量化研究的。

在我们一般所说的社会生产均衡中，实际上可以自上而下地分解为多个层面的均衡。如果各个层面均达到了稳定的均衡状态，则社会经济总体就达到了充分的均衡水平。当然各个层面的均衡也可能没有全部达到。

**微观均衡**。我们这里的微观层面，是指经济的最小参与主体。从生产与消费的层面来看，生产的最小单位我们称作“生产者”，它可以是一家工厂，可以是自由职业者（如农民、手工业者），也可以是现代意义上的公司或其他组织。对于消费端，我们统称为“消费者”，一般指自然人，但实际上包括作为购买行为的所有主体，包括公司等。这样我们说的微观均衡就包括“生产者均衡”和“消费者均衡”两方面。生产者均衡状态是指生产者在该状态下达到了一种自发稳定的状态，其生产方式、投入要素数量和价格、产出数量和价格等均自发保持稳定状态，不随时间而变动。消费者均衡状态，是指消费者在该状态下所达到的一种自发的稳定状态，其消费方式、消费金额、消费物品和价格等均自发保持稳定。以瓦尔拉斯为代表的边际学派在微观均衡层面的研究上做出了决定性的贡献。边际学派通过设定生产者和消费者的目标函数来量化描述生产和消费的目标，通过限定范围内最大化目标函数来求解二者的均衡状态。由于在均衡状态二者达到了目标最大化，偏离该状态会导致其利益受损，所以二者的均衡状态均是自发达到的稳定状态。

**中观均衡**。产业一般是指单个或若干相近的行业。行业的划分是按照商品进行的，即生产该商品的所有生产者视为该行业的生产者，而消费该商品的消费者则视为该行业的消费者。这样某行业就以某商品为唯一标识和线索形成了。当然，同一个消费者可以消费很多种商品，同一个生产者也可以生产很多种商品。这样行业对于生产者和消费者的划分并不是互不重合的。所谓的产业均衡，就是指在产业层面上，生产者作为一个整体和消费者作为一个整体，二者之间自发形成了对该商品生产消费数量和价格的相等出清，产业内所有个体执行一价原则，同时生产者内部和消费者内部也自发达成了生产数量和消费数量的稳定分配。在经济学上，为了研究方便，通常假设产业内的生产者和消费者的生产和消费可以进行算数加总，参与者的行为不会互相影响。

最终社会经济取得均衡状态，需要所有产业均达到均衡，所有商品生产消费数量和价格均达到均衡，同时一般还涉及所有经济参与体的总收支的平衡。我们注意到，仅仅中观层面的均衡，不意味着微观层面也达到了各自的均衡；而反过来，即使所有个体均达到各自的均衡，也并不意味着中观层面就可以达到均衡。通常在更高一层的限制设定之后，微观的均衡过程实际是一种自我适应自我调节过程。这就好比国家制定了某条法律规定之后，每个公民都要自行适应该条法律规定一样。

马克思对经济均衡的研究，主要针对中观层面的均衡，而对于个体微观生产消费过程并未做多少深入的讨论。与之相反，瓦尔拉斯的边际理论（新古典经济学）的学术贡献主要侧重于个体微观均衡，从个体微观均衡出发研究中观均衡。所以从这一点上，二者的侧重点有所不同。马克思更偏重于中观层面均衡，而边际理论更偏重微观层面均衡；马克思的视野更大，而瓦尔拉斯的关注更细。鉴于微观均衡过程是一种外生边界约束下的自我适应自我调节过程，在我们研究中观均衡问题时，隐含假设微观层面均衡已经达到或可以达到，即个体会自发调节以适应外生的中观均衡。这样，我们就可以将研究的焦点放在中观层面上，而不用担心被细节问题所干扰。

所以，我们这里没有必要先介绍消费和生产过程的微观均衡，而是详细介绍马克思的社会生产均衡，彼时我们将不再纠结于消费者和生产者的微观均衡问题，而假设它们通过我们介绍的瓦尔拉斯边际理论达到了各自的均衡。

这就是本书所研究的中观经济学。

# 第一章　商品的价值与价格

马克思经济学中核心的理论即为商品的价值理论。在马克思经济学中，价值居于核心的位置。马克思深入研究了不同市场状态下商品的价值和商品的价格之间的关系，并研究各种经济状态下的剩余价值和资本家对工人的剥削情况。马克思的这些研究都是开创性且集大成的。马克思经济学是站在占社会大多数的工人阶级的立场上的，它揭示了商品的价格表面下掩盖的资本家对工人阶级的严重剥削。

## 1.1　价值与价格

价值理论是马克思经济学的核心之一。价值和价格都是衡量商品交换比例的尺度。但是在形式上和背后的价值观上有很大的不同。我们下边讨论价值与价格的关系，因为我们认为生产过程是商品的形成过程，是价值动态转移的过程，也是商品价值的形成过程。所以我们从这一动态角度切入对价值进行分解。我们会发现，价值和价格不仅仅是商品价值的度量尺度，其背后包含着社会财富的生产过程和分配过程。商品价值和价格的不同，就反映了分配过程与生产过程的不匹配，而这一不匹配现象就体现着资本家对工人阶级的剥削。

### 1.1.1 商品的价值

价值理论认为只有人类的劳动是有价值的，不经过任何劳动便可自由获取的物品没有价值。所以价值可以看作劳动价值的简称，它是有深刻的社会属性的。马克思认为商品价值来源于凝结于商品中的无差别的人类劳动，其中的“凝结于”是指生产过程中所投入的劳动力，而“无差别”指的是可以用按效率折合的劳动工时数来统一进行计量。例如生产商品 X 需要 1 个工人花 1 小时，而生产商品 Y 则需要 1 个工人花 2 个小时，则商品 Y 的价值是商品 X 的价值的 2 倍。

一件商品的生产，一般需要投入一定量的人力和生产资料，那么对应商品的物理生产过程，其价值流动等式表示为

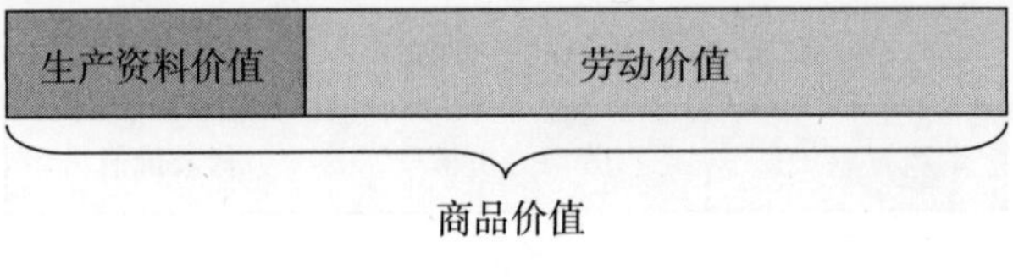


如果生产资料售价等于其价值，劳动者获得的报酬为其劳动价值，商品的售价为商品的价值，那么社会就是完全公平地按照劳动价值进行交易和分配，就是完美的社会。但是在资本主义生产中，虽然物理生产过程不变，但是工人获得的报酬却不是劳动价值，因为劳动价值中有一部分被资本家拿走了，这就是剩余价值的部分。工人拿到的部分，仅仅能够维持自身生存，叫作劳动力价值。所以商品的价值又可以表达为

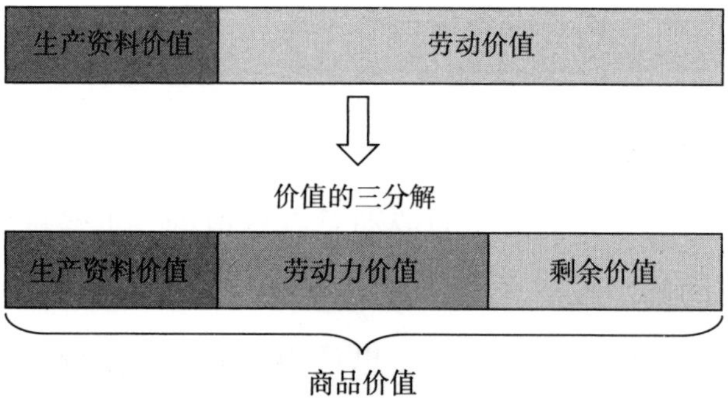


上图左侧，生产资料价值和劳动力价值部分，是资本家所需要的投入。站在资本家投入的角度，前者生产资料价值又称为不变资本，后者劳动力价值又称为可变资本。不变资本是用作生产的生产资料的价值，例如机器等；可变资本是用作维持劳动力的工资，也等价于维持劳动力所需要的生活资料的价值；而剩余价值则是被资本家占有的劳动价值中的部分，被用于资本家自己的消费或用于再生产。所以上图又可以表示为：

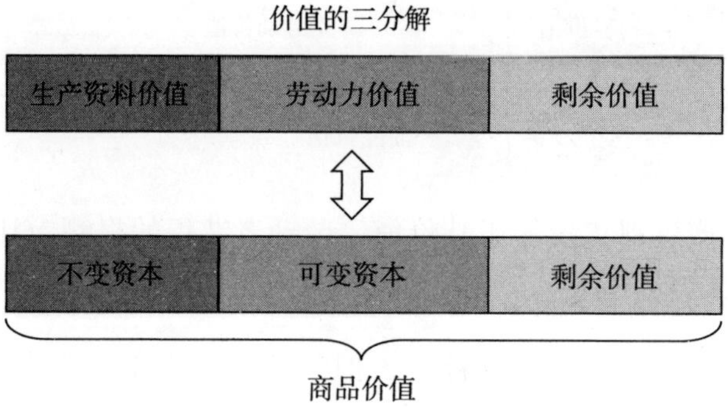


上图即是价值的三分解。价值本身是看不见摸不着的过程，因为商品的实际售价并不等于其所蕴含的劳动价值。在现实生活中，没有人清楚地知道自己购买的商品包含的劳动价值是多少。

### 1.1.2 商品的价格

我们现在讨论商品的价格。商品的价格并不是基于劳动理论，价格并不是对其中所包含的劳动量的反映。实际上，价格是对成本和利润的反映。

商品的价格等于投入的生产资料的总价加劳动投入的总价吗？如果是的话，说明生产没有任何利润，售价等于成本。这是不现实的！企业和资本家是以营利为目的的，生产一定要有利润。所以，图的右侧还要再加一项利润，即

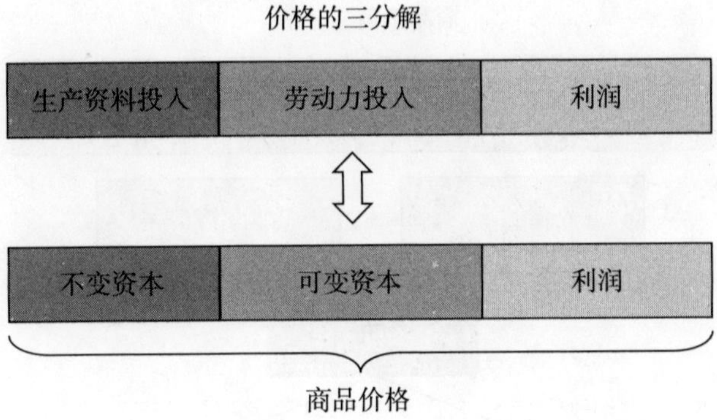


对于资本家的利润，其又等于利润率乘以投入的总成本，即

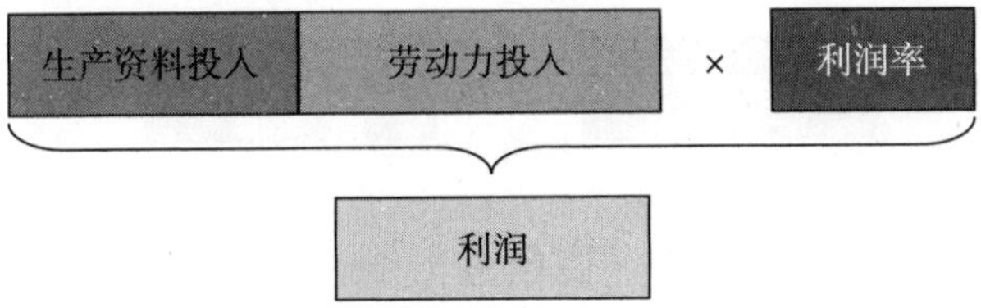


## 1.2 资本投入结构

我们知道，商品的价值=生产资料价值+劳动力价值+剩余价值。站在资本家的角度，作为不变资本投入的生产资料价值和劳动力价值

是资本家为了生产而付出的两项资本投入。我们将资本家在生产某商品时所投入的不变资本与可变资本的比值称为该行业的资本投入比。不变资本一般对应着固定资产等生产资料的投入，而可变资本一般对应人力的投入。所以资本投入比高的行业是更加资本密集型的行业，比如重工业、房地产等；而资本投入比低的行业，是劳动密集型的行业，比如轻工业、服务业等。某个行业资本投入比更高（更加资本密集），则意味着该行业需要将更多的资金用于购买机器和原材料，将更少的资金用于雇佣工人。

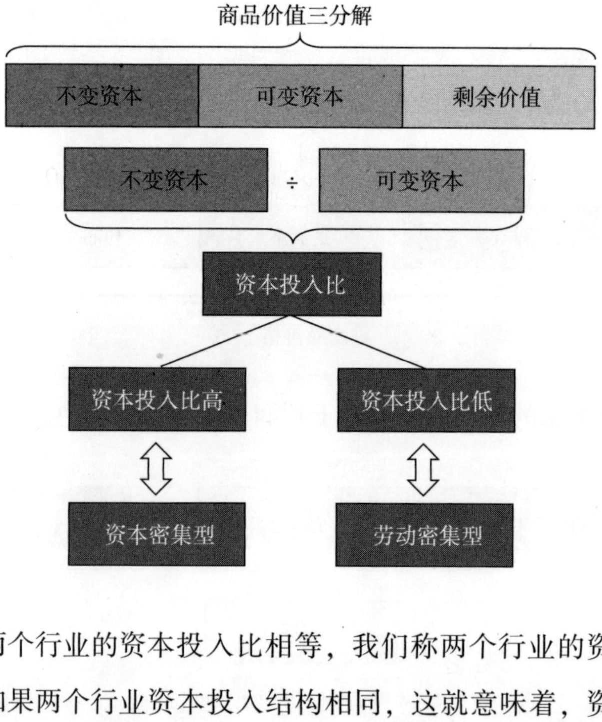


如果两个行业的资本投入比相等，我们称两个行业的资本投入结构相同。如果两个行业资本投入结构相同，这就意味着，资本家不管投资哪个行业，投入的不变资本都相同，同时用于支付工人工资的资金也相同。如果两个行业资本投入结构相同，那两种商品的价格之比就等于它们的价值之比。也就是说，如果一个商品价格是另一商品的两倍，那该商品的价值也是另一商品的两倍。此时商品的价值就“显性”地反映在价格上，不再显得难以计算和难以捉摸。

对于资本家而言，随着资本家资本的积累，他可能会越来越倾向于投资资本密集型行业，以令手中的资本更快地增值。一般来讲，生产资料部门（资本品部门，中上游行业）是更加资金密集的，资本投入比更高，而生活资料部门（消费品部门，下游行业）是更加劳动密集的，资本投入比更低。

## 1.3　剥削率与利润率

在价值体系下，剥削程度定义为劳动价值中的剩余价值除以劳动力价值，即

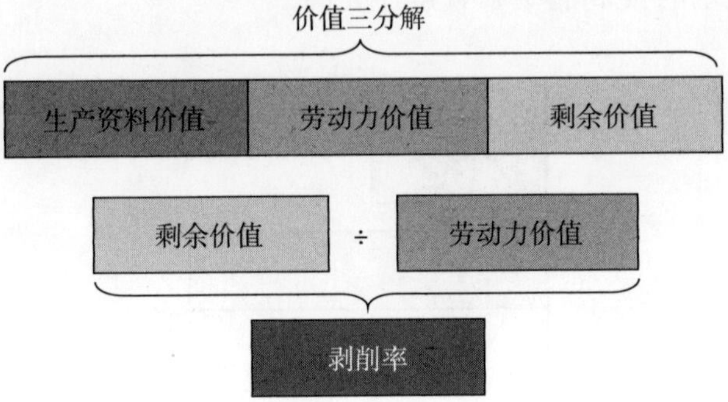


在价格体系下，利润率定义为利润除以资本总投入，即

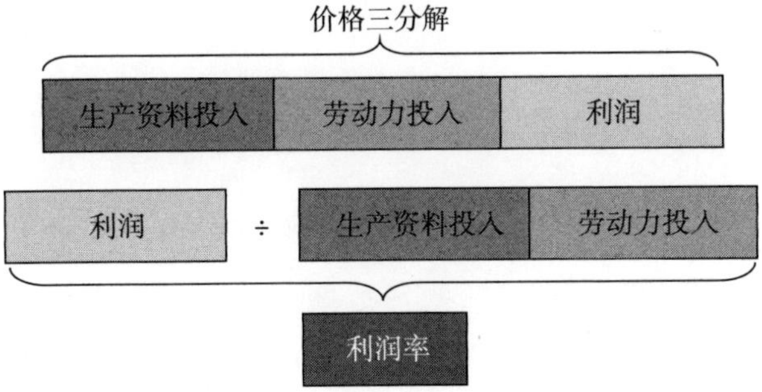

剥削率和利润率是资本家获利比例的不同度量，都反映了资本家对工人的剥削。剥削率从劳动价值投入的角度来衡量，而利润率从价格投入的角度来衡量。从剥削率的定义，我们可以推出剩余价值=劳动力价值×剥削率。剩余价值是劳动价值的一部分，是劳动力价值的倍数（剥削率倍）。所以，如果没有劳动，就没有剥削。而利润率是乘在所有不变资本和可变资本上的。所以，从价格的角度来看，利润不仅来自劳动力投入，而且来自生产资料投入。所以，从价值和价格上来看，利润来源有本质区别。价值论认为所有利润均来自劳动，生产资料不能被剥削；而价格论认为非人力的生产资料也可以产生利润。

剥削率通常情况下一定大于利润率，剥削率等于利润率当且仅当生产中没有剥削和利润。也就是说，资本家对工人的剥削程度要比价格体系中显示的（利润率）程度还要高。

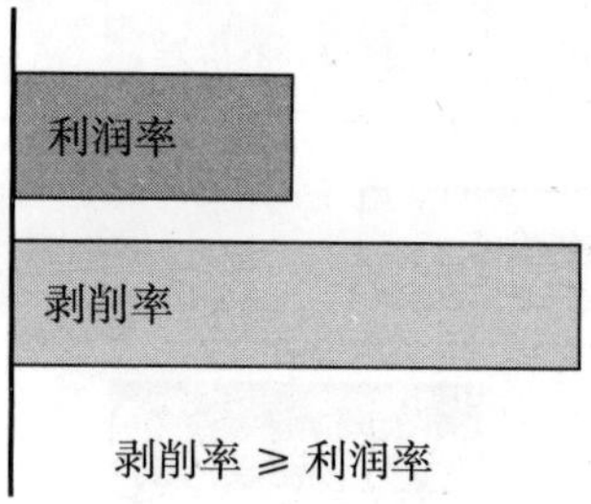

# 第二章　简单再生产

所谓简单再生产，就是每期的生产和消费规模都维持不变的生产过程。生产不变，则每期的投入和产出都不变，同时社会的消费总量和消费结构也不变。同时，社会每期的总产出必须等于总消费，否则会有剩余累积或短缺累积。结构上，工人阶级和资产阶级的所有当期收入均等于当期消费，社会每个人每期都产销平衡。社会每一期的生产和消费都是完全一样的，社会简单地重复每一期的活动，循环往复。在简单再生产（及后文的扩大再生产）中，各种商品的生产技术都假设不变，即生产中投入产出的数量和时间关系都不改变。

马克思研究了简单再生产，研究其投入产出及分配关系。相比于西方现代微观经济学，马克思的研究有其独到的贡献。

第一，马克思考虑到了社会分配的问题，工人和资本家在收入来源和消费上均有所不同，这一点在西方现代微观经济学中是没有的。西方微观经济学假设所有消费者是完全相同的，且消费者也是生产者，他们自产自销，这就没有分配问题，他们在社会生产中没有分工，社会生产利润在他们之间平均分配，这是乌托邦式的生产，而马克思研究的是实实在在的资本主义生产。

第二，马克思是价值理论的集大成者，其将价值体系贯穿社会生产均衡全过程，所以马克思经济学不仅讨论了价格下的均衡问题，还揭示了价值在其中的分配过程。

第三，西方微观经济学的社会生产并不分部门，但是马克思经济学将社会各行业分为两个部门，一个生产资料部门（类似重工业），一个生活资料部门（类似轻工业，这就是我们将之取名为“中观经济学”的原因）。将工业分两个部门在简单再生产中意义不是很明显，但是对于扩大再生产有着重要的意义。这是资本家剥削本质在社会行业分工上的表现。由于生活资料部门仅仅用于生产维持广大工人（资本家基本可以忽略）生存的商品，这个部门注定会被资本家所抑制，社会扩大再生产将以资本化程度更高的重工业部门为主。

## 2.1　生产部门的划分

在马克思的经济研究中，始终坚持将社会生产分为两个部门。一个是生产资料部门（资本品，偏向于重工业），另一个是生活资料部门（消费品，偏向于轻工业）。这一做法，在数学上没有太大意义，但是马克思将生产部门与消费部门分开，有其深刻的社会原因，其背后也体现着资本主义生产的本质。

我们可以粗略地认为，生产资料部门（重工业部门、资本密集型产业）是为资本家服务的部门，而生活资料部门是为工人服务的部门。生活资料部门生产的各种产品，主要用于维持劳动力的生存，是为广大工人服务的，这个部门对于资本家而言没有积极意义，并不能给资本家带来更多的利润。而生产资料部门本身对工人而言是没有太多意义的，它们并不能被工人所消费，但是却能给资本家带来利润，可以令资本增值。资本的本质就是要不断地流动和增值，而在生活资

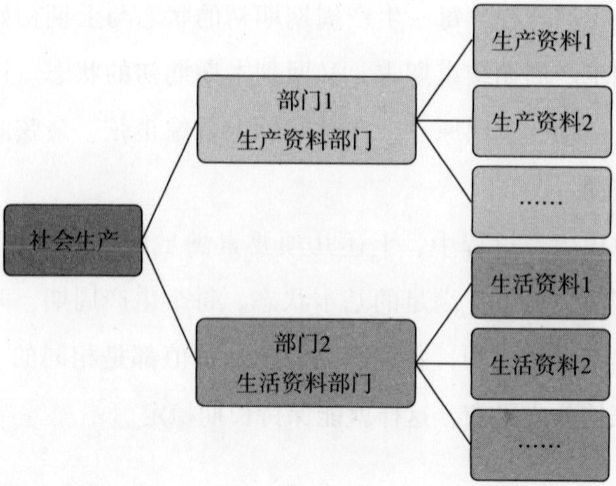


料部门是达不到这一目的的，所以资本家有极大的冲动扩大生产资料部门的生产，这就是后文我们将提到的扩大再生产。

所以，生产部门的划分是马克思经济学的重要体现。

## 2.2　简单再生产过程

当社会生产处于简单再生产平衡状态时，社会生产每期完全重复

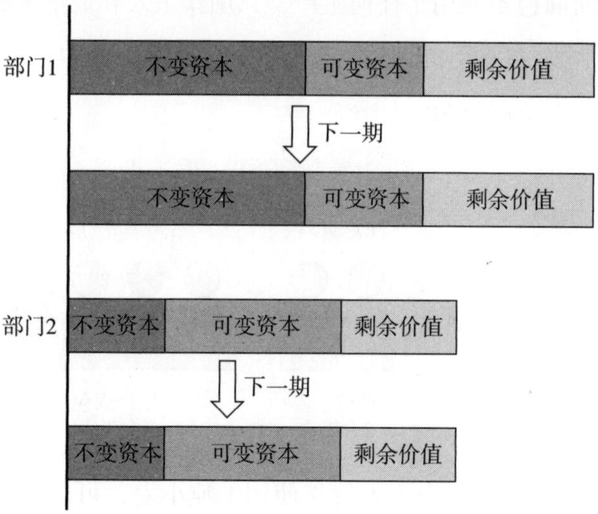

着上一期的生产过程，每一生产周期期初的状态与上期初始状态完全相同，而到生产周期结束期末，又回到本期期初的状态。社会就像车轮一样往复运动，重回原点，在时间轴上就像正弦、余弦曲线一样稳定地起伏波动。

在简单再生产过程中，上述几项要素满足以下基本特征和关系，它们描述了简单再生产满足的基本状态。每个生产周期，两部门的各项投入产出都是相同的，各种商品的价格价值都是相同的。同时，工人和资本家均收支平衡，这样就能保持长期稳定。

## 2.3 简单再生产案例

我们下面举一个简单的案例，来演示一下简单再生产过程和状态。

### 2.3.1 简单再生产状态

我们先描述一下案例中简单再生产的状态，如下：

（1）社会生产分为两个部门，每个部门只有一个行业，每个行业生产一种商品，分别是小麦和面包。其中小麦作为生产资料，用于生产小麦和面包，而面包不能用于任何生产，只用作工人和资本家的消费。

（2）全社会有6个工人和1个资本家；6个工人中，2个工人种植小麦，4个工人生产面包。

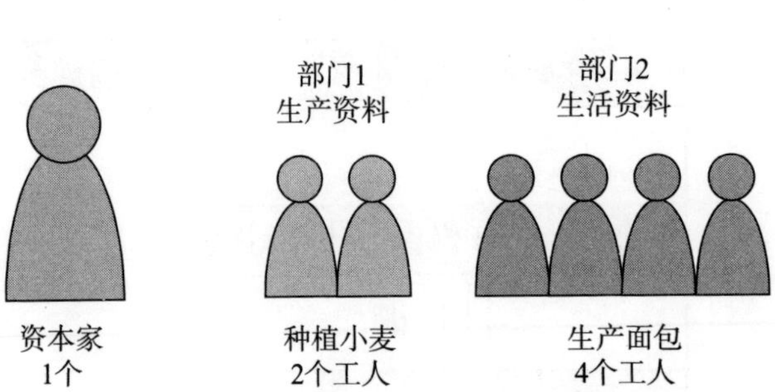


（3）种植小麦，每个工人每年使用1吨小麦，可以种出5吨小麦；

生产面包，每个工人每年使用 2 吨小麦，可以生产 2 吨面包。

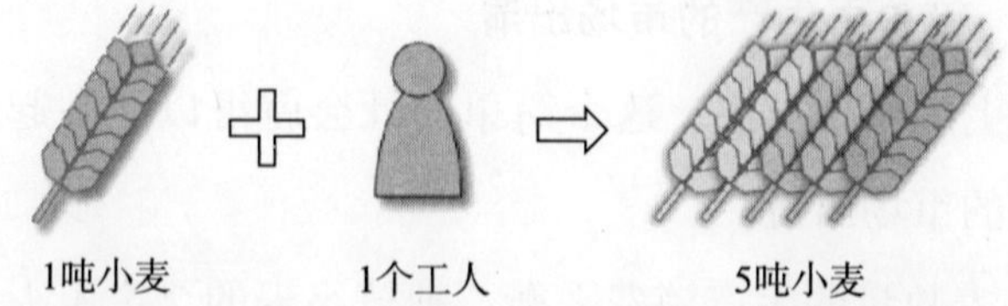


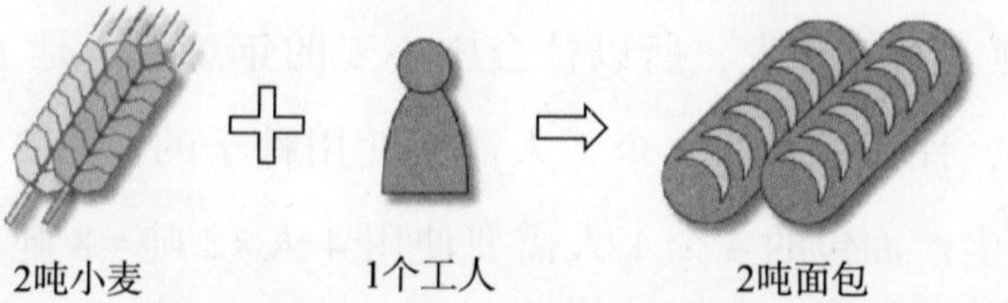


（4）每个工人每年维持生活需要消耗 1 吨面包，资本家每年需要消费 2 吨面包。

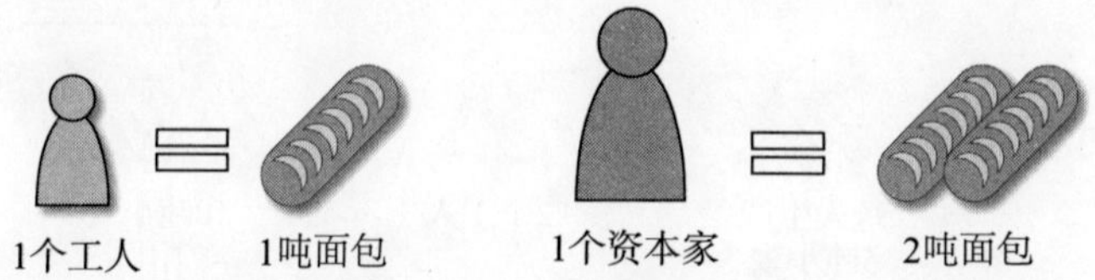


（5）工人每年工资定为 1 万元，则根据价格等式可以得到面包的价格为 1 万元/吨，小麦的价格为 0. 322 万元/吨；同样，工人每年劳动价值定为 1，则根据价值等式可以得到小麦的价值为每吨 0. 25，面包的价值为每吨 0. 75。

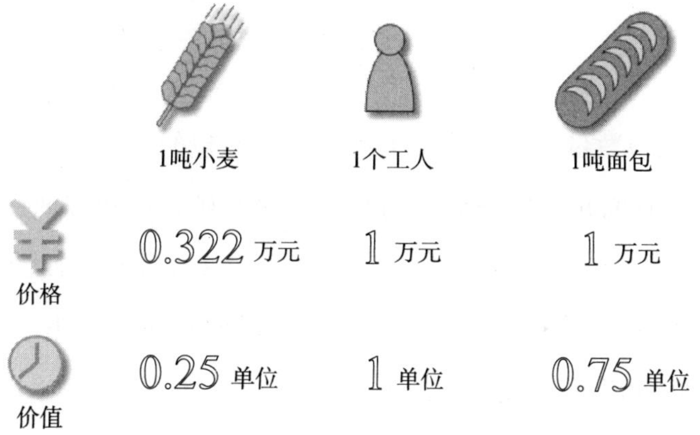

（6）两个行业（生产小麦和面包）的利润率均为21.7%。

### 2.3.2 简单再生产的市场出清

有了如上的各项描述，这个简单的社会就可以运转起来，且每期达到各商品的市场出清。

（1）小麦数量的生产消费平衡：种植小麦的2个工人每年可以生产2人×5吨=10吨小麦，所以社会中小麦的年总产量是10吨。消费方面：第一，种植小麦的2个工人需要使用种子的量为2人×1吨=2吨；第二，生产面包的4个工人需要使用4人×2吨=8吨小麦当作原料来生产面包。所以小麦的消费总量就等于2+8=10吨，等于小麦的总产量，所以小麦达到了生产消费的平衡，小麦市场出清。

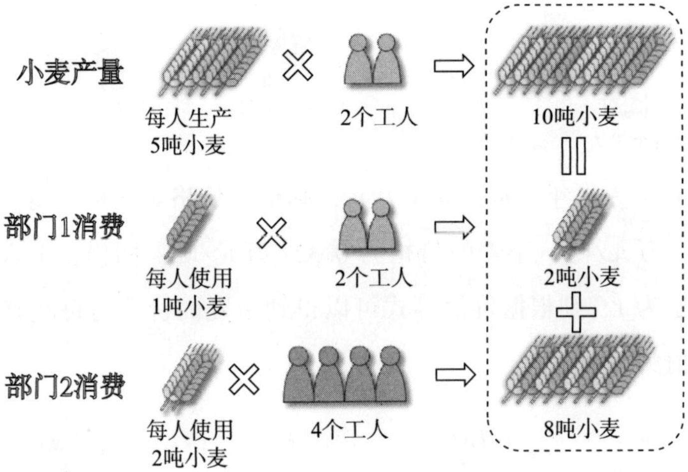


（2）面包数量的生产消费平衡：生产面包的4个工人每年产出4人×2吨=8吨面包，所以面包的总产量为8吨；消费方面，6个工人每人消费1吨×6人=6吨面包，资本家消费2吨面包，社会一共消费2+6=8吨面包，等于面包的总产量，所以面包达到了生产消费的平衡，面包市场出清。

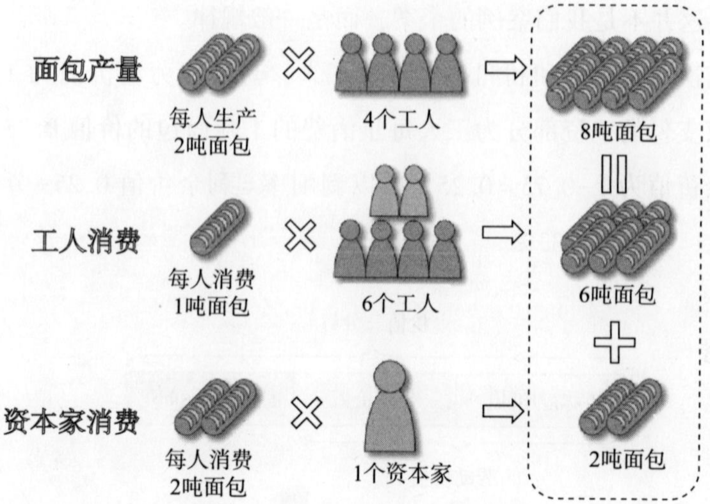


## 2.4 价格大于价值，剥削率大于利润率

首先讨论价格和价值。对于工人的劳动，我们假设其单位劳动时间的劳动价值为1单位。同时，我们还假设其单位劳动时间的工资为1万元。这两个假设是经济学中常用的假设。我们注意到，资本家付给工人的工资，并不对应其全部劳动价值。因为工人的劳动价值分为两部分，劳动力价值和剩余价值。资本家的工资只对应其中劳动力价值的部分，而剩余价值的部分作为资本家的利润的一部分。在这两个假设下，我们的案例中，小麦和面包的价格都大于其对应的价值。小麦的价格 0.322，大于其价值 0.25；面包的价格为 1，大于其价值

0.75。这并不是我们案例的个案，而是一般规律。

其次，剥削率和利润率。对于工人，其单位劳动价值为1，其中资本家支付的工资部分为工人每年消费的1吨面包的价值0.75，所以其剩余价值为1−0.75=0.25，所以剥削率=剩余价值0.25÷劳动力价值0.75=1/3=33.33%。

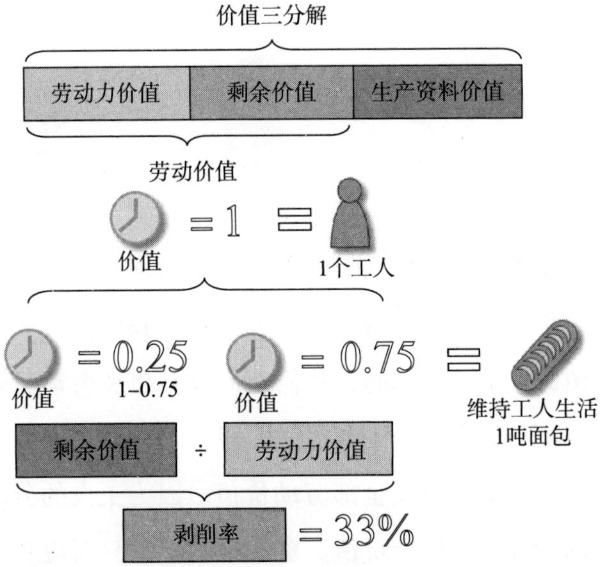


可见剥削率是大于以价格计价的利润率的。同样，剥削率大于利润率也是简单再生产中的一般规律。

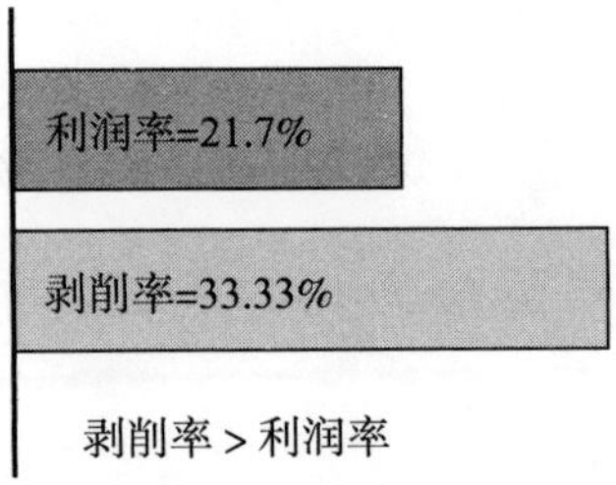

前面我们已经讨论过，剥削率是资本家对工人劳动（可变资本）的剥削，而利润率是资本家对于所投入的生产资料（不变资本）和工人劳动（可变资本）要求的双重回报。所以，剥削率和利润率之间有着数量上的联系，而剥削率与利润率的比值取决于行业的资本投入比，即生产资料（不变资本）和工人劳动（可变资本）的比值。在社会达到均衡时，我们一般认为各行业的利润率是相等的，如果此时两个行业的资本投入比相同，则两个行业的剥削率也是相同的。

# 第三章　扩大再生产

扩大再生产指资本家通过节省一部分利润（剩余价值）不进行消费，投入生产中，从而使生产规模逐步扩大的生产过程。这样，资本家每期的消费要小于每期的利润，一定要有剩余，然后将这些剩余的利润用于购买生产资料和支付工人工资，进行扩大再生产。在扩大再生产中，我们同样假设生产技术不变，同时各种商品的价格也保持不变，仅是规模的扩大而已，这对应着投入和产出的数量扩大。

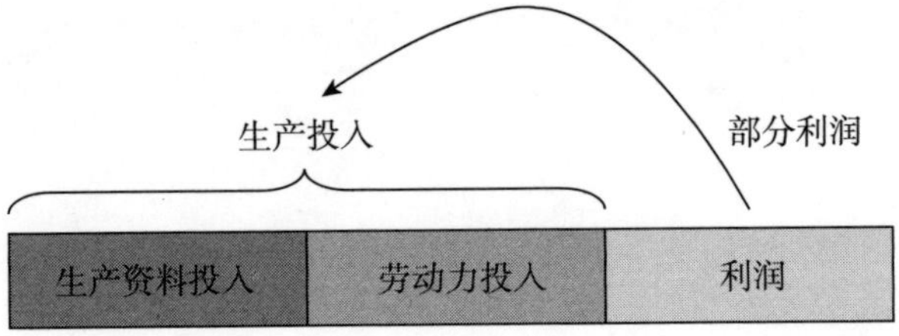


生产规模的扩大需要一个前提条件，即劳动投入的数量也要随之扩大，这意味着工人数量的增加或劳动时间的加长。在马克思的扩大再生产中，假设劳动力的供应是无限的，非常具有灵活性的，可以根据资本的需求而变化的。这一点在农业社会转移到工业社会时（马克思所在的时代）基本是成立的，广大的农业人口为工业需求提供了接近无限的后备蓄水池，但在人口全部工业化或老龄化社会可能存在问题。我们不对此问题进行探讨。

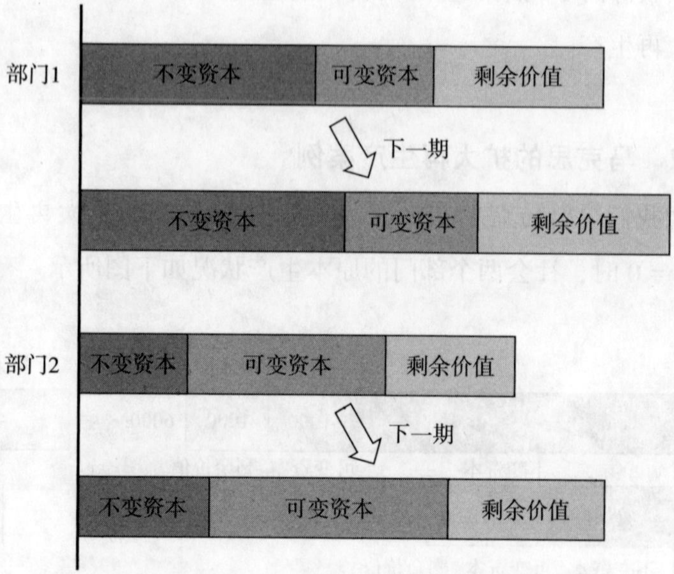


## 3.1 再生产的安排

对于简单再生产，我们知道其每期的生产都完全相同，如果我们也将简单再生产表述成两个部门的价值等式，则每期的等式都完全相同。但是，在扩大再生产中，为了能使每期的生产规模扩大，每期的生产要做出一定的安排，即资本家需要节约一部分消费，节省出一部分利润用以增加各项投入以增加产出。

资本家节约消费、积攒资本和扩大再生产的做法如下。可以注意到，马克思的扩大再生产设置中，部门 1（重工业部门）是优先的，部门 2（轻工业部门）起到了后勤配合的作用。

（1）部门 1 节约消费（部分或全部），将这部分利润按比例购买生产资料和劳动力投入，扩大部门 1 的生产；

（2）部门 1 产出的总生产资料（即社会总的生产资料供给），在供部门 1 扩大再生产使用之外，剩余的部分将用于部门 2 的再生产；部门 2 接收部门 1 剩余的生产资料，按比例配套其他投入，进行本部门的扩大再生产。

## 3.2 马克思的扩大再生产案例

下面我们给出马克思在《资本论》第二卷中的扩大再生产的案例。在 $t=0$ 时，社会两个部门的原本生产状况如下图所示。

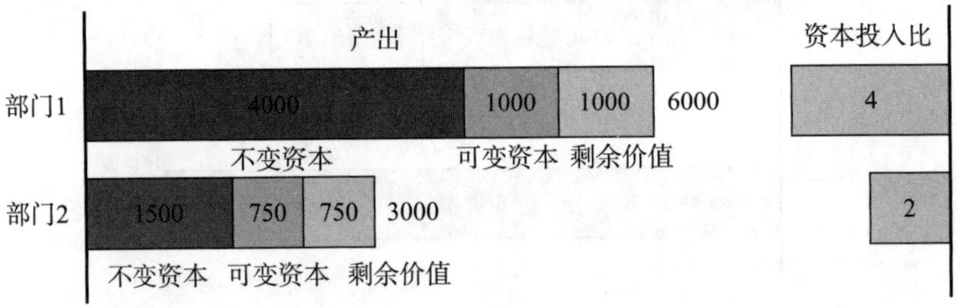


其中，部门 1 的资本投入比为 4000/1000=4，部门 2 的资本投入比为 1500/750=2。两部门加总产出为 9000（价值）。也就是说，部门 1 中，生产时投入价值为 4000 的各类生产资料，同时投入价值为 2000 的工人劳动，而其中有 1000 工资支付给了工人用于维持其生存，另外 1000（价值）被资本家无偿占有作为剩余价值，最终生产出价值为 6000 的各类生产资料。部门 2 的生产类似。马克思的案例保持了两个部门的剥削率（剩余价值÷劳动力价值）相等，都是 100%（部门 1 剩余价值 1000÷劳动力价值 1000=100%，部门 2 剩余价值 750÷劳动力价值 750=100%）。

两个部门的最终产出分别为生产资料 6000，生活资料 3000。在 $t=0$ 时，生产尚未开始，社会上只有工人、资本家、生产资料（6000）和生活资料（3000），如果不进行扩大再生产，则生产就按照此式所示每期循环进行。

我们按照扩大再生产规则推演如下。

在 $t=1$ 时，社会原有生产资料 6000，生活资料 3000。部门 1 的资本家可以赚到 1000 的剩余价值（用于资本家自我消费）。此时，资本家决定节省一半的消费，拿出剩余价值 1000 中的 500 用于再投资。

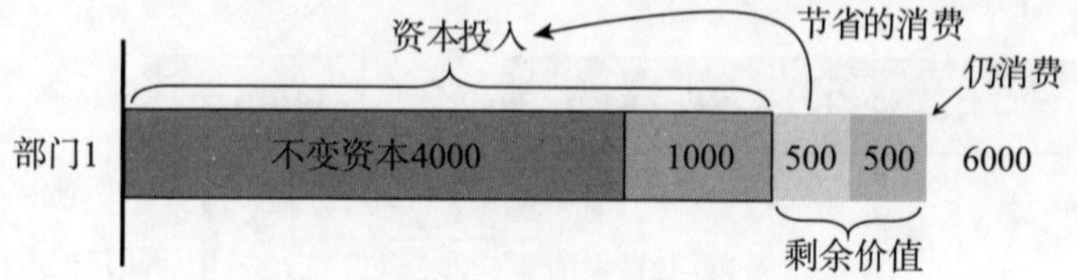


其中按比例 400 用于投入不变资本（加上原本的 4000 即为 4400），100 用于投入可变资本（加上原本的 1000 即为 1100）。

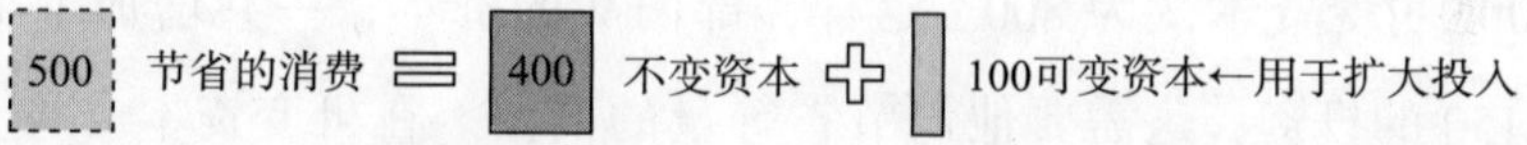


在可变资本（即劳动力价值）投入从 1000 增加到 1100 之后，由于剥削率（100%）不变，剩余价值也会随之增加为 1100。所以扩大之后部门 1 的生产将调整为下图。

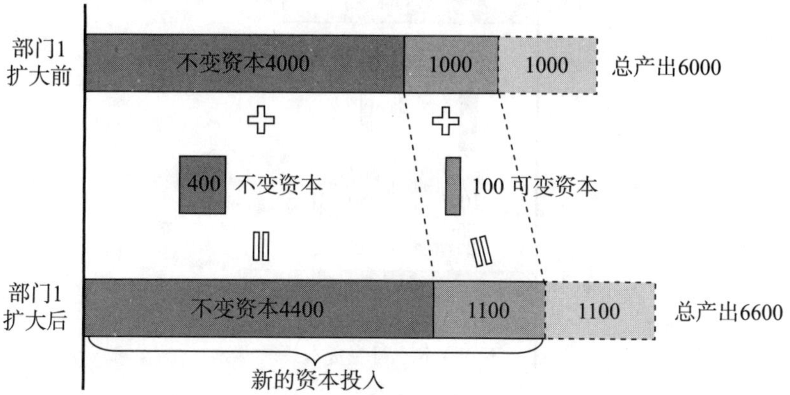

由于部门 1 原来有 6000 价值的生产资料（产成品），在扩大再生产投入消耗 4400 之后，剩余 1600 可供部门 2 进行扩大再生产。其中部门 2 原不变资本投入 1500，扩大新增 100 的生产资料。

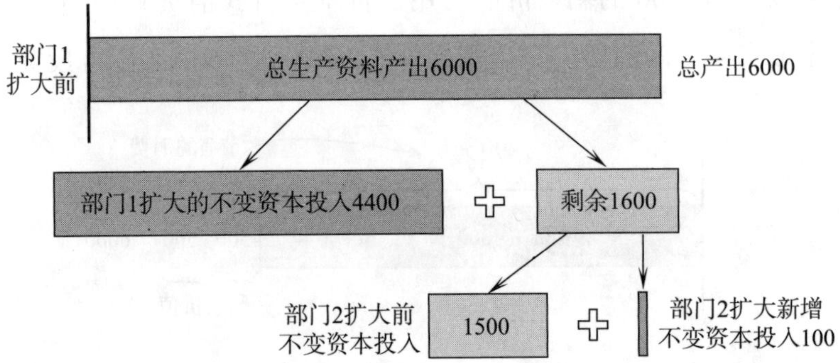


对于部门 2，其任务就是接纳部门 1 剩余的 1600 的不变资本投入到部门 2 的生产。与之对应，在可变资本（劳动投入）项目上需要补充 50 的可变资本变为 800。这样，部门 2 的资本家一共增加了 100+50=150 的投资，这需要他们节省等量的消费。在可变资本（即劳动力价值）投入从 750 增加到 800 之后，由于剥削率（100%）不变，剩余价值也会随之增加为 800。所以部门 2 的生产调整为

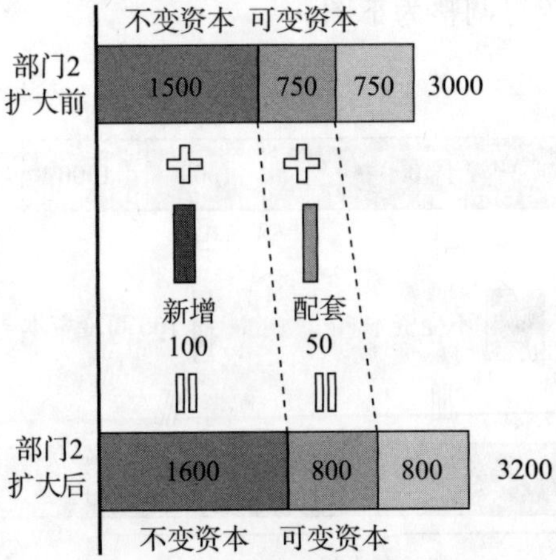

这样，在 $t=1$ 时，两个部门的生产将调整为

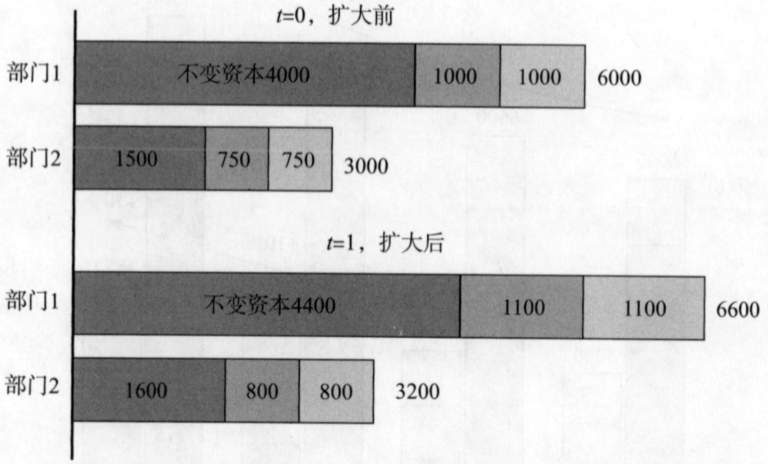


可见，相对于社会原本的生产，两个部门的生产规模都扩大了。这是因为资本家节省了消费，增加了资本投入，当然也因为其中隐含的人力资本也进行了对应的扩张投入。对于新的扩大后的再生产过程，合计消耗的不变资本为 4400+1600=6000，等于社会初始状态原有的不变资本总量；而合计消耗的可变资本为 1100+800+(1000－500)+(750－150)=3000，也等于原有的可变资本总量（其中前两项为工人的消费，后两项为两部门资本家节省后的消费）。这样扩大再生产后原本的初始资本全部用完。

到 $t=2$ 及以后的各期，我们可以同理推导，可以得到每期社会生产的每项数字都扩大了 10%。我们可以照此无穷推演下去，以后每期都会比上一期规模扩大 10%，如下页图所示。

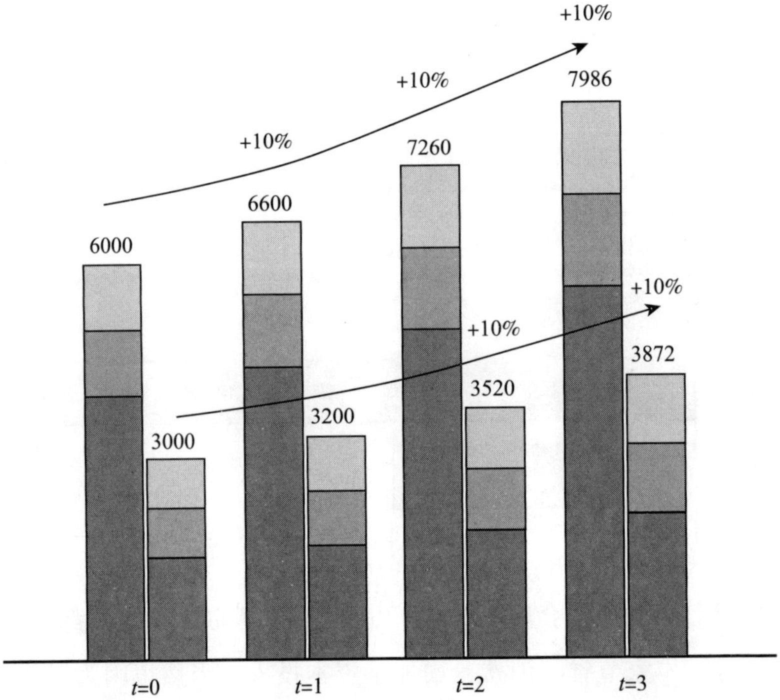


## 3.3 马克思扩大再生产的计划性

在马克思的扩大再生产的安排中，两个生产部门是有等级之分的，并不是同等重要。由于部门 1 是生产资料部门，马克思将其设置为扩大再生产的优先部门，是扩大再生产的发起方。部门 2 处于从属地位，部门 1 在生产扩大之后，如果有用不完的生产资料，则部门 2 可以沾一下光、搭一个便车，用部门 1 剩余的生产资料来扩大部门 2 的规模，否则没有剩余，那部门 2 就不能扩大规模。基于上述的两部门扩大再生产的安排，最终两个部门的规模都可以获得同样的扩张速度。这样社会生产无论作为一个整体，还是分为两个部门看都是非常稳定的。

马克思在扩大再生产中的这一安排，一方面反映了资本家对生产资料（资本品）的追逐，另一方面也表现出了非常明显的“计划经

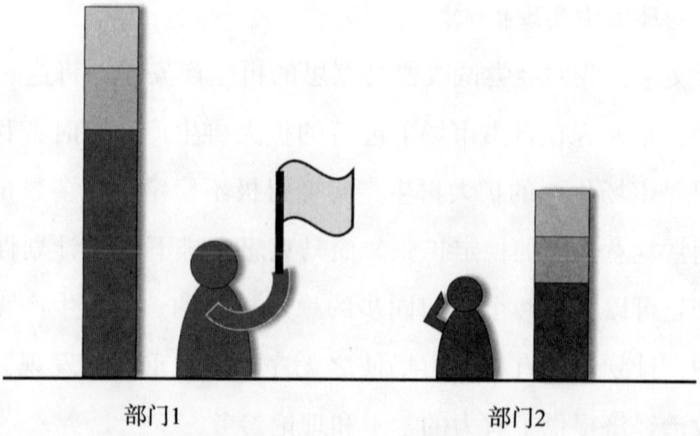


济”特性。我们这里说的计划经济，并不是针对微观层面资源分配和收入分配上的计划性（类似苏联的计划经济)，而是针对社会生产部门层面的计划（类似东亚的产业扶植计划)。部门 1 被设定为优先发展部门，部门 2 被设定为后勤部门。此时社会生产的发展，是靠部门 1 的优先发展来带动的，以部门 1 的优先发展带动部门 2 的发展。

实际上，这种产业部门层面的计划经济在多数国家兴起的过程中都经历过，尤其是后发经济体在追赶发展以实现快速工业化的时期，例如西欧后发展的德国，俄国，亚洲后发展的日本、韩国等。即使在先发展的葡萄牙、西班牙、英国、法国、荷兰等国，很多行业也是因为得到了国家政府的大力支持才得以迅速扩张。而且在现代社会，大多数国家，不论发达与否，依然保持着对某些特定产业的支持政策。这种“计划性”是国家作为政治经济主体的主观能动性的体现之一。从某种程度上说,“计划性”是主权经济生存与发展的必然选择。

从这种意义上来讲，马克思是现代计划经济的鼻祖。虽然马克思的扩大再生产是基于资本主义的生产，但是其关于产业部门的再生产安排却带有很强的“计划性”，而不是“市场化”地任由两个部门在自由竞争的环境中实现扩大。

在后文中，我们会尝试改变马克思的再生产安排，将这一“计划性”去掉，来研究在自由市场下进行的扩大再生产。届时，我们将惊奇地发现“市场化”的扩大再生产将变得极不稳定，在多数情况下都不能达到常规意义上的稳定扩张。而马克思安排下的“计划性”的扩大再生产是可以实现两个部门同步的稳定扩张的。社会生产无时不处在发展中，计划使之有序，市场使之无序。这一重要的发现，给我们当前的政治经济提供了有力的学术和理论参考。

# 第四章　市场化的扩大再生产

我们前文讨论了马克思的扩大再生产案例，并展示了马克思的再生产安排是可以实现两部门的稳定同步扩张的。同时，我们前文也讨论了马克思扩大再生产安排中的“计划性”，即再生产以部门 1 为主，由部门 1 的资本家发起，由部门 2 配合。这样两个部门实现了先发展带动后发展，最终实现共同发展。

在本章中，我们将改变马克思这一“计划性”假设，使再生产变成“市场化”的再生产，来研究马克思所坚持的这一“计划性”到底有什么深刻的作用。我们会惊奇地发现，失去“计划性”的再生产规模将会“失控”，不再稳定地增长，两个部门的规模将会产生很大的分歧，社会生产资源配置会发生极大的波动或极端的分化。如果社会生产真实地按照“市场化”方式进行，那么经济危机和政治危机将不可避免。

## 4.1 “市场化”的扩大再生产安排

马克思扩大再生产中的“计划性”，主要表现在两个部门（的资本家）的权利不对等，扩大再生产要以部门 1 为先，同时资本家不能跨部门进行投资。所以，我们这里就放松这一要求，进行看似更为合理的“市场化”安排。我们将资本家视为一个整体，没有利益分歧，即两个部门的资本家都会节约消费、积累资本，且节省的比例相等（占剩余价值的比例）。两部门节省的资本可以共同投资于任一部门的生产，扩大再生产不以某部门优先，不保障某部门的规模及其增速。社会两部门上一期生产的资本品和消费品全部投入本期的再生产。

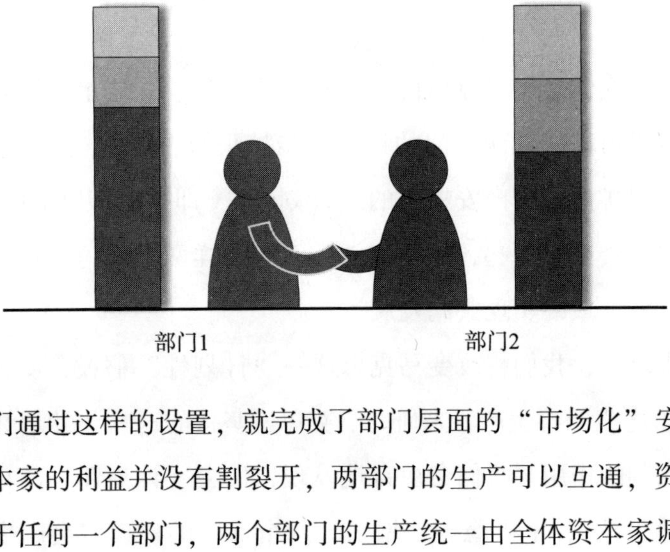


我们通过这样的设置，就完成了部门层面的“市场化”安排：两部门资本家的利益并没有割裂开，两部门的生产可以互通，资本家可以投资于任何一个部门，两个部门的生产统一由全体资本家调配，同时保证资本品和消费品全部用完。

市场化后的扩大再生产具体步骤如下：

（1）共同节约消费：两个部门的资本家共同决定，在下一期节约一部分消费，从而节省出部分资金，且两部门的资本家节约的比例相同，节约的这部分消费资金将用于扩大两个部门的再生产。假设节约的资金总量为 $A$。

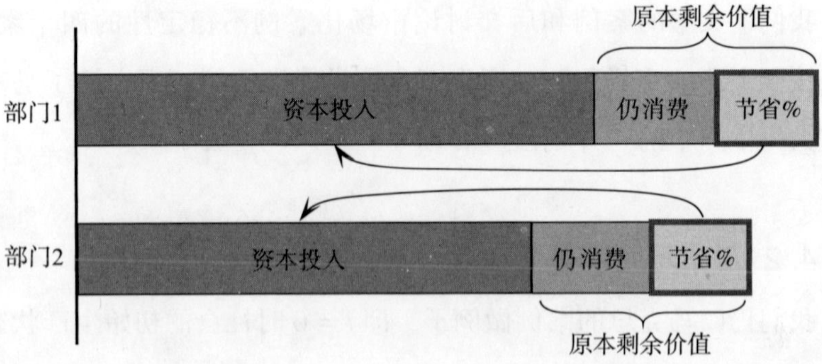


（2）资金在两部门间分配：节约出的数量为 $A$ 的资金，将按照一定的配比投入到两个部门，以确保上期末两个部门最终产出的生产资料和生活资料全部用完。我们假设两个部门各分配到再生产的资金为 $A_1$ 和 $A_2$。

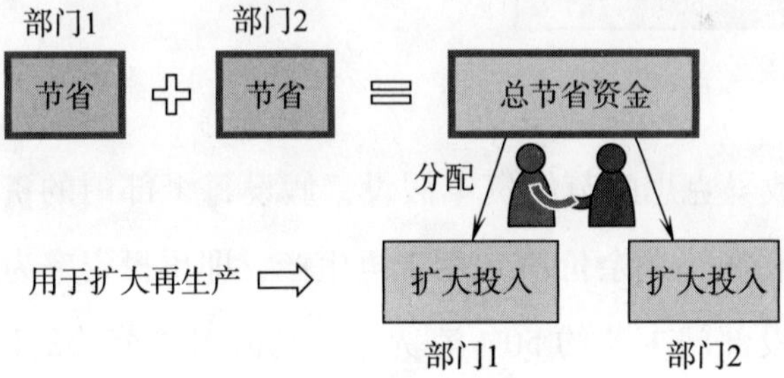


（3）实施扩大生产：两个部门各自分配到资金 $A_1$ 和 $A_2$，每个部门将再生产资金按各自部门的生产投入比例，购买相应量的生产资料和劳动力，投入再生产。

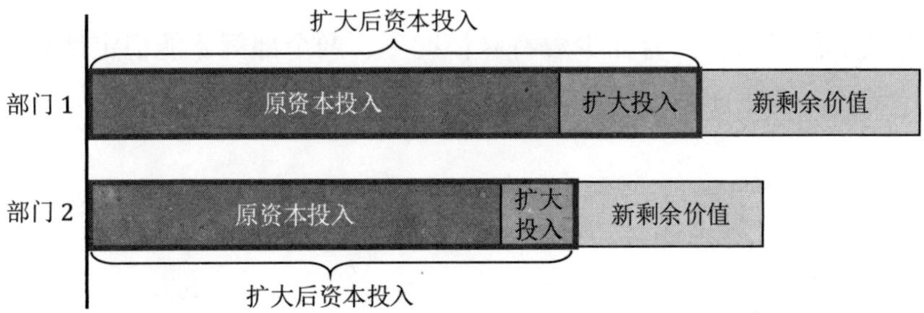

我们下文举的案例和后文讨论市场化案例不稳定性的四个案例，都是按照上述“市场化”的再生产步骤设置进行的，都去掉了马克思原扩大再生产中的“计划性”。

## 4.2 “市场化”的扩大再生产案例

我们仍以马克思的案例做例子，即 $t=0$ 时社会的初始生产状态如下图所示。

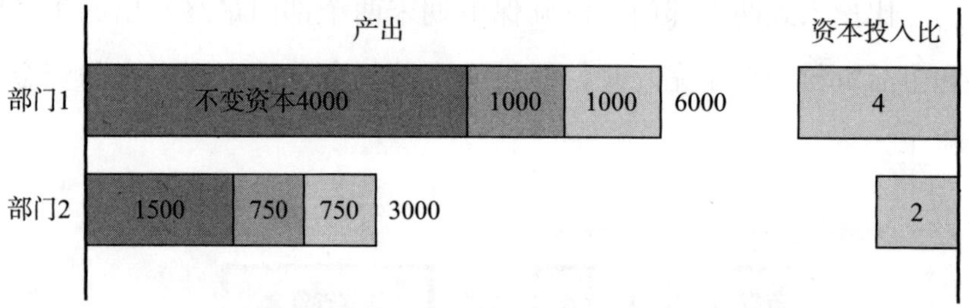


我们更改马克思的节约资本假设，假设每个部门的资本家每期都会将50%的利润（剩余价值）用于再生产，即再投资率为50%（马克思原案例假设部门1节约50%消费，但是部门2节约的比例视部门1的情况而定）。

可见，在我们对马克思的案例略作修改之后，两个部门的生产规模变得不再同步稳定地扩张，不仅不稳定，而且部门1的规模从 $t=3$ 开始就变为负数。后面我们会证明，在大多数情况下，生产规模的扩张都是不稳定的，只有在少数特殊情况下，两个部门才能稳定地扩展。这一不稳定性主要与两个部门的资本投入比有关系。

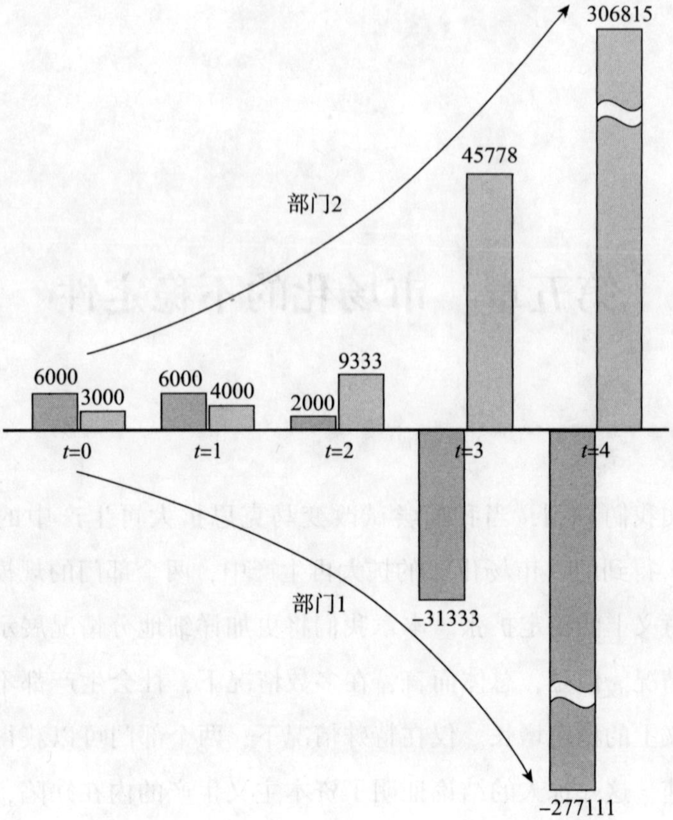
306815
45778
部门2
6000
3000
6000
4000
2000
9333
t=0
t=1
t=2
t=3
t=4
−31333
部门1
−277111

# 第五章 市场化的不稳定性

前文我们看到，当我们尝试改变马克思扩大再生产中的“计划性”时，得到的“市场化”的扩大再生产中，两个部门的规模不能获得常规意义上的稳定扩张。本章我们将更加详细地分情况展示其各种可能的情况。但是，总体而言，在多数情况下，社会生产都不能获得常规意义上的稳定增长。仅在特殊情况下，两个部门可以获得一致的稳定增速。这一惊人的结论证明了资本主义生产的内在缺陷，经济危机将不可避免。

由于社会生产扩张的情况有所不同，我们将分几种情况讨论。而这一分类依据就是两个部门的资本投入结构的相对大小关系。针对每一种情况，我们会举一个案例。我们后文举的案例，均满足前文我们对“市场化”的安排设置。但是为了简化起见，我们将资本家的消费率设为零，即生产利润全部投入再生产。这些数字上的改变不会导致结果产生质变，生产规模的不稳定性和不稳定的方式不受影响。

## 5.1 两部门资本投入结构相同时，两部门均可稳定增长

我们假设 $t = 0$ 时社会的初始生产状态为

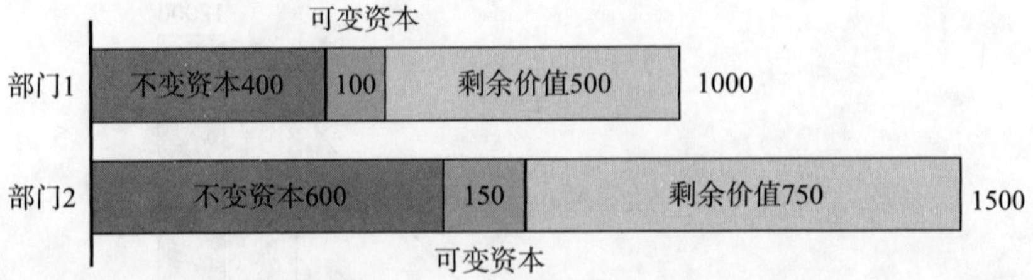


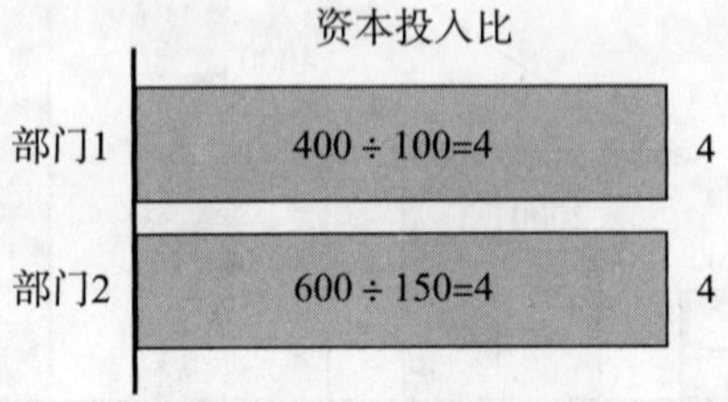


注意在本例中，两个部门的资本投入结构完全相同，两个部门的资本投入比（不变资本÷可变资本）均为 4：1。这样两个部门的生产实际上（除了产品不同，在我们关心的变量上）并没有太大的不同。

简单起见，我们假设资本家会将全部的利润（剩余价值）100%都用于再生产，完全不进行消费。这和马克思的案例有所不同（彼处为 50%）。但是这一区别只是量的区别，并不会改变规模扩大的稳定情况。我们后文的案例为简单起见，同样都假定资本累积率为 100%。

在这一资本投入结构和初始条件下，各期的产量如下页上图所示，每期的规模都翻倍。

在本例中，两个部门的规模每期都会扩大一倍，规模呈几何级数增长，每期增速相同。针对两个部门的资本投入比相同的情况，两个部门的长期扩张轨迹可以用下页下图来展示。

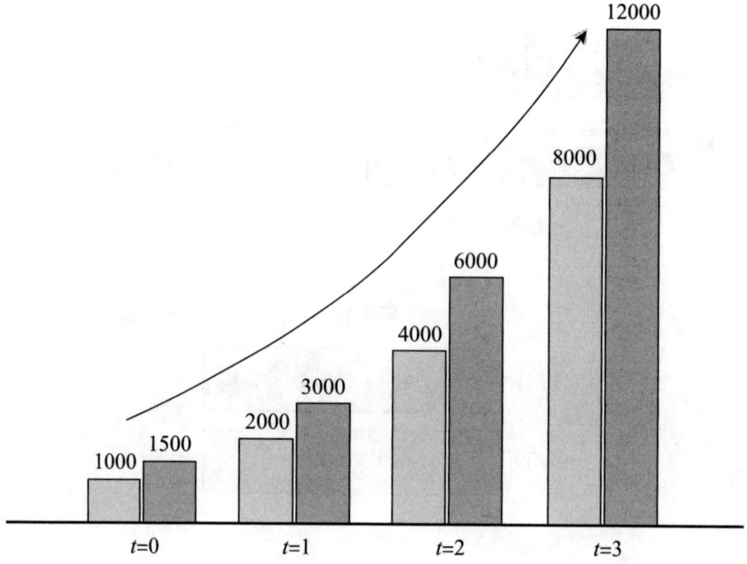


情形1：两部门资本投入结构相同，可稳定扩张

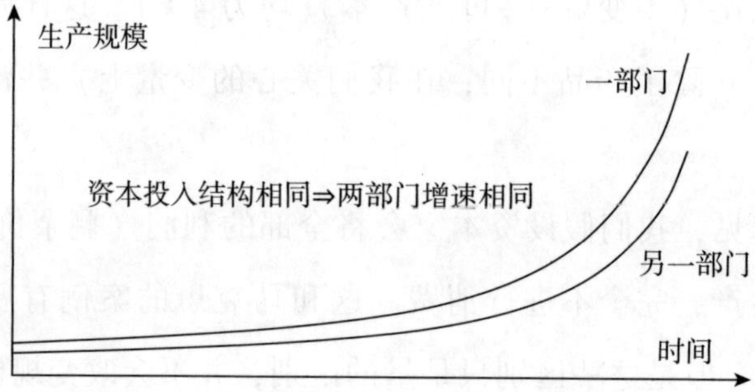


本例的情形和马克思的稳定再生产案例一样，都可以获得稳定的规模扩张。直观上来讲，如果两个部门的资本投入结构相同，相当于两个部门的产业相似，等同于同一个行业，则再生产资本投资于二者没有区别，只要将本期的资本品和消费品分配用完即可，这样两个部门的增速可以保持一致的均衡增长下去。

## 5.2 部门 1 资本更密集时，规模一正一负，各自增速高于总规模增速

### 5.2.1 情况 1，部门 1 规模负数扩张

我们改变一下两个部门的资本投入比，令部门 1 的资本投入比更高。我们假设 $t=0$ 时社会的初始生产状态变成下图（本例的初始状态仍满足两部门利润率相等）。

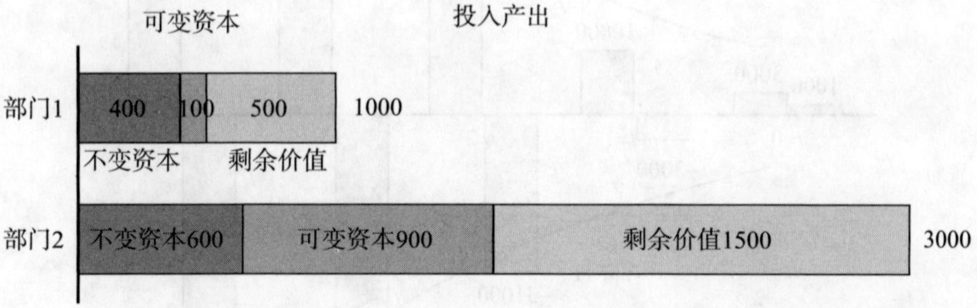


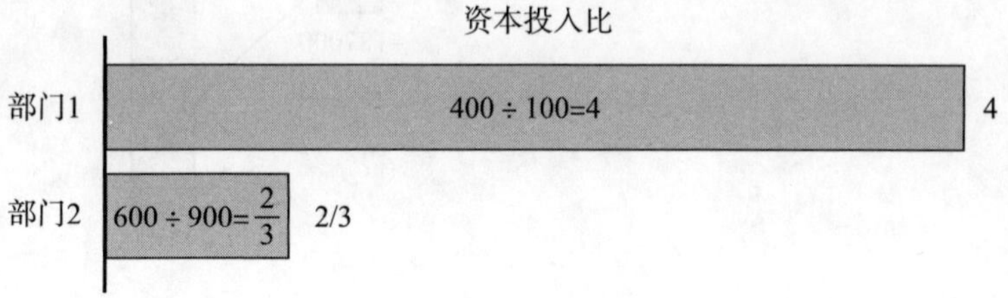


注意在本例中，部门 1 资本更加密集，不变资本投入占比更高。我们仍然假设资本家会将全部的利润（剩余价值）都用于再生产，完全不进行消费。

在这一资本投入结构和初始条件下，各期的产量如下页图所示。

在本例中，部门 1 的规模会很快变为负数，且逐渐扩大，部门 2 始终保持正数扩张。不过，如果我们改变一下两个部门的初始规模，则情况可能反过来，即部门 1 始终保持正规模扩张，而部门 2 很快变为负数且逐渐扩大。

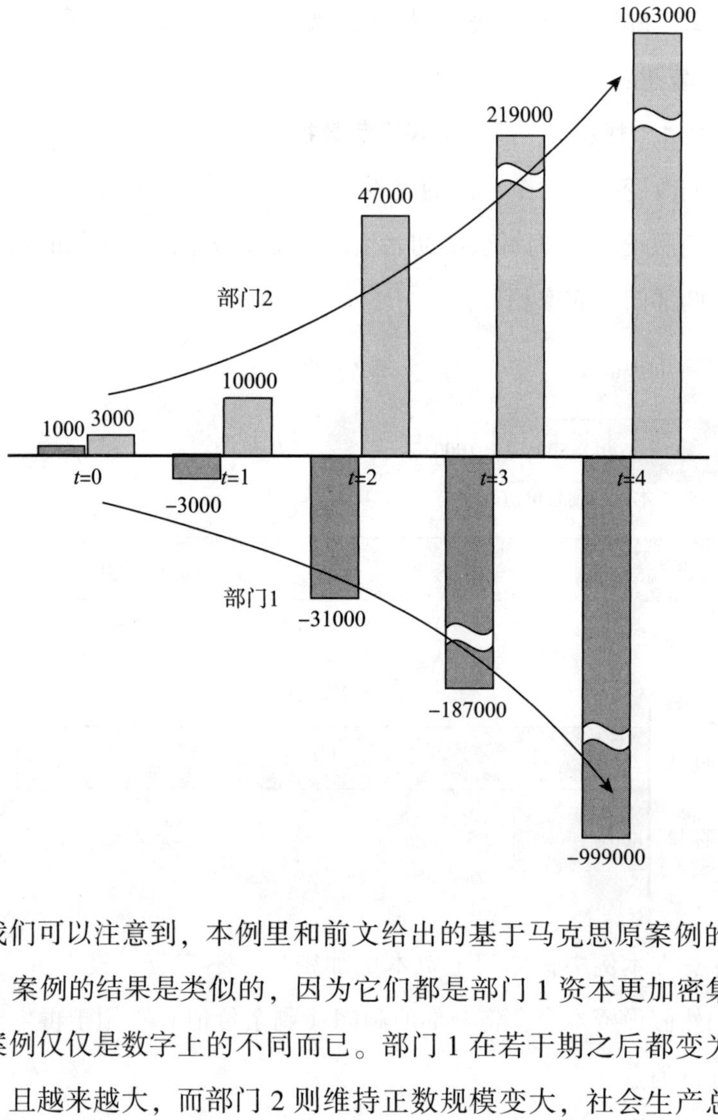


我们可以注意到，本例里和前文给出的基于马克思原案例的“市场化”案例的结果是类似的，因为它们都是部门 1 资本更加密集的情况，案例仅仅是数字上的不同而已。部门 1 在若干期之后都变为负数规模，且越来越大，而部门 2 则维持正数规模变大，社会生产总规模都不断扩大。

### 5.2.2 情况 2，部门 2 规模负数扩张

我们维持两个部门的投入产出比例不变，仅仅改变两个部门的初始规模如下，假设 $t=0$ 时社会的初始生产状态变成：

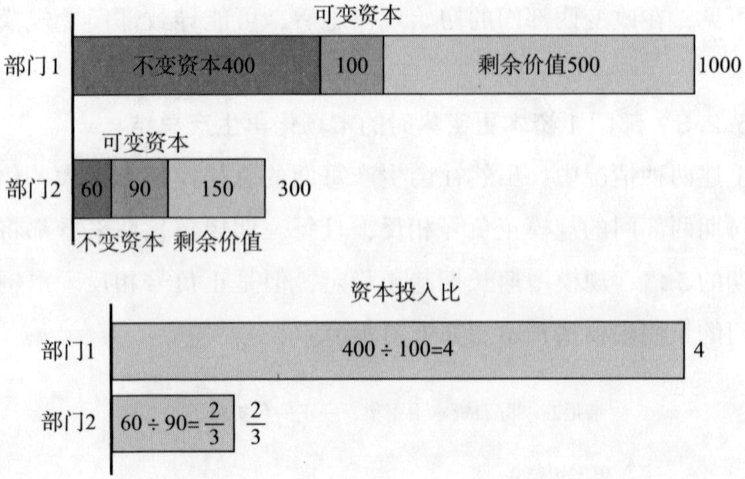


在这一资本投入结构和初始条件下，各期的产量如下图所示。

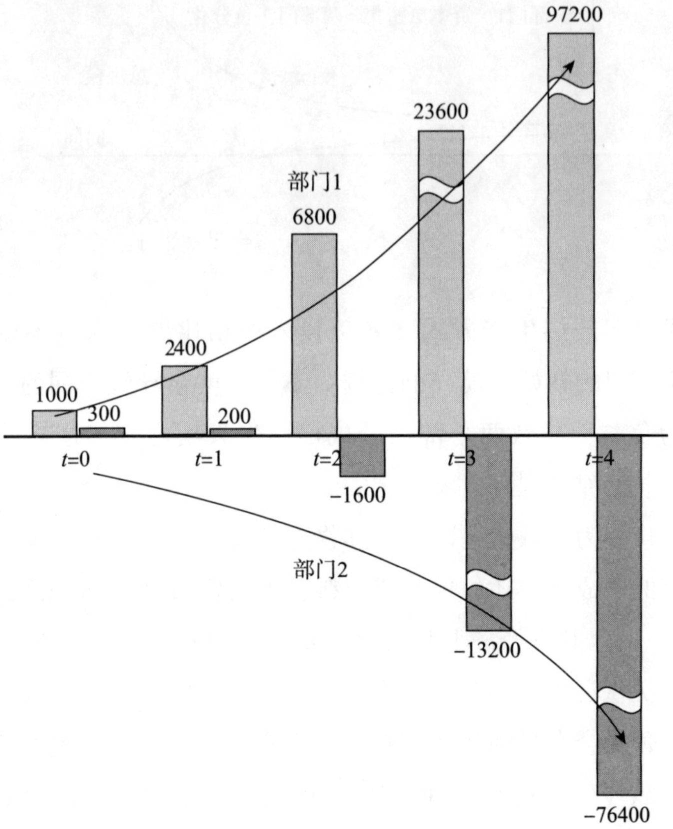

可见，在改变两部门的初始规模之后，可能导致部门 2 规模变为负数。

### 5.2.3　部门 1 资本更密集时的市场化再生产总结

上述两种情况中，虽然社会生产每期的总规模都会扩大一倍，但是，每期两部门的规模正负号相反，且每一期规模长期来看都将趋于上一期的 5 倍，规模增速长期趋于稳定，但是正负号相反。本例中两个部门的长期规模增长示意如下图所示。

情形2：部门1资本更密集，一正一负扩张

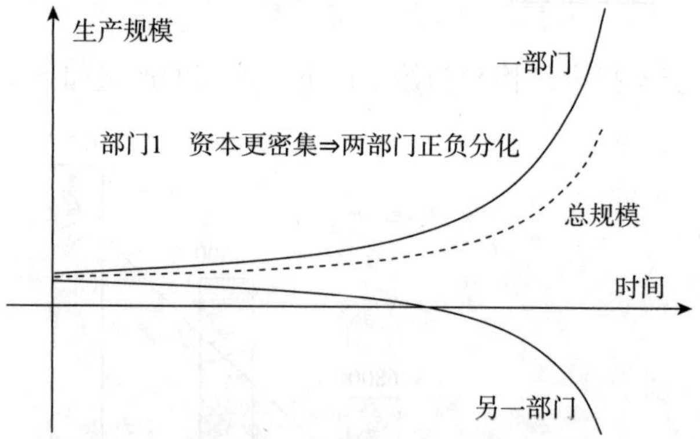


可见，在部门生产方式（各项投入产出比例）保持不变的情况下，两个部门的初始规模（的比例）不同，就会导致不同的部门生产规模变为负数，导致两个部门的规模产生天壤之别。这样的“市场化”生产扩张结论是非常不稳定的。

生产规模为负数这一事件，其物理意义是将生产过程逆转，消耗社会已有的产成品，还原出生产资料和生活资料（供另一部门作为投入使用）。所以其在经济上是无意义的，而且技术上大多也是行不通的（面包无法还原为面粉）。例如本例中的情况 1，部门 2 超常增长，使用了超过社会存量的生产资料和生活资料，生产出了超过社会所需要的产成品（生活资料），而部门 1 则消灭了部门 2 生产出的多余的生活资料，还原成了社会原本没有的超额生产资料和生活资料，使部门2的生产得以超额投入。这样的情形，仅存在于数字模型中，现实世界是不可能实现的。

## 5.3 部门2资本更密集时，规模大幅波动，每期正负切换

基于前面正负反向稳定增长的例子，我们将两个部门互换一下，部门1变成部门2，部门2变成部门1。但是为了让产量出清，我们需要对初始规模进行调整。于是我们假设社会两个部门的原本生产状态为（社会总产出3000）：

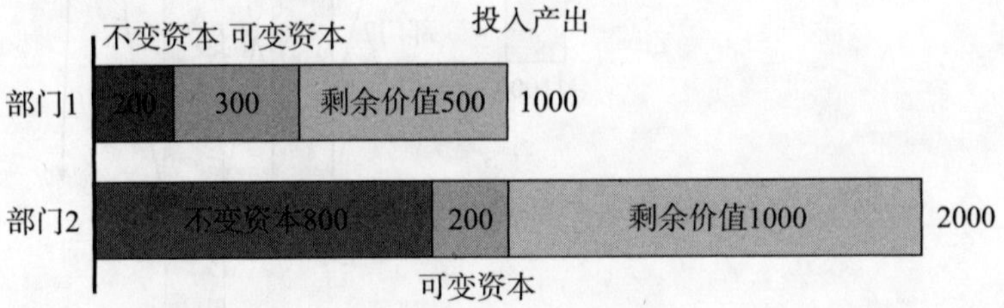


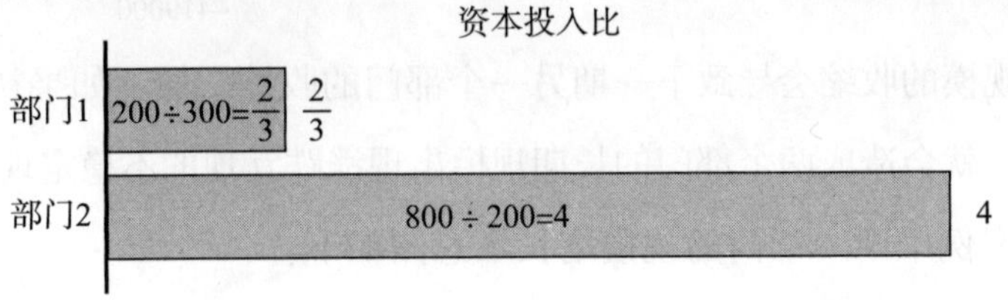


注意在本例中，部门2资本更加密集，不变资本投入占比更高。我们仍然假设资本家会将全部的利润（剩余价值）都用于再生产，完全不进行消费。

在这一资本投入结构和初始条件下，各期的产量如下页图所示。

经济上，如果部门1（重工业）反而需要投入更多的人力，而部门2（轻工业）需要投入更多的资本，则每个部门产出的产品是另一个部门更需要的，则一个部门的扩张会导致下一期另一个部门的扩张，而一

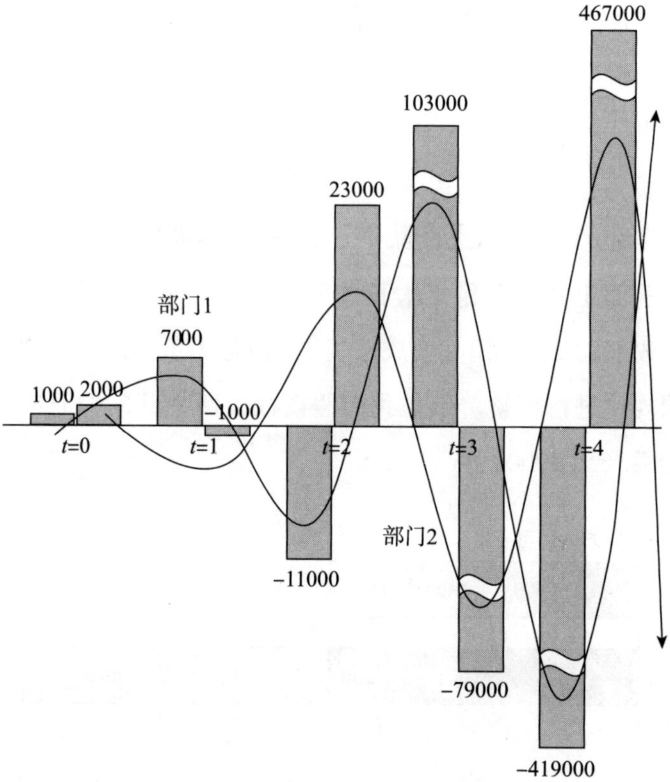


个部门规模的收缩会导致下一期另一个部门的收缩。加上如果初始规模不对称，就会造成两个部门的长期规模出现涨跌互现的不稳定现象。

本案例中两个部门的规模增长示意图如下：

情形3：部门2资本更密集，正负大幅波动

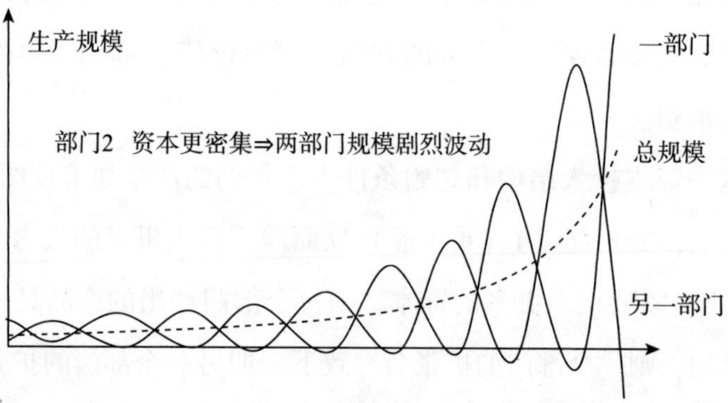

## 5.4 初始规模比例恰当时，两部门也可稳定增长

实际上，对于不稳定的扩大再生产，我们仍然保持两个部门的生产方式，仅仅将两个部门的初始规模改变一下，就可以变得稳定扩张。如果社会生产初始规模变为下式，或者为此规模的倍数时，则两个部门的规模每期都可以稳定地规模翻倍。

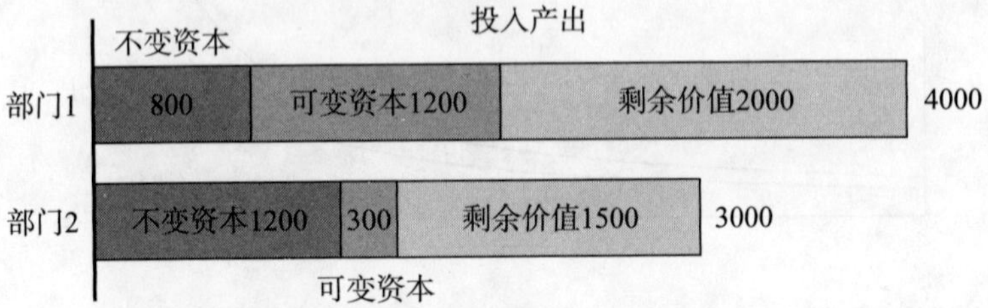


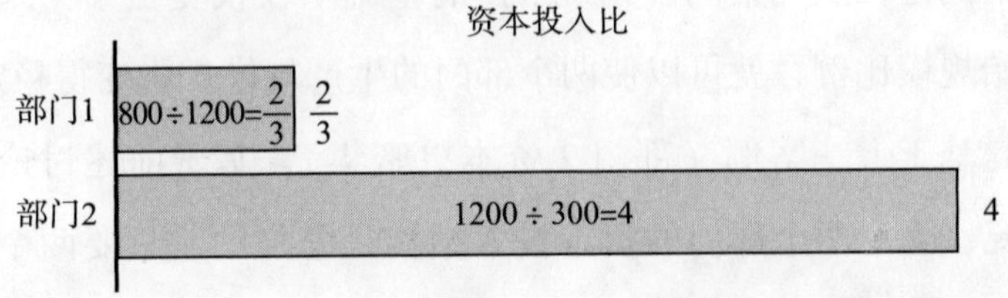


此时仍然是部门2资本更加密集。我们仍然假设资本家会将全部的利润（剩余价值）都用于再生产，完全不进行消费。

在这一资本投入结构和初始条件下，各期的产量如下图所示。

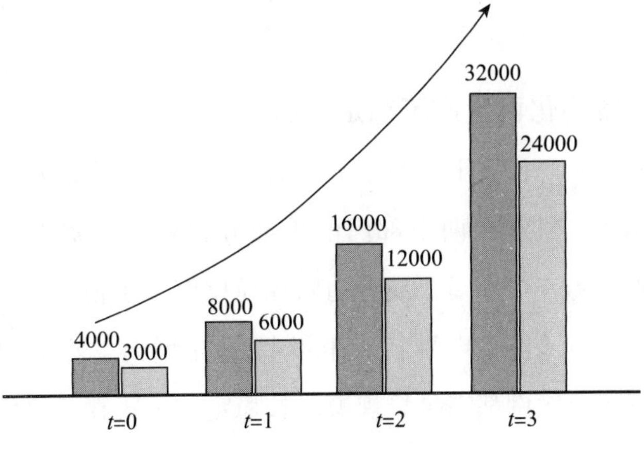

本案例中两个部门的长期规模增长示意图如下。

情形4：初始规模比例恰当时，可稳定扩张

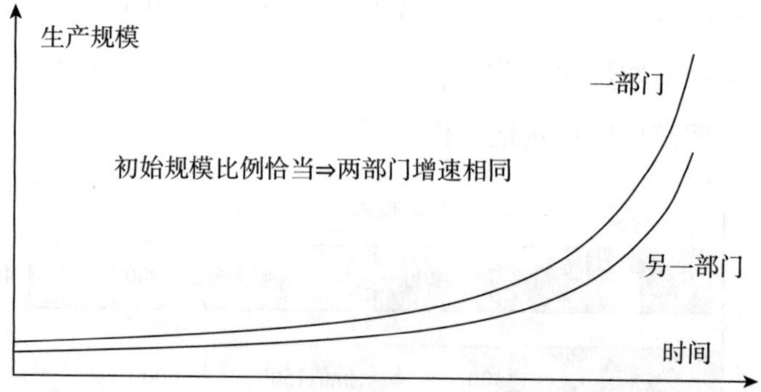


本案例是在上一案例（情况 3）的基础上仅仅变更了一下两个部门的初始规模比例，就可以使两个部门的生产规模扩张变得稳定起来。不仅仅是基于上一案例（部门 2 资本更密集），基于前述讨论的任何一种情况，无论两个部门的资本投入结构是怎样的，只要两个部门的初始规模比例等于恰当的数值，都可以实现两个部门增速一致，都维持正数规模以相同的速度扩张。当然，初始规模比例等于这一恰当的数值是比较难得的。也就是说，在“市场化”的部门再投资机制下，一般两个部门的扩张不会得到稳定的结果。

## 5.5 市场化再生产不稳定总结

在常规的生产设置下，两个部门的规模扩张都不能获得常规意义上的稳定增速。只有在两个部门的生产方式相同（资本投入结构相同，类似退化为一个部门）或者初始规模比例等于稳定规模比例这两种特殊情况下，才能实现两个部门的同步稳定增长。另外我们注意到，我们所举的 4 个案例都满足总规模增长稳定这一规律，也就等价于社会总资本增速稳定。

情形 1：资本投入结构相同时，稳定扩张

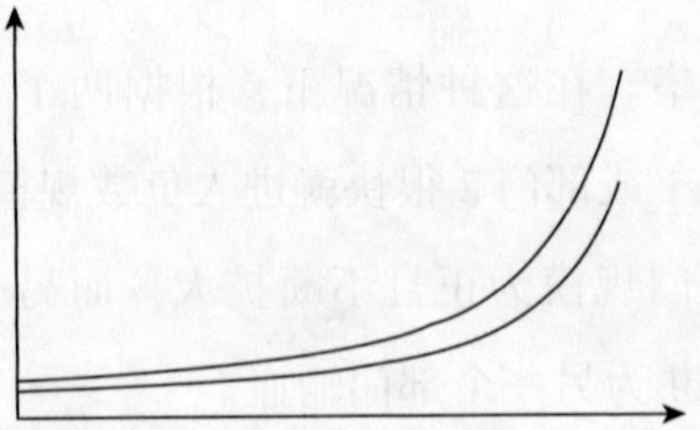

情形 2：部门 1 资本更密集时，一正一负

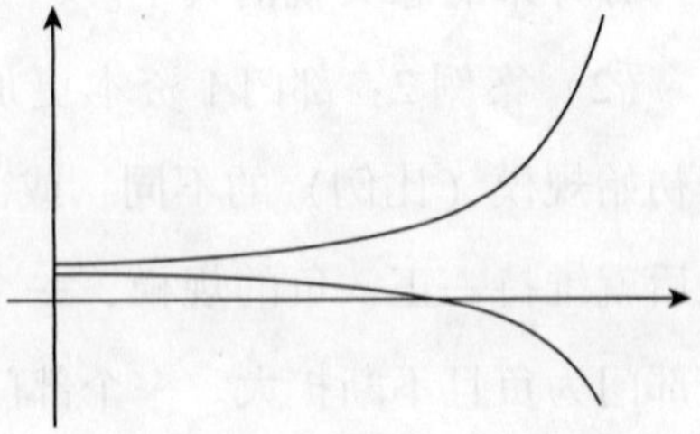

情形 3：部门 2 资本更密集时，正负波动

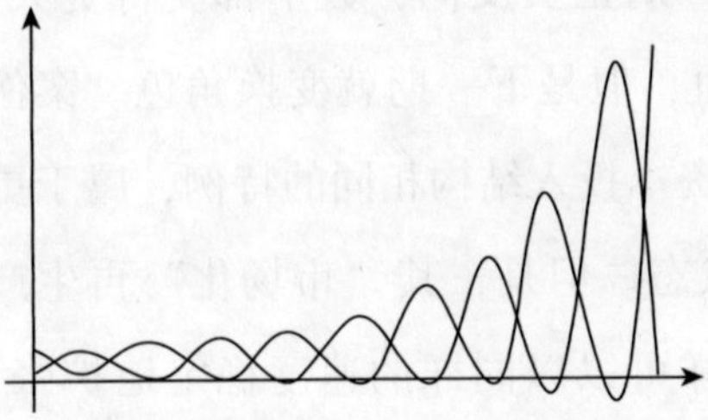

情形 4：初始规模比例恰当时，稳定扩张

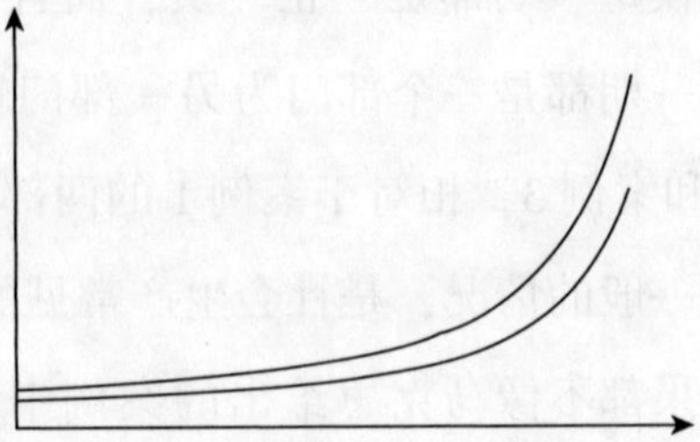

我们在前文中依据两个部门的资本投入结构和初始规模给出了 4 种可能的情况：

（1）案例 1：两个部门的资本投入结构相同。此时两个部门的不变资本和可变资本的投入比例完全相同。另外，我们又假设了两个部门的利润率相等，那么这两个部门的各项投入产出比例就完全相等了。这时，两个部门的生产就像是一个部门一样（只是规模不同而已）。所以累积的资本不管投入哪个部门，都可以得到完全相等的产出，且投入的不变资本和可变资本都相等。所以两个部门可以稳定地增长。但是，这种情况实际上并不符合马克思将两个部门分开的原意。马克思假设部门 1 是生产资料部门，一般来讲资本更加密集一些，而部门 2 是生活资料部门，一般来讲劳动更加密集一些。马克思做这样的区分，而且在扩大再生产中也以部门 1 的生产为根本进行扩张，部门 2 需要配合部门 1 的扩张。如果两个部门的资本投入结构相同，那将二者区分开来的意义就消失了。

（2）案例 2：部门 1 资本更加密集。在这种情况下，根据两个部门初始规模（比例）的不同，或部门 1 或部门 2 很快就进入负数规模，之后就维持一正一负的规模，一个部门规模为正且不断扩大，而另一个部门为负且不断扩大。一个部门不断为另一个部门输血。

（3）案例 3：部门 2 资本更加密集。在这种情况下，两个部门的规模每一期都是一正一负，而且下一期正负反向，数字都变得更大。每一期都是一个部门为另一部门输血，但是下一期就变换角色。案例 2 和案例 3，相对于案例 1 的两部门资本投入结构相同的特例，属于更为一般的情况，是社会生产常见的状态。但是，其“市场化”再生产结果都不像马克思给出的案例中一样可以以同样的速度稳定地扩张，都会导致社会生产的崩溃。

（4）案例 4：不管两个部门的资本投入结构怎么样，两个部门的初始规模恰当。在这种情况下，两个部门的生产规模也获得了稳定的增长，类似马克思给出的案例。这一情形也是很特殊的情况，它相当于限制了社会生产两个部门的规模基本只能维持一个不变的初始比例，不符合社会实际情况。只要两部门初始规模的比例不等于本例中的比例，就会变成第 1 种情形。而且，在这一特殊的初始规模比例之下，原始的生产状态并未实现产量出清，这也是不太合理的地方之一。

最后，需要注意的一点，就是，不管在哪种情况下，我们给出的几个例子中两个部门的加总规模都是稳定增长的。

## 5.6 再谈计划性与市场化

我们前文已经展示了马克思给出的稳定的扩大再生产案例，并且我们已经证明马克思给出的扩大再生产安排确实是可以稳定扩大规模的。但是，在我们变更了一些看起来更为合理的再生产安排之后，社会生产却变得非常不稳定了。那到底是因为马克思的模型只是特殊的个案，还是我们的修正导致的结果呢？很明显，马克思的模型设置并没有对资本投入比等做出任何限制，说明马克思的模型设置并不是特例。

我们前文在讨论马克思的扩大再生产案例时，猜测马克思划分社会生产部门的用意可能有两方面，一方面认为资本家更倾向于投资生产资料（重工业）的部门1，另一方面则出于对扩大再生产的"计划性"安排。从上文我们已经看到，当我们去掉"计划性"这一安排而将再生产变为"市场化"再生产之后，社会生产规模一般将会"无序"扩大。这一结果是非常惊人的，我们将其归因于"计划性"的缺失。

我们现在再回过来讨论一下资本家投资倾向的问题。因为我们猜测马克思划分部门是由于部门1是资本密集型，会"市场性"地得到资本家的青睐，而自然成为扩大再生产的优先部门和主导部门。如果是这样，那么最终的"计划性"只是表象而已，其背后是部门1出于"市场化"的原因而获得了资本家的青睐，那么生产可以稳定扩张的原因就应该归到"市场化"头上，而不是"计划性"。

那么这一问题的核心就是，到底部门1是不是出于"市场化"的原因而获得了资本家的青睐呢？很显然不是！因为本章我们已经通过4个案例分析完了所有可能的情况，证明了高资本投入比的部门（资本更加密集）并不会导致扩张速度更快或是扩张更稳定。在案例2中，部门1资本更加密集，但是部门1的规模却逐渐萎缩且在几期之后就变为负数，且负数不断扩大；而在案例3中，部门2资本更加密集，但是部门2的规模却大幅地正负波动（部门1也相同）。可见，扩张的稳定性及扩张速度和资本密集与否并无关联。于是，“市场化”会使资本密集型行业获得资本家的青睐是不成立的。

于是，马克思扩大再生产的稳定性确实源于其再生产安排的“计划性”，这一“计划性”是外生强制安排的，并不是社会生产自身“市场化”的产物。当社会生产失去这一外部强制的“计划性”之后，其自身的“市场化”属性使得生产扩张（社会发展）变得极不稳定。所以通过修改马克思的再生产案例，我们得出了“计划性”对于社会稳定发展的至关重要的作用。在产业层面完全“市场化”的情况下，只有当各产业达到其长期均衡状态（各产业资本投入结构相同，或各产业规模比例已经达到合适）时，社会发展才是稳定的。但是社会生产始终处于动态发展的状态，均衡是很难达到的。所以我们不能期待各产业可以在完全“市场化”的条件下达到特定的状态，也就不能期待在完全“市场化”的条件下获得稳定的社会生产发展。

第二部分

# 福利政策：世界主要国家如何转移剩余价值

# 导 言

本部分通过对美国、英国、北欧、法国、德国、日本和中国等世界主要国家福利政策的研究得出，世界各主要国家处理剩余价值的模式主要有三种：

（1）经济危机推动；（2）工人团结争取；（3）国家主导分配。中国模式属于第（3）种模式，即“国家主导分配”模式。通过这些研究，我们认为，通过国家政策和法案，把剩余价值转化为国家和社会福利，不仅仅有马克思中观经济学的理论基础，而且是现实可行的。

# 第六章　经济危机冲击下的美国模式

## 6.1　大萧条的推动，美国开启福利时代

美国福利制度是大萧条推动的，这跟欧洲资本主义国家有着很大的不同。美国是资产阶级掌权最彻底的地方，资产阶级掌握着剩余价值的分配，工人阶级没有任何权利，民主党也不是真正代表工人利益的政党。资本贪婪，剥削压榨工人阶级的剩余价值，只有靠经济危机和战争的推动才肯分一点剩余价值给民众。

1929 年，资本主义经济大萧条。1929—1933 年，美国国内生产总值下降了 30%，失业率从 3%猛增到 25%，股票价格下跌了 80%。据统计，1929 年四口之家贫困线标准在 2531 美元（1960 年美元价格计算），49%的家庭处于贫困线以下。胡佛总统虽然在 1930 年秋建立了总统就业紧急委员会（PECE），1931 年又建立了总统失业救济组织（POUR），1932 年还勉为其难地签署了《紧急救济和建设法案》(*ERCA*)，授权联邦政府贷款 3 亿美元给州政府用于救济失业者；但是这些为时已晚的措施如杯水车薪，难以为继。当时纽约州给每个失业家庭平均每周 2.39 美元的救济金。到 1934 年年底，各州每月平均发给

每人的养老金只有16美元[①]。

民众开始要求政府提供工作岗位。《财富》杂志1935年的一项调查显示，90%的穷人认为政府应当保证每一个想工作的人都能有一份工作。就连教会也在1935年放弃了政府不应该干预经济的立场，宣布“社会正义”要求政府为民众提供就业机会。1935年，美国哲学家约翰·杜威说，自由的概念应当被重新界定，“今天，自由代表着从物质的无保障中得到解放”。

于是，以实行新政为竞选口号，主张政府全力干预经济以渡过危机的富兰克林·D. 罗斯福当选为美国总统，开始进行大刀阔斧的改革，建立社会保障体系。

1935年4月8日，美国通过了《紧急救济拨款法》，针对城市失业人员，由联邦政府拨款50亿美元实施以工代赈计划，兴办大量公共工程（水坝、公路），提供就业。

1935年8月，美国国会通过了美国历史上第一部《社会保障法》，规定了老年人保障、失业保障和未成年儿童的保障：老年人保障对年满65岁的老年人给予每日发放一定款项的养老金，保险金由工人、雇主及联邦政府共同负担；建立了失业保险制度，为工人提供失业保险；对16岁以下无依靠的受抚养儿童、残疾儿童和盲人进行救济。还建立了有关给年老退休的工资收入者直接提供年金津贴、失业补偿、贫困和盲人救济、被扶养穷困儿童救济、促进妇孺健康和公共健康服务等九项社会福利计划。

1937年9月1日，国会通过《全国住宅法》，这是美国第一个全国性的住房立法，规定制订长远计划为低收入家庭修建公共住房，每

---

① 玛格丽特·S. 戈登：《美国的贫困》（Gordon Margaret S., *Poverty in America*），1965年版，第98页。

建造一栋公共住宅就得清除一栋不够标准的住房。1938 年 2 月 3 日，国会通过了《全国住房修正案》，随后建立了联邦国民抵押协会、联邦贷款机构和联邦工作机构。

1938 年 6 月 21 日，联邦政府正式颁布了《公平劳动标准法》(*FLSA*)，规定不分男女，劳动工资最低每小时 25 美分，并逐步增加到 40 美分。最高工时每周不超过 40 小时，如超过规定标准，则应支付原工资的 1.5 倍。

1942 年，美国国会曾通过《平衡法案》(*The Stabilization Act*) 执行战时工资冻结，采纳了雇员医疗保险计划，雇主为团体健康保险计划缴纳的款项不包括在应税收入之内（免交联邦、州和社会保障税），这是雇员和雇主都乐意接受的福利方式。

## 6.2 "二战"后，福利政策继续实施

战后对民生扶持的需要，以及 1948—1970 年发生的战后经济危机，继续推动美国福利制度的发展。

1945 年杜鲁门上台，继续扩大社会福利，要求国会通过法令限定房子的最高价，即所谓的限价房。还授权把全国建筑材料的 50%用来建造廉租房。1948 年 3 月 30 日签署《1948 年住房与房租法》，控制房租，并对住房建设给予紧急财政援助。1949 年 7 月 15 日又签署了《1949 年住房法》，规定美国在 6 年内兴建 81 万套公共住房，提供给收入较低的阶层；清除大城市的贫民窟。这一年，国会批准了 10 亿美元贷款和 5 亿美元拨款给各州及地方机构，以帮助清除大城市中心地区的贫民窟。杜鲁门通过一系列行政政策解决了民众的住房需求。

1946 年，美国国会通过《1946 年失业法》，规定政府必要时可以通过赤字的方式来实现"最大程度的就业，提高生产力和购买力"。

1950 年,《1935 年社会保障法修正案》获得通过，老年及遗属保险得到进一步完善，1000 多万人被纳入保险，保险津贴也提高到每月 45 美元。在 1952 年的《社会保障法修正案》中，将老年及遗属保险津贴又提高到每月 75 美元。

1950 年，国会通过了两项对特殊地区学校的援助，有 600 多个地区学校受益于这两项援助。一项援助为这些地区的学校运转所需的花费提供拨款，而另一项援助则是为这些地区修建新学校提供拨款。

艾森豪威尔政府上台后也继续了这些国家干预经济的社会福利政策。

1954 年 6 月 1 日，国会正式通过了《社会保障综合修正案》(H9366 号)，扩大社会保障津贴，受益者人数共 750 万人。1956 年扩大了失业保障的范围。1956 年通过《公路法》，在之后的 13 年中耗资 310 亿美元建设了 41000 英里的州际公路系统，这是美国历史上最大的公共工程。公路系统的完善促进了城市郊区的发展，也让汽车工业得到大发展。

1962 年颁布《公共福利修正案》(*Public Welfare Amendments*)，扩大儿童、老人、盲人和残疾人的福利支出，大幅度增加了联邦对州政府的工作培训与工作安置的支持力度。根据该法案，美国联邦在 1962—1965 年累积拨款上千万美元，用于劳工部每年调查和研究失业问题的趋势，提供对就业促进的各类教育咨询和训练。

1964 年 8 月 20 日通过《经济机会法案》，旨在为每一个人提供教育与培训机会、工作机会。经过 1965—1968 年的多次修正，这个法案形成三个方面的教育行动：青年职业培训和再培训计划，培训营地主要招收 16—21 岁的失业或失学青年；职业培训、再培训法案和教育法案，为 18 岁及以上的失业、失学青年提供职业培训和再培训技能的特别影响计划；全国重点社区行动法案中的教育法案，为低收入家庭的儿童提供教育、卫生、营养和心理等社会服务，促进儿童社会心理教育的开发[①]。

1965 年 4 月 11 日通过了《中小学教育法》，规定以一个地区的低收入家庭儿童为基础向学校所在地区拨款，当年拨款 17 亿美元，全国 95%的县得到补贴。该法案的款项通常用于雇用能校正阅读的教师，购买特殊设备和在校内实行早餐服务。1965 年，国会批准了《高等教育法》，首次规定为贫困大学生提供联邦奖学金。此外，政府还每年拨款 5000 万美元给大学购买图书资料，向大学提供津贴以增加与社区发展相联系的课程，对贫困的小型学院提供资金。

1965 年，国会以《1935 年社会保障法修正案》的形式通过了针对 65 岁及以上老人的医疗照顾（Medicare）和针对穷人的医疗救助（Medicaid）计划，国家医疗保险计划正式建立。

1965 年 8 月 10 日，约翰逊总统签署《住房和都市发展法案》，对住不起体面住房的穷人给以租金补贴，增建 24 万套住宅，拨款 29 亿美元用于城市更新。对有资格居住公共住房，财力负担超过本人收入 25%的，其超过部分由政府补贴。该法案还提出 10 年的住房目标，“继续完成 260 万套住房的建造和修缮，其中 60 万套是为低、中等收入家庭准备的”。

1964 年，约翰逊总统规定将食品券这一临时性措施改为永久性政策。有资格获得食品券的低收入家庭可以用 6 美元购买相当于 10 美元的食品，联邦政府负担这一计划的全部费用。1967 年 9 月 27 日，国会通过 5953 号议案继续为食品券计划提供两年的拨款。其后，这一法案一直延续下来成为美国政府社会保障的基本内容之一。从 1964 年起，

① 韩亚辉：《美国的贫困问题和社会保障政策——从罗斯福“新政”到约翰逊“伟大社会”》[D]. 山东师范大学，2000。

联邦政府在每个财政年度为妇女孕期照顾拨款1.1亿美元。

两次提高退休津贴，1965年提高7%，1967年提高13%。

有关儿童营养法案。1969年10月11日，国会通过了S3467号决议案，其中包括：第一，特别牛奶计划，授权为非营利学校和其他训练及照顾儿童的机构供应牛奶。第二，学校早餐计划，授权各州为学校实施早餐计划。第三，非食品援助计划，授权拨款为低收入地区援助公共的学校和非营利的私立学校，提供储藏、储备、运输和服务所需设备的费用。

## 6.3 70年代以来，福利政策受阻

以1973—1975年资本主义经济危机为转折点，资本主义世界经济普遍陷入滞胀困境，“社会福利制度”也受到严峻挑战，主要资本主义国家都对社会福利制度进行了不同程度的调整，一直持续至今。

这一时期美国也进行了一系列社会福利改革。1996年，克林顿颁布《个人责任和工作机会协调法案》，使一个工作导向的、严格限制个人获得社会救助资格和时间的工作福利制得以建立。该法案主要内容是用贫困家庭临时救助（TANF）代替原来的未成年子女家庭救助，对现金救助设置了严格的时间限制（5年），通过工作优先项目促进就业，鼓励个人承担责任，创立贫困家庭临时救助专项基金，使各州有更大的自主权对自身社会福利计划进行设计。从本质上讲，福利改革法案的目的并非消除贫困，而是以减少福利依赖为目标。

2002年，布什政府提出了第二阶段深化福利改革的方案——《为自立而工作法案》(*Working Toward Independence Act*)，对原法案进行了部分修改和补充，其倡导通过就业自食其力，减少福利依赖。2003年，《医疗保险法案》施行，将更多处方药品划入公共医疗补助范围，

并且创设了健康储蓄账号（Health Savings Account）制度，使人们可以选择省下医疗保险的一部分资金以投资在其他重要地方。2006年，签署《退休金改革法案》，严令美国企业拨付足够资金确保员工的退休福利，将当时承担的90%的拨付比例提高到100%，并在其后7年内补交完拖欠的退休金，拨付不足的企业将被严惩。

2008年经济危机再次给了奥巴马一个历史机遇。他在任期内进行了医改新政，试图建立全民医保。2010年的《病人保护和可负担医疗法案》提出构建低成本全覆盖的医疗保险体系、强化公共项目、提高医疗服务的质量和效率、确保透明和项目廉正、增强医疗服务人力资源建设、强化经费保障等六大内容。即便如此，美国的医疗保障依旧是发达国家里面比较差的。美国宣布破产的个人里60%都是因为生病，因病致贫。

因为美国是资产阶级掌权最为彻底的地方，只有通过危机才能让老百姓分享一点他们自己创造的剩余价值，才能增进一些福利。下面是大萧条以来增进福利的一些政策。

**美国的福利政策和法律**

| 时间 | 福利政策/法律 | 内容 |
|---|---|---|
| 1932 | 签署了《紧急救济和建设法案》(*ERCA*) | 授权联邦政府贷款3亿美元给各州用于救济失业者 |
| 1933.5 | 《联邦紧急救济法》，成立联邦紧急救济署(FERA) | 旨在向州和地方提供资金救济和创造一些非技术性公共服务岗位（如修建草坪、清扫树叶等） |
| 1934 | 《新税法则》 | 按照收入和资产多寡征收超高额累进税和遗产税，目的就是让富人多交钱，穷人不交钱 |
| 1935.4.8 | 《紧急救济拨款法》 | 针对城市失业人员，由联邦政府拨款50亿美元实施以工代赈计划，兴办了大量公共工程（水坝、公路），提供就业 |

续表

| 时间 | 福利政策/法律 | 内容 |
| --- | --- | --- |
| 1935.8.14 | 《1935 年社会保障法》 | 规定了老年人保障、失业保障和未成年儿童的保障：老年人保障对年满 65 岁的老年人给予每日发放一定款项的养老金，保险金由工人、雇主及联邦政府共同负担；对 16 岁以下无依靠的受抚养儿童残疾儿童和盲人进行救济；建立了失业保险制度，为工人提供失业保险 |
| 1935.12 | 联邦紧急救助署正式被工程进度管理署和社会保障委员会（SSB）取代 | 前者负责提供公共工作，后者则负责提供公共救助 |
| 1937.9.1 | 《全国住宅法》 | 制订长远计划为低收入家庭修建公共住房，每建造一栋公共住宅就得清除一栋不够标准的住房 |
| 1938.2.3 | 《全国住房修正案》 | 建立了联邦国民抵押协会、联邦贷款机构和联邦工作机构 |
| 1938.6.21 | 《公平劳动标准法》（*FLSA*） | 规定不分男女，劳动工资最低每小时 25 美分，并逐步增加到 40 美分；最高工时每周不超过 40 小时，如超过规定标准，则应支付原工资的 1.5 倍 |
| 1945 | 杜鲁门住房政策 | 要求国会通过法令限定房子的最高价，授权把全国建筑材料的 50%用来建造廉租房 |
| 1946 | 《1946 年失业法》 | 政府必要时可以通过赤字的方式来实现“最大程度的就业，提高生产力和购买力” |
| 1946 | 《全国学校午餐法》 | 为各州建立、实施学校午餐计划提供帮助，对财政拨款、午餐计划支出、午餐营养等做出规定 |
| 1948.3.30 | 《1948 年住房与房租法》 | 房租控制和对住房建设给予紧急财政援助 |
| 1949.7.15 | 《1949 年住房法》 | 美国将在 6 年内兴建 81 万套公共住房，提供给收入较低的阶层；清除大城市的贫民窟 |
| 1950 | 《社会保障法修正案》 | 终身残疾与完全残疾救助 |
| 1950 | 《1935 年社会保障法修正案》 | 老年及遗属保险得到进一步完善，1000 多万人被纳入保险，保险津贴也提高到每月 45 美元 |

续表

| 时间 | 福利政策/法律 | 内容 |
| --- | --- | --- |
| 1950 | 对特殊地区学校的援助 | 为学校运转所需的花费提供拨款，为修建新学校提供拨款，有600多个地区的学校受益于这两项援助 |
| 1952 | 《社会保障法修正案》 | 将老年及遗属保险津贴又提高到每月75美元 |
| 1954.6.1 | 《社会保障综合修正案》（H9366号） | 扩大社会保障津贴 |
| 1956 | 《社会保障法修正案》 | 增设伤残保险 |
| 1956 | 失业保险调整 | 扩大了失业保障的范围 |
| 1960 | 《社会保障法修正案》 | 将社会保障税率提高到雇主和雇员各3% |
| 1962 | 《公共福利修正案》 | 扩大儿童、老人、盲人和残疾人的福利支出，大幅度增加了联邦对州政府的工作培训与工作安置的支持力度 |
| 1964.8.20 | 《经济机会法案》（*Economic Opportunity Act*） | 旨在为每一个人提供教育与培训机会、工作机会，以及体面和尊严的生活机会 |
| 1964 | 将食品券改为永久性政策 | 有资格获得食品券的低收入家庭可以用6美元购买相当于10美元的食品，联邦政府负担这一计划的全部费用 |
| 1964 | 妇女孕期照顾 | 联邦政府在每个财政年度为妇女孕期照顾拨款1.1亿美元 |
| 1965 | 退休津贴调整 | 提高退休津贴（7%） |
| 1965 | 《经济机会法案修正案》 | 鼓励州政府参与到反贫困计划中 |
| 1965.4.11 | 《中小学教育法》 | 规定以一个地区的低收入家庭儿童为基础向学校所在地区拨款，当年拨款17亿美元，全国95%的县得到补贴 |
| 1965 | 《高等教育法》 | 首次规定为贫困大学生提供联邦奖学金。此外，政府还每年拨款5000万美元给大学购买图书资料，向大学提供津贴以增加与社区发展相联系的课程，向贫困的小型学院提供资金 |

续表

| 时间 | 福利政策/法律 | 内容 |
| --- | --- | --- |
| 1965.8.10 | 《住房和都市发展法案》 | 对住不起体面住房的穷人给以租金补贴，增建24万套住宅，拨款29亿美元用于城市更新。对有资格居住公共住房，财力负担超过本人收入25%的，其超过部分由政府补贴。该法案还提出10年的住房目标，“继续完成260万套住房的建造和修缮，其中60万套是为低、中等收入家庭准备的” |
| 1967 | 退休津贴调整 | 退休津贴提高13% |
| 1967.9.27 | 国会通过5953号议案 | 继续为食品券计划提供两年的拨款 |
| 1969.10.11 | S3467号决议案 | 第一，特别牛奶计划，授权为非营利学校和其他训练及照顾儿童的机构供应牛奶。第二，学校早餐计划，授权各州为学校实施早餐计划。第三，非食品援助计划，授权拨款为低收入地区援助公共的和非营利的私立学校，提供储藏、储备、运输和服务所需设备的费用 |
| 1973 | 《全国就业培训法案》 | 大力推进社区创立就业与培训计划 |
| 1996 | 《个人责任和工作机会协调法案》 | 用贫困家庭临时救助（TANF）代替原来的未成年子女家庭救助，对现金救助设置了严格的时间限制（5年），通过工作优先项目促进就业，鼓励个人承担责任，创立贫困家庭临时救助专项基金，使各州有更大的自主权对自身社会福利计划进行设计 |
| 2002 | 《为自立而工作法案》（*Working Toward Independence Act*） | 倡导通过就业自食其力，减少福利依赖 |
| 2003 | 《医疗保险法案》施行 | 将更多处方药品划入公共医疗补助范围，并且创设了健康储蓄账号（Health Savings Account）制度，使人们可以选择省下医疗保险的一部分资金以投资在其他重要地方 |
| 2006 | 《退休金改革法案》 | 严令美国企业拨付足够资金确保员工的退休福利，将当时承担的90%的拨付比例提高到100%，并在其后7年内补交完拖欠的退休金，拨付不足的企业将被严惩 |

续表

| 时间 | 福利政策/法律 | 内容 |
| --- | --- | --- |
| 2010 | 《病人保护和可负担医疗法案》 | 包括构建低成本、全覆盖的医疗保险体系、强化公共项目、提高医疗服务的质量和效率、确保透明和项目廉正、增强医疗服务人力资源建设、强化经费保障等六大内容 |

# 第七章　斗争赢得福利的英国模式

## 7.1　20 世纪以前的福利制度

英国的福利制度最早可以追溯到 1601 年伊丽莎白颁布的《济贫法》。但是这个法律推出的初衷是强迫流浪汉进入工厂工作。所以《济贫法》在济贫问题上遵循区别对待的原则，将那些确无劳动能力的人送入“济贫院”，对有劳动能力的穷人即官方认为懒惰的穷人则进行惩罚[①]。但是因为济贫院并非真正意义上的福利机构，待遇极其恶劣，几乎等于囚禁。

1782 年英国颁布《吉伯特法》，主张对穷人实行工资补助和户外救济。1796 年的《斯品汉姆莱法》对低工资者实行户外救济，使其得到最低限度的生活保障。1834 年英国议会修正并通过“新济贫法”，规定了济贫院内济贫的原则，任何人要想得到济贫法规定的救济就必须进入济贫院中。这些措施根本无法保障自由市场经济导致的庞大的赤贫无产阶级的基本生活。

19 世纪末英国先后发生了五次经济危机，分别在 1873 年、1882

---

① Derek, Fraser. *The Evolution of the British Welfare State*. London. 1984, p. 33.

年、1890年、1900年、1907年，每次都让资本主义社会生产力大跌，物价下降，企业破产，工人失业。根据查尔斯·布斯和西博姆·朗特里等人1889—1901年对英国的城市生活所做的调查：伦敦30%的居民处于贫困状态，约克城贫困人口比例为27.93%①。以广泛的调查为依据，有人认为，英国在19世纪末有25%—30%的城市人口生活贫困②。失业也是困扰人们的问题之一。资料显示，在19世纪80年代，英国的失业率明显持续上升：1884—1887年英国的失业率都在7.5%以上，1886年最为严重，平均失业率为10.2%，工程制造业、冶金业、造船业等行业更是达到了13.5%③。

失业的增长使许多有工作能力的人无法工作，他们只好进入济贫院以求得到救济。于是，济贫院人数骤增，许多地方不得不违背院内济贫的原则，向失业者发放院外救济，这又造成济贫支出直线上升。原有的济贫法律机制已不能适应英国社会的需要。

## 7.2 斗争赢来福利

英国真正意义上的福利制度也是在经济危机的推动下开始的。与美国不同的是，工人阶级在这个过程中起到了关键作用，通过斗争的方式向资本家索取剩余价值。

英国工党于1900年2月由职工大会（即总工会）发起创立，最开始叫劳工代表委员会，1906年改叫工党。因为团结，工人阶级在社会上形成一股独立的政治力量，开始为自己赢得社会福利。在工党成立

---

① Pat, Thane. *The Foundations of the Welfare State*. Longman Group Lqc. Ltd. 1982. pp. 5-7.

② Janet, Roebuck. *The Making of Modern English Society from 1850*. London. 1982. p. 73.

③ Rogger, Davidsion. *Whitehall and the Labour Problem in Late-Victorian and Edwardian Britamin*. Croom Helm. 1985. p. 42.

以前，几乎没有任何实质上提高工人福利的法案。工党成立后，各项政策迅速推广。工人阶级通过法律的形式，获得了对剩余价值进行再分配的直接渠道。

1906 年地方政府被授权为学校的贫困儿童提供伙食，1907 年开始对学校的贫困儿童进行定期的医疗检查。1918 年的《产妇与儿童福利法》规定，地方政府有权向产妇提供牛奶与营养品、家庭服务及产妇用品，并有权建立产妇与婴儿福利中心和产前诊所。

1908 年，《老年养老金法案》获得通过，规定向年满 70 岁的老人发放养老金，养老金免于缴费，完全由国库开支。1925 年，英国政府通过了第一个全国性质的纳捐型老年补助金法，实行缴纳费用的养老金制度，对所有寡妇、孤儿、65 岁以上的老人提供补助。

1909 年通过《劳工介绍所法》，1909—1910 年陆续在全国开办 61 个劳工介绍所。1916 年，职业介绍所代替了劳工介绍所，逐步成为英国的一个常设性机构。另外，1909 年通过《行业委员会法》，对部分行业的最低工资和工时进行监视和干预，这些受控行业不断扩大，第一次世界大战后发展到 48 个。

1911 年颁布《国民保险法》，建立了以社会保险为核心的现代社会保障制度，包括关于残疾人的国民健康保险和关于失业问题的失业保险。健康保险覆盖所有 16 岁以上被雇用以及那些未被雇用却具有被保险人资格者，由雇主、雇工和财政三方负担，为投保人提供疾病、伤残、生育、医疗等项目的现金补助。失业保险部分同样规定失业保险费由三方共同承担，实行强制性的缴纳制度，几乎包括了所有在体力或脑力部门受雇，年累计收入不超过 160 镑的年龄在 16—70 岁的劳动者。

1918 年，英国政府通过了新的《教育法》，规定所有小学一律免交学费，并把学生离校的年龄提高到 14 岁。为了解决广大民众的住房问题，英国政府于1923年通过了《住房法》，规定政府以提供补助的形式鼓励私人建房。

1920年颁布的新《失业保险法》，规定每个年收入不足250英镑的体力劳动者、非体力劳动者均可参加（工人阶级以外的劳动群体因为没有代表，所以不允许参加新《失业保险法》，包括农业、家庭服务以及学校与政府等部门成员）。

## 7.3 借助大萧条，建立从摇篮到坟墓的福利体系

1932年，曼彻斯特失业工人向政府提交请愿书——《我们的贫困——你们的责任》，指出该城30万男女儿童陷入生活困境[①]。他们强烈要求政府救济、举办公共工程给他们饭碗。劳动人民的智慧是无穷的，他们可不管什么自由市场经济理论。他们看到的真实情况是英国人民在一个全世界最富裕的国家里忍饥挨饿，他们看到的是资产阶级宁可把钱贷给外国或者进行战争也不愿意投资经济和救助穷人。他们严重警告政府："不要以为巨大的失业惨剧可以无休止下去而不会产生某种致命灾难……如果生存问题被逼为破釜沉舟的斗争，你们就将自食其果。"[②]

1937年，英国政府颁布了寡妇、孤儿及老年人自愿缴费养老金法，扩大了1925年养老金法的适用范围，开始向没有参加国民健康保险的收入较高者提供缴费型养老金。1938年，英国政府颁布了关于盲人养老金的法令，将1920年的《盲人养老金法》规定的年龄由50岁的标准降低至40岁，免费且不附带任何财产状况调查的条件。

① 吴必康等：《世界历史》第8册《西方国家政府与市场经济》，江西人民出版社2012年8月版，第99页。

② W. L. 阿恩斯坦主编：《昔日真言：1688年以来的英国历史问题》，多伦多，1981年，第350、351页。

1942 年，英国经济学家贝弗里奇提出《社会保障及有关服务报告书》，要求政府提供充分就业，消灭贫困，制定从摇篮到坟墓的福利政策。这个报告被称为贝弗里奇报告，在社会上引起强烈反响。1944 年，英国工党就这个报告提出很多具体的措施，其中最重要的有 2 月份的《关于健康服务的白皮书》、5 月份的《关于就业问题的白皮书》以及 9 月份《关于社会保险的白皮书》。《关于健康服务的白皮书》主张建立一个覆盖每一个医疗部门及相关活动的综合性国民保险制度，这种健康制度实行免费原则，其费用完全由税收承担。《关于就业问题的白皮书》宣称政府将采取积极的干预行动来维持充分就业。

1944 年，继白皮书发表之后，英国政府又颁布了《国民保险部法》，新成立的国民保险部，全面接管健康保险制度和各种养老金制度、失业保险制度以及工伤赔偿制度。1946 年颁布了新的《国民保险法》，强制缴费，为参保人提供失业保险津贴、疾病保险津贴、产妇津贴、寡妇年金以及寡妇补贴、孤儿补贴、养老金以及死亡津贴。

1944 年，政府通过了新的《教育法》，规定对所有的 11—15 岁（苏格兰地区为 12—15 岁）的孩子实行免费的中等教育。1947 又将学生的离校年龄提高到了 16 岁。

1945 年的《家庭补贴法》引入家庭补贴，规定从第二个孩子开始，向每个孩子提供平均每周 5 先令的家庭补贴。1952 年 9 月，颁布的新《家庭补贴法》将补贴标准提高到每周 8 先令。1956 年，新的《家庭补贴法》又将补贴开始从第一个孩子提供，标准为每周 8 先令，而其他孩子增加到每周 10 先令。

1945 年，英国政府颁布了《国民保险（工伤）法》，在英国建立起新的工伤保险制度，发生工伤事故后由工伤保险基金赔付工伤保险津贴，保险费用由雇主、雇工与国家三方共同缴纳。

1946 年，新的《国民保健法》获得通过，国民保健制度由医院提供的服务和特殊的医疗服务、地方健康当局提供的服务以及开业医生提供的一般性医疗和牙科服务构成。

1948 年，艾德礼政府颁布了新的《国民救助法》，废除原来的济贫法制度。在国民救助制度下，关于穷人的各种救助支出均由议会拨款承担。与国民保险制度相比，国民救助制度提供的津贴标准相对较高，使得一些依靠国民救助家庭的生活水平要明显好于依靠社会保险制度的家庭的生活水平。

1950 年，英国建成世界上第一个“福利国家”，其主要内容为混合经济、充分就业、全面福利和公平分配。英国的福利国家政策，不但使每一个社会成员有了基本生活条件的保障，而且向他们提供了“从摇篮到坟墓”的一系列社会保障措施。

## 7.4 70—90 年代，自由主义抬头，福利收缩

70 年代保守党执政之后，社会福利开始收缩。1975 年，撒切尔夫人就任保守党领袖，在新自由主义经济学的影响下，当时资本主义世界出现了滞胀，她开始着手改革：收缩政府，削减福利。保守党采取了三个对策：

第一是降低救济的实际值，减少要求救济的人数。在 1981—1983 年，短期救济的增长比物价上涨低 5%。1982 年，保守党政府取消了与收入关联的疾病与失业救济，对失业者的救济改为应纳税津贴。同时，通过对各种救济征税来变相削减福利支出。根据 1993—1994 年度的规定，退休金、事业保险、法定疾病工资、法定产假工资甚至寡妇年金都须征税，这种严格的规则使许多人得不到救济。

第二是减少管理成本，一个主要的变化是，分别要求在 1982 年以

后由雇主而不是公务员支付疾病救济金，在1986年以后由雇主而不是公务员支付产妇津贴，但又用减税和国民保险返还来补偿雇主的成本。在救济的原则上，更注重以选择救济来取代普遍性救济。

第三是在削减社会救助程度和范围的同时，强化企业与个人保险计划，扩大社会保险空间，大力推进企业补充保险和个人保险。1982年《社会保障与住房补贴法》，要求雇主为其雇员承担疾病津贴，作为补偿，雇主可以减少国民保险的缴费数额，保守党政府将疾病救济的责任转移给了雇主。1986年新通过的《社会保障法》，降低了养老金的发放基数和最高发放比例。1988年，16—l8岁的未成年人不再获得收入支持，同时取消对已经离开全日制教育的未成年人发放儿童津贴。[1] 保守党上台后就确立了鼓励私人拥有住房的政策，减少住房补贴，并用优惠价格向居民出售公有住房。

在高等教育方面，英国政府除了重视提高教育质量外，把改革侧重于两个方面：一是加强中央政府对教育的管理，"到1990年年底，整个英国已有50所学校成为'拨款维持'的学校[2]"，到了1993年6月时，这个数字已经增长到493所[3]。二是压缩教育经费，以削减政府的预算开支。政府迫于预算的压力，一再压缩高等院校教育经费，1985年以后，大学预算每年递减2%。1990年起实施"学生贷款计划"，把高等院校学生的助学金制度改为贷学金制度，平均每年向每个大学生提供约420英镑的贷款。此外，政府每年还拨出1500万英镑作为特别困难基金，由地方教育机构管理，以保证家境困难的学生能进高等院校。

---

① Nick Ellison, "From Welfare State to Post-Welfare Society? Labours Social Policy in Historical and Contemporary Perspective". Brian Brivati and Tim Bale. *New Labour in Power*: *Precedents and Prospects* [M]. Roudedge, 1997.

② *Daily Telegraph*, 7 September 1999.

③ *Times*, 3 December 1990.

撒切尔夫人的强硬改革引发了很多不满，因为让市场配置资源的必然结果是提高效率，损害公平。撒切尔夫人自己概括了左派的批评："撒切尔时代所培养的社会风气，不正是造成弱者遭排挤、贫者无立锥之地、社会价值崩溃的罪魁祸首？"① 承受撒切尔改革代价的是下层人民，他们承受了失业、生活水平下降、福利减少等痛苦。1979—1987年，英国社会的贫富差距在不断加大。根据马丁·罗德斯统计，"（1979—1993/1994）贫困人口（收入低于平均水平一半）翻了一番，超过了1000万，到了1997年，1400万人口被官方列入贫困之列，儿童中有三分之一出生在贫困家庭"②。终于在1990年爆发反人头税流血事件，加上保守党可能败于大选的压力，他们迫使撒切尔当替罪羊，逼迫她辞职，保守党得以继续执政，实行新自由主义政策，但是民怨已经越来越大。

## 7.5 90年代至今，福利调整恢复

1997年，在野18年的工党以压倒性的优势获得选举胜利，上台执政。这18年中，工党从理论上发展出了所谓的第三条道路，简单说就是混合所有制道路，同时对社会福利制度进行了一系列调整和改革。

布莱尔执政后，于1998年4月公布了名为《我们国家的新动力：新的社会契约》的绿皮书，提出了新福利制度的原则：围绕"工作观念"重塑福利国家；公私福利合作；消除社会保险中的欺诈行为；提供高质量的教育、保健和住房公共服务；减少儿童贫困；扶助残疾人；帮助极度贫困者；将政府的工作重心从发放福利津贴转向提供良好的

① ［英］玛格丽特·撒切尔：《撒切尔夫人回忆录——唐宁街岁月》，423页。

② Martin Rhodes, "Desperately Seeking a Solution: Social Democracy, Thatcherism and the 'Third Way' in British Welfare", *West European Politics*. Vol. 23, No. 2. April 2002.

公共服务，使现代福利制度高效、灵活、便民。

在具体政策方面，第一，改革失业保险体系。1998 年 4 月，布莱尔政府推出了“改救济为就业”计划，取消失业津贴，鼓励 25 万年轻失业者就业。针对失业 6 个月以上的青年人，该计划提供 4 种选择：以每周 60 英镑补助维持一份工作，连续 6 个月，用创造岗位的办法代替领取失业救济金；在福利机构或新成立的环保部门就业，以便得到救济金和额外补贴；在志愿组织工作，接受长达 1 年的全日培训和进修；向需要全日培训的人提供全日培训。同时，英国政府财政对提供见习工作机会和培训机会的企业，按每个岗位每周 60 英镑发放补贴。符合条件但拒绝该计划的失业者，他的救济额将被削减 40%①。政府把征收的 52 万英镑“意外收入税”（对私有化后取得暴利的电信、航空、铁路、供水等公共部门征税）作为基金，用于资助青年人和单亲家庭的就业。据英国国家统计局提供的资料，到 1999 年 3 月末，有近 13.7 万名年轻人参加了这一项目，在业已完成项目的 12.87 万名年轻人中，有 44%的人找到了无需补贴的固定工作。

第二，改革医疗制度。1998 年，布莱尔政府推行新的国民医疗保健计划，主要是减少医疗保健服务覆盖面，鼓励医疗保健服务的市场化。1998 年 7 月 14 日，工党政府公布了其后 3 年的开支规模，决定向医疗机构增加 210 亿英镑的额外拨款，医疗投资以每年 4.7%的速度递增。2000 年 7 月 27 日，布莱尔政府公布了全国医疗改革五年计划，建立方便病人的医疗服务体系。其主要内容包括：新建 100 家医院，增设 7000 张床位；增招 2 万名护士、7500 名会诊医生和 2000 名普通医生，增加 6500 名医疗专家；设立一个负责国家卫生局现代化的机构，

---

① ［英］戈登·布朗.《英国需要新政》［J］.《新闻周刊》，1998（1）。

一个5亿英镑的全国医疗保险基金；加强医疗与社会服务机构之间的联系，向中间医疗机构投资9亿英镑；提高老年人的医疗标准，等等。根据计划，到2005年，最长等候手术时间将由18个月缩短为6个月，到2008年为3个月[①]。全国医疗改革五年计划得到了各方的广泛拥护，这也是布莱尔工党政府赢得第二个任期的关键举措之一。

第三，改革养老保险体系。布莱尔政府推行新的养老金制度改革措施，主张在改革与收入相联系的养老金制度的基础上，建立国家第二基本养老金制度，这种基本养老金主要是为那些最需要帮助者提供的养老金，以保障他们实际生活的需要。1999年2月，英国议会通过《福利制度与养老金法案》，目的在于提高投保型养老金的效率，使其更有效地发挥作用。同时还通过收入补助的形式，建立最低收入保障制度，确保每一位退休者能获得体面的保障[②]。

第四，恢复实行最低工资制度。保守党政府在执政期间取消了最低工资制度，这一制度在工党再次执政期间又得以恢复。1999年4月1日起推出了最低工资制度，规定18—21岁的雇员每小时薪金3英镑；22岁以上的雇员时薪至少为3.60英镑（2005年10月1日起，最低工资提升为18—21岁的雇员每小时薪金4.85英镑，22岁以上的雇员时薪至少为5.05英镑）；接受新职业培训者，最低时薪为3.20英镑，但不应超过6个月。这项最低工资制度将使200万人受益，其中包括130万名妇女和20万年轻人。从中受益的还包括工作的单亲父母、家庭工人和少数族群工人。提高工资成本将导致裁员的恶果，政府将采取更为积极的措施协助穷人摆脱贫困。

---

① 王振华：《挑战与选择：中外学者论“第三条道路”》，北京：中国社会科学出版社2001年版，第145页。

② 王利军：《世界各国社会保障制度改革及其对我国的启示》，《经济经纬》2004年第2期。

21世纪以来，社会福利继续进行了调整和完善。英国新工党政府更加提倡变消极救助为积极救助政策，如将求职就业状况与津贴计发相互挂钩。2007年，英国政府先后发布《投身工作更幸福：完全就业的下一步》和《准备好工作：我们下一代实现充分就业》两个文件，提出从2009年10月开始，实施求职者制度和弹性就业新政，为各年龄层的求职者提供简化的一站式就业服务，把无工作能力福利申领者也转化成工作人群。2008年7月，英国就业与养老金部发布福利改革绿皮书。同年10月，英国开始以新的就业与援助津贴（Employment and Support Allowance）取代无工作能力福利。2009年，英国通过《社会福利改革法案》，为取消收入补助金制定了框架，同时对申请求职者津贴或就业与援助津贴者限定了不同的领取条件。

2010年以来，社会福利制度继续完善。2012年3月，英国女王签署《2012年福利改革法案》，此项改革是英国近60年来最大规模社会保障制度改革，旨在形成一个更加简化、公平的福利体系，通过权利支持和激励措施使人们彻底摆脱福利依赖和贫困陷阱。它把既往的各种收入相关保障津贴、住房补贴、儿童税收抵免和工作税收抵免等六种在职和失业津贴统合为通用福利（Universal Credit）。同时，加大了就业扶持力度，特别就业服务中心可以根据求职者意愿立即为其推荐工作；津贴申领者工作13个星期或26个星期后，岗位提供者才能获得相应政府补贴。这项改革是工作导向型的，即强调就业的重要性，并将其置于国家福利系统的核心位置。

20世纪以前，英国作为世界头号经济强国，并没有相关福利给予工人阶级。对剩余价值的分享都是工党成立以后才开始出现，福利都是和资本家的斗争得来的。

**英国的福利政策和法案**

| 时间 | 政策/法案 | 内容 |
| --- | --- | --- |
| 1601 | 伊丽莎白《济贫法》 | 在济贫问题上遵循区别对待的原则，将那些确无劳动能力的人送入“济贫院”，对有劳动能力的穷人即官方认为懒惰的穷人则进行惩罚 |
| 1782 | 《吉伯特法》 | 主张对穷人实行工资补助和户外救济 |
| 1834 | 新《济贫法》 | 规定了济贫院内济贫的原则，任何人要想得到济贫法规定的救济就必须进入济贫院中，济贫院的条件远远低于院外最低生活条件 |
| 1905 | 《老年养老金法》 | 对年满70岁的老人发放养老金，养老金免予缴费，完全由国库开支 |
| 1906 | 《教育（供餐）法》 | 地方政府被授权为学校的贫困儿童提供伙食 |
| 1909 | 《劳工介绍所法》 | 所有介绍所均由商贸部官员管理，由雇主、工人和地方机关组成的顾问委员会加以协助 |
| 1909 | 《行业委员会法》 | 对服装和成批定制衣服的缝纫业、纸盒作业、机制花边和网丝、锁链制造业共四个行业的最低工资和工时进行监视和干预，这些受控行业不断扩大 |
| 1911 | 《国民保险法》 | 确定了以社会保险为核心的现代社会保障制度，包括关于残疾人的国民健康保险和关于失业问题的失业保险 |
| 1918 | 《产妇与儿童福利法》 | 地方政府有权向产妇提供牛奶与营养品、家庭服务及产妇用品，并有权建立产妇与婴儿福利中心和产前诊所 |
| 1918 | 《教育法》 | 所有小学一律免交学费，并把学生离校的年龄提高到14岁 |
| 1920 | 新《失业保险法》 | 每个年收入不足250英镑的体力劳动者、非体力劳动者均可参加（农业、家庭服务以及学校与政府等部门成员除外） |
| 1923 | 《住房法》 | 规定政府以提供补助的形式鼓励私人建房 |
| 1925 | 第一个全国性质的纳捐型老年补助金法 | 实行缴纳费用的养老金制度，向所有寡妇、孤儿、65岁以上的老人提供补助，向被保险人的寡妇及孤儿提供年金 |

续表

| 时间 | 政策/法案 | 内容 |
|---|---|---|
| 1937 | 颁布了寡妇、孤儿及老年人自愿缴费养老金法 | 扩大了1925年养老金法的适用范围，开始向没有参加国民健康保险的收入较高者提供缴费型养老金 |
| 1938 | 《盲人养老金法令》 | 将1920年的《盲人养老金法》规定的年龄50岁的标准降低至40岁，并规定，新法令下对老年盲人所提供的养老金是免费且不附带任何财产状况调查的条件 |
| 1944 | 《国民保险部法》 | 新成立的国民保险部，将全面接管健康保险制度和各种养老金制度、失业保险制度以及工伤赔偿制度 |
| 1944 | 新《教育法》 | 对所有的11—15岁（苏格兰地区为12—15岁）的孩子实行免费的中等教育 |
| 1945 | 《家庭补贴法》 | 从第二个孩子开始，向每个孩子提供平均每周5先令的家庭补贴 |
| 1945 | 《国民保险（工伤）法》 | 雇主、雇工与国家三方共同缴纳工伤保险费用，发生工伤事故后由工伤保险基金赔付工伤保险津贴 |
| 1946 | 《国民保健法》 | 国民保健制度由医院提供的服务和特殊的医疗服务、地方健康当局提供的服务以及开业医生提供的一般性医疗和牙科服务构成 |
| 1946 | 新《国民保险法》 | 为参保人提供七种津贴，分别是失业保险津贴、疾病保险津贴、产妇津贴、寡妇年金以及寡妇补贴、孤儿补贴、养老金以及死亡津贴 |
| 1948 | 新《国民救助法》 | 废除济贫法制度。用于对贫穷个人所提供救助的支出、地方政府为贫穷人口提供的住所和其他服务，与国民救助制度相关的各种支出均由议会拨款承担。建立国民救助局，为英国民众提供帮助与救济 |
| 1952 | 新《家庭补贴法》 | 将补贴标准提高到每周8先令 |
| 1956 | 新《家庭补贴法》 | 将补贴开始从第一个孩子提供，标准为每周8先令，而其他孩子增加到每周10先令 |
| 1982 | 取消了与收入关联的疾病与失业救济 | 对失业者的救济改为应纳税津贴。同时，通过对各种救济征税来变相削减福利支出 |

续表

| 时间 | 政策/法案 | 内容 |
| --- | --- | --- |
| 1986 | 《社会保障法》 | 降低了养老金的发放基数和最高发放比例 |
| 1988 | 未成年保障调整 | 16—18 岁的未成年人不再获得收入支持，同时取消向已经离开全日制教育的未成年人发放儿童津贴 |
| 1990 | 加强中央政府对教育的管理；压缩教育经费，以削减政府预算开支 | 把高等院校学生的助学金制度改为贷学金制度；政府每年还拨出 1500 万英镑作为特别困难基金，由地方教育机构管理 |
| 1993—1994 | 压缩政府福利支出 | 对各种福利金征税。1982 年以后由雇主而不是公务员支付疾病救济金，在 1986 年以后由雇主而不是公务员支付产妇津贴；以选择救济来取代普遍性救济；强化企业与个人保险计划，扩大社会保险空间 |
| 1998. 4 | 《我们国家的新动力：新的社会契约》绿皮书 | 围绕“工作观念”重塑福利国家；提供高质量的教育、保健和住房公共服务；减少儿童贫困；扶助残疾人；帮助极度贫困者 |
| 1998. 4 | 布莱尔政府推出了“改救济为就业”计划 | 取消失业津贴，鼓励 25 万年轻失业者就业。英国政府财政对提供见习工作机会和培训机会的企业，按每个岗位每周 60 英镑发放补贴。把征收的 52 万英镑“意外收入税”作为基金，用于资助青年人和单亲家庭的就业 |
| 1998 | 布莱尔政府推行新的国民医疗保健计划 | 减少医疗保健服务覆盖面，鼓励医疗保健服务的市场化 |
| 1998. 7. 14 | 工党政府医疗投资计划 | 工党政府公布了其后 3 年的开支规模，决定向医疗机构增加 210 亿英镑的额外拨款，医疗投资以每年 4. 7%的速度递增 |
| 1999. 2 | 《福利制度与养老金法案》 | 提高投保型养老金的效率。通过收入补助的形式，建立最低收入保障制度，确保每一位退休者能获得体面的保障 |
| 1999. 4. 1 | 推出了最低工资制度 | 规定 18—21 岁的雇员每小时薪金 3 英镑；22 岁以上的雇员时薪至少为 3. 60 英镑；接受新职业培训者，最低时薪为 3. 20 英镑 |

续表

| 时间 | 政策/法案 | 内容 |
| --- | --- | --- |
| 2000.7.27 | 布莱尔政府公布了全国医疗改革五年计划，建立方便病人的医疗服务体系 | 其主要内容包括：新建医院，增设7000张床位；增招医护人员；设立一个负责国家卫生局现代化的机构，一个5亿英镑的全国医疗保险基金；向中间医疗机构投资9亿英镑；提高老年人的医疗标准等 |
| 2007 | 政府发布《投身工作更幸福：完全就业的下一步》《准备好工作：我们下一代实现充分就业》两个文件 | 实施求职者制度和弹性就业新政，为各年龄层的求职者提供简化的一站式就业服务，以使所有失业者的求职机会最大化 |
| 2008.7 | 英国就业与养老金部发布福利改革绿皮书 | 以新的就业与援助津贴（Employment and Support Allowance）取代无工作能力福利 |
| 2009 | 《社会福利改革法案》 | 为取消收入补助金制定了框架，而且对申请求职者津贴或就业与援助津贴者限定了不同的领取条件 |
| 2012.3 | 《2012年福利改革法案》 | 把既往的各种收入津贴、住房补贴、儿童税收抵免（Child Tax Credit）和工作税收抵免（Working Tax Credit）等统合为通用福利（Universal Credit）。进一步完善工作导向性福利制度 |

# 第八章　应对苏联扩张：北欧模式的代表——瑞典

## 8.1　工人团结，建立了初步的社会保障

瑞典福利制度的建立也是由工人运动推动的。19 世纪末瑞典工人的团结举世闻名，经常举行大罢工。1889 年瑞典工人阶级成立瑞典社会民主党（简称社民党）后，1891 年，瑞典推出了“自愿健康保险计划”，政府开始对注册登记的自愿性健康保险团体提供国家资助，瑞典医疗保险政策得以建立。这是全世界最早的医保福利政策，是工人阶级自己争取的。

1901 年，瑞典建立了工商保险制度，并成立了社会保险局，雇主开始对工伤事故承担责任。

1910 年，瑞典政府颁布立法，对自愿性健康保险团体提供国家资助。在政府的支持和鼓励下，自愿性健康保险团体获得了较快的发展。

1912 年出台了《劳工福利法》。

1913 年通过了《养老金法案》，对绝大多数的公民（所有 18—66 岁公民）提供了一体化的公共养老金覆盖，它以政府财政资助为主要收入来源，也接受个人缴费，向符合资格的公民提供缴费型养老保险，

同时也提供收入调查（Means Test）的养老救济。

1914 年瑞典建立失业补贴与救济制度，其主要通过家计调查，向失业者、贫苦者提供经济补助，但因补助水平不高，经济补助效果较差。

1931 年，瑞典建立疾病补贴制度。瑞典政府规定所有健康保险互助团体必须接受国家资助，并按照政府的规定进行运行。

这些福利都是工人通过政党、斗争等方式争取的。到了 1929—1933 年的大萧条期间社民党上台执政，福利社会正式形成。

## 8.2 北欧福利社会形成

1932 年，瑞典的社会主义民主党通过选举直接取得了政权，为福利国家建立奠定了基础。社民党直接命令资本家大幅度提高工人福利，推行新制定的失业与经济政策，积极鼓励全国工会构建失业基金。通过高税收的方式转移剩余价值。

1934 年，社会民主党开始了一系列社会改革，颁布了《失业保险法》和《个人建房补助法》；1935 年修改了原有的《老年保险法》和《医疗保险法》；1936 年颁布了《农业工人标准工作时数法》。

1937 年，瑞典出台了专门向子女提供生活费用补助的《家庭补贴法》。1937 年，新的法案规定给收入较低的母亲发放抚养补助金，给新安家的年轻夫妇发放政府贷款。

1938 年，议会批准给所有工人每年两周带薪假期[①]。今天通行全世界的工人福利很多是瑞典人首创的，在资产阶级充分掌权的美国，工人至今没有带薪假期。

1943 年，瑞典建立了国家健康保险，并将之前所存在的通过慈善

① 斯哈登纽斯：《21 世纪的瑞典政治》，北京：求实出版社 1990 年版，第 31 页。

机构和工会建立的个人医疗保险纳入统一的国家医疗保险中。

1944 年，瑞典政府颁布了《工人运动战后纲领》，强调公平分配、合理就业有利于增强国家经济实力，改善人民生活质量，加快社会民主建设。

1946 年，瑞典建立了《健康保险法》，明确强制瑞典各单位要落实医保制度。

1948 年，在社会民主党的推动下，瑞典议会通过了一项新的养老金立法，废止以收入调查、社会保险为基础的养老制度，构建了以国家财政支持为核心的普遍性养老金制度，所有国民均可享受养老金福利并缴纳统一费率的养老金。另外还附加特别住房和家属津贴以提高基本养老金的待遇水平，同时增加了残疾和死亡给付的内涵（残疾人年金和寡妇年金）。[①]

1950 年，开始实行 9 年制义务教育。随着瑞典社会民主党“人民之家”政策的推行，瑞典通过逐步缩减对私立学校的补贴来限制私营教育机构的发展，瑞典私立教育逐渐萎缩，社会民主党更是将公共强制教育视为实现社会团结的有效手段，因为“在公立学校中，所有的学生都将获得平等的待遇，而无论来自贫穷家庭还是富裕家庭，这将为实现一个没有阶级区别的社会打下基础”[②]。

1958 年，瑞典通过了《养老金补充法》，管理方是国家，但费用全部由雇主承担，国家不给予财政支持和担保，具有强制性。1969 年开始为没有补充年金或年金很低的人提供特别养老金，以抚平因补充

① 杨东：《公共养老金一体化改革研究——以美国、日本、瑞典为例》[D]．武汉大学，2014.

② Andersson I. and Nilsson I. “New Political Directions for the Swedish School”, *Educational Review*, 2000, 52 (2): 157.

养老金导致的贫富差距。

1969年，瑞典开始进行“七克朗改革”，主要内容是将所有的医生收编成为全职的公共职员，并限制医生建立私人门诊，将私人运营的医疗机构逐渐纳入公立医院管理，建立统一的公共医疗服务体系。

在40多年执政期间，瑞典执政党始终未曾放弃完善其福利制度，并积极对其中不完善的地方进行调整。在福利制度全面贯彻落实的同时，瑞典社民党也得到了瑞典国民的拥戴，以至其近70年的执政生涯稳定而无重大冲突。

## 8.3 80年代至今，持续调整

瑞典福利政策调整的表面原因是社民党无法长期执政，根本原因是福利太高，国家干预到了消费部门，已经影响了生产资料部门的成本，所以才需要调整。主要表现在以下三方面。

第一，养老金改革。1982年，社会民主党当政期间，瑞典开始考虑对养老金制度进行改革。经济平均增长率持续下降，人口老龄化程度也不断加深，损害了以现收现付为主要财务平衡模式的养老金收益，瑞典的养老金制度由大发展阶段进入改革紧缩的阶段。

瑞典养老金改革的实际推进是在20世纪90年代中期。在此期间，瑞典养老金改革的主要手段是通过“参数”调整来削减养老金的福利待遇。另外，瑞典还修改了原来用于鼓励延迟退休的部分养老金津贴资格年限和待遇标准，即将资格年限提高了1年，同时部分养老金津贴标准由以往工资的65%下降到55%。

20世纪90年代中后期，瑞典开始对养老金制度进行大规模的改革。首先是取消了原来的国家基本养老金制度、国家补充养老金制度和部分养老金津贴制度，建立了名义账户养老金，实行缴费确定型

(DG) 的计划，接受雇主、雇员缴费资助和国家财政的补贴，雇主、雇员的缴费义务相同，为雇员工资收入的 9.25%，总计 18.5%（国家基本养老金中雇主缴费占 60%，雇员不到 5%；国家补充养老金中雇主缴费 100%，雇员 0%）。同时又建立了国家财政资助的保障养老金（Means Test）来对于生活在瑞典 3 年以上、年龄达到 65 岁、收入低于最低保障线的公民提供基本生活收入。由于增加了个人对于养老金的供款义务和降低了养老金制度的支付水平，明显地降低了社会福利占国内生产总值的比例。

第二，失业保险改革。1997 年 3 月在瑞典议会通过新的失业保险制度，主要有以下变化：①失业保险给付的收入替代率由 90%降为 80%；②等待期由 0 天增为 5 天；③失业保险金缴纳期限由 4 个月增加为 6 个月；④雇主缴纳费用由工资比例的 2.16%增加为 5.42%。新的失业保险制度增加了收的部分，缩减了支的部分，为可持续性发展提供了条件。

第三，医疗保险改革。1992 年 1 月 1 日瑞典开始实行新的医疗保险制度。该制度最显著的变化是重新界定了政府、雇主和个人在医疗保险制度中的责任，并对个人的支付待遇进行了调整。

即便如此，瑞典依旧是全世界福利待遇最高的国家。1980 年，瑞典建成了世界上水平最高的公共老年服务体系，其服务主要包括两个部分，即居家养老服务和机构养老服务，而这些服务由 288 家市政机构来组织和提供，并负最终责任。瑞典各个市政府还建立了老人院为老年人提供养老服务，为行动不便不适宜居家养老的老年人提供服务。

瑞典能成为世界福利最高的国家基于多方面原因：工人的团结，工人阶级直接掌权，苏联近在咫尺等因素综合作用让工人创造的剩余价值大部分都回馈了社会。他们在 1891 年就建立了医保制度，表中是瑞典的福利政策史。

瑞典的福利政策和法律

| 时间 | 福利政策/法律 | 内容 |
|---|---|---|
| 1884—1891 | 建立医保制度 | 向德国学习疾病、工伤和老年方面实行强制性国家保险的做法，对自愿健康保险团体提供国家资助 |
| 1891 | 自愿健康保险计划 | 政府开始对注册登记的自愿性健康保险团体提供国家资助，瑞典医疗保险政策得以建立 |
| 1901 | 建立工商保险制度 | 成立了社会保险局，雇主开始对工伤事故承担责任 |
| 1910 | 健康保险立法 | 对自愿性健康保险团体提供国家资助 |
| 1912 | 出台《劳工福利法》 | 进一步保障劳工福利 |
| 1913 | 通过《养老金法案》 | 对绝大多数的公民（所有18—66岁公民）提供了一体化的公共养老金覆盖，以政府财政资助为主要收入来源，也接受个人缴费，同时也提供收入调查（Means Test）的养老救济 |
| 1914 | 建立失业补贴与救济制度 | 通过家计调查，向失业者、贫苦者提供经济补助，但因经济水平不高，经济补助效果较差 |
| 1931 | 建立疾病补贴制度 | |
| 1931 | 医保制度的修订 | 瑞典政府规定所有健康保险互助团体必须接受国家资助，并按照政府的规定运行 |
| 1934 | 通过有关自愿性失业保险的第一个法案 | 允许由工会组建的失业保险基金到政府进行失业登记，从而获得国家的承认和资助。对领取失业保险津贴的资格和标准做出了明确的规定 |
| 1937 | 《家庭补贴法》 | 专门向子女提供生活费用补助 |
| 1943 | 建立国家健康保险 | 将之前所存在的通过慈善机构和工会建立的个人医疗保险纳入统一的国家医疗保险中 |
| 1944 | 《工人运动战后纲领》 | 强调公平分配、合理就业有利于增强国家经济实力，改善人民生活质量，加快社会民主建设 |
| 1946 | 建立《健康保险法》 | 明确强制瑞典各单位要落实医保制度，在全国范围内第一次建立起强制性的健康保险制度，每个16岁以上的瑞典公民都必须参加强制性健康保险。新健康保险法要求政府为公立医院的门诊服务提供财政补贴 |

续表

| 时间 | 福利政策/法律 | 内容 |
| --- | --- | --- |
| 1948 | 新的养老金立法 | 构建了以国家财政支持为核心的普遍性养老金制度，所有国民均可享受养老金福利并缴纳统一费率的养老金。另外还附加特别住房和家属津贴以提高基本养老金的待遇水平，同时增加了残疾和死亡给付（残疾人年金和寡妇年金） |
| 1950 | 开始实行9年制义务教育 | 全国有统一的教学计划、教学大纲，甚至规定了每个科目的主要内容和细则以及所要达到的目的。各级学校的行政机构简单，学校的用具和设备，从粉笔到校舍都是国家配给的，学校设备整齐划一。学校不设教务处、事务处，职工很少。主要由校长负责与上级联系。教师由国家任命，教师工资在指定银行领取 |
| 1957 | 《社会救助法》，并废止了原有的《济贫法》 | 这一制度认为人们拥有生存权，国家保证社会成员享有基本生活的权利，提供帮助的对象主要是儿童和妇女，并且主要是生活救济 |
| 1958 | 《养老金补充法》 | 管理方是国家，但费用全部由雇主承担，国家不给予财政支持和担保，具有强制性 |
| 1959 | 健康保险制度 | 把自愿性疾病基金团体转变为强制性国家健康保险的管理机构，提高健康保险日现金津贴的标准 |
| 1963 | 实施与收入相关联的国家补充年金制度（ATP） | 补充年金的给付水平与退休前的收入水平和工作年限相关 |
| 1969 | 养老金制度 | 为没有补充年金或年金很低的人提供特别养老金，以抚平补充养老金导致的贫富差距 |
| 1969 | “七克朗改革” | 将所有的医生收编成为全职的公共职员，并限制医生建立私人门诊，将私人运营的医疗机构逐渐纳入公立医院管理，建立统一的公共医疗服务体系 |
| 1980 | 建成了世界上水平最高的公共老年服务体系 | 居家养老服务和机构养老服务 |
| 1982 | 《社会服务法案》 | 被服务的人无论其需求大小，都有权利在家中得到帮助 |

续表

| 时间 | 福利政策/法律 | 内容 |
| --- | --- | --- |
| 1992.1 | 实行新的医疗保险制度 | 重新界定了政府、雇主和个人在医疗保险制度中的责任，并对个人的支付待遇进行了调整。引入雇员康复计划，雇主和政府为患病的雇员提供涵盖医学上的、心理上的、社会中的或者其他与工作相关的帮助 |
| 90年代中期 | 养老金改革 | 通过“参数”调整来削减养老金的福利待遇。修改了原来用于鼓励延迟退休的部分养老金津贴资格年限和待遇标准，将资格年限提高了1年，同时部分养老金津贴标准由以往工资的65%降到55% |
| 1997.3 | 议会通过新的失业保险制度 | 1. 失业保险给付的收入替代率由90%降为80%；2. 等待期由0天增为5天；3. 失业保险金缴纳期限由4个月增加为6个月；4. 雇主缴纳费用由工资比例的2.16%增加为5.42%。新的失业保险制度增加了收的部分，缩减了支的部分，为可持续性发展提供了条件 |
| 90年代中后期 | 养老金制度改革 | 首先是取消了原来的国家基本养老金制度、国家补充养老金制度和部分养老金津贴制度，建立了名义账户养老金，实行缴费确定型（DG）的计划，接受雇主、雇员缴费资助和国家财政的补贴，雇主、雇员的缴费义务相同。同时又建立了国家财政资助的保障养老金（Means Test）来对生活在瑞典3年以上、年龄达到65岁、收入低于最低保障线的公民提供基本生活收入 |

# 第九章　欧洲的计划经济：法国模式

## 9.1　法国的福利传统

早在15—16世纪，法国已存在一些社会保护方式，例如由教会主持的慈善赈济活动、中世纪以来形成的行业互助组织、由国家对特殊行业成员给予的补偿，以及政府对流落街头的贫民提供的劳动培训、儿童教育、集中财源、统一管理等。18世纪后期，为缓解劳资冲突颁布新的“工厂法”。19世纪，教会通过慈善事务管理局来实施慈善救助。拿破仑三世上台后建立了帝国互助会体系，削弱了教会在社会救助领域的地位，法国政府在社会救助领域的地位得到了上升。

第一次世界大战以前，法国福利制度还带有临时救济的性质，大部分是在企业内部的救助。提供的救济数量有限，时间也不长，主要是建立在个人积蓄和互助的基础上的。这一时期还属于社会保险制度的萌芽阶段。

## 9.2　第二次世界大战结束，法国福利制度形成

法国的经济发展始终伴随着政府的计划和管控，福利制度也一样，有明显的政府主导性。法国的福利社会就是随着国家经济实力的增强

建立起来的，具体来说是跟随国有企业一起发展起来的。

第一次世界大战爆发凸显了法国传统的救济方式的不足，社会保护的管理权逐渐向国家行政权集中。这一时期，国家开始加强福利救助，开始通过一系列社会立法为劳工提供社会救助和生活保障。

1898 年，法国制定了工伤补偿制度。1904 年，制定了儿童救济制度。1905 年，制定了对患有疑难杂症的老人的义务救济制度。1910 年，法国颁布了第一个强制性养老保险法律，以工人和农民为保障对象，尝试建立统一的养老制度，但因第一次世界大战爆发未能实施。1913 年，制定了孕妇救济制度。第一次世界大战后，国家一方面加强社会救助，如 1917 年扩大了 1913 年对孕妇的救济范围，1923 年中央政府提供资金对家庭 3—13 岁的儿童提供补贴，1932 年颁布《家庭补贴法》规定雇主对贫困雇员提供家庭补贴，此后不断扩大补贴范围；另一方面扩大社会保险原则，并在 1930 年制定了《社会保障法》，为工资低于一定水平的全部劳工提供预防疾病、孕产、残疾、退休和死亡的社会保障。

第二次世界大战结束前，法国已初步形成社会保险制度。但此时的福利制度基本上是以行业为基础建立起来的。主要是那些要求熟练劳动力的部门企业主为稳定本企业职工，实行某些保险项目，范围有限。

## 9.3 20 世纪 70 年代，福利制度走向成熟

法国社会福利的扩大与调整始终与经济社会的发展相契合，政府主导作用明显。

第二次世界大战结束后，法国的政治和社会力量发生了重要的变化，战争期间左派政党和工会组织的力量不断成长，保守派的力量则

被削弱，战争结束后左翼主张在新的政治和经济制度安排中发挥了重要影响。经历了战争的创伤后，社会团结和稳定成为各种政治力量的共识，它们一致认为建立一个全国性的社会保障体系是实现社会稳定的重要保障。

这一时期，法国政府通过一系列社会保障立法，逐步将不同社会群体纳入社会保障制度范围，社会保险覆盖法国 2/3 人口，占社会保障支出的 60%。1945 年 10 月，由国民议会通过的法国《社会保险法》，规定所有有雇佣劳动关系的劳动者都必须参加基本养老保险，按照本人职业按收入比例缴纳社会保险费，在行业保险的基础上扩大保险的覆盖面，1946 年的《社会保险法》将社会保险的适用范围扩大到居住在法国领土的所有公民。1946 年的《家庭补贴法》将家庭补贴制度的适用范围扩大到全体人口，将工伤事故保险归并到整个社会保障制度之中。1947 年，养老金制度扩大到全体经济活动人口。1948 年的法令为自我雇佣者建立起自治性养老保险制度。

法国又颁布一系列法令，推动农业从业者、自我雇佣者及农场主等群体的社会保障制度建设。1952 年建立了农民养老保险制度。1961 年的法令为农场主建立了疾病和生育保险制度，作为该项法令受益者的农场主、在农场工作的家庭成员、农场工作的参与者、农业养老金制度的参加者、配偶及其抚养的孩子等必须选择参加一个组织。1966 年的法令将工伤事故保险制度扩大到农场主，农场主必须参加工伤事故保险制度，或者与某个工伤保险机构订立契约，或者加入某个工伤事故保险机构，工伤事故保险包括工伤与职业病两个方面。1972 年的法令将工作中的事故伤害保险制度扩大到农业雇佣人员，除了一些特殊的被认定的职业病与特殊预防措施外，农业雇佣人员享有综合性社会保险制度的全部待遇。

1966年的法令建立了从事工商业的自我雇佣者、手工业者以及自由职业者的疾病和生育保险制度，1970年开始实施最低工资制度，最低工资根据物价的上涨幅度，每年做一次甚至几次调整。

20世纪70年代中期，经济危机使法国经济增长放缓，工人的薪水降低，失业率增加，罢工也不断，给社会福利体系带来了严重威胁。社会保障支出占国内生产总值的比重，1960年为15.19%，1970年为20.15%，1980年为27.13%，1990年为31.19%，1993年为35.14%。为了平衡财政赤字，尽力挽救福利政策，法国政府持续提高个人的社会缴纳水平。

90年代中期以来，法国政府制定了针对非就业人口的政策。这些措施的实行也开始改变社会保障体系的结构。首先是引入了“最低收入保障”，为年龄在25岁以上的失业者提供最低收入保障，但领取保障金的失业者必须接受培训，并早日参加到社会生活中去。其次是实行了“综合社会捐”，来补贴社会分摊金的不足，对各种工资水平的人都征收1.1%的专用目的税，用于非缴纳性福利。后来“综合社会捐”不断提高，增加了国家的可利用资金。

法国的社会保障体系呈现“碎片化”的特征。其由一系列包括不同的社会保险机构和风险的社会保险制度组成。其中最重要的是一般制度，它包括工业、商业和服务业中的劳动人口，主要分为三个项目基金：医疗、养老和家庭。其中医疗主要覆盖疾病、工伤、职业病、生育和伤残这些基本的医疗需求。养老主要负责工商业退休职员的基本退休金。家庭基金主要负责为家庭提供在育儿、住房等方面的经济帮助，也为那些长期的失业人员提供维持基本生活的收入。一般制度是第二次世界大战后建立的社会保险，覆盖法国2/3人口，占社会保障支出的60%，因此它也常作为“社会保障体系”的同义语来使用。

除此之外是针对特殊群体的保险方案，它们大部分在第二次世界大战前已经存在，主要包括三种制度：专门和特殊制度，专门制度又包括部分公共领域的雇员，例如国铁公司、巴黎公交公司、法兰西银行、工商会、军人、公证员、神职人员和矿工；特殊制度包括国家公务员、地方公务员和公共部门的公司雇员、战争遗孀和孤儿，法国一共有120个专门和特殊制度，覆盖20%的人口。独立制度也叫非农非领薪者制度，包括商人、艺术家、职业自由人士等非农业领域的非领薪者，约占法国10%的人口。农业制度，这是属于农业人口（包括雇主和领薪者）的一个专门的系统，占法国人口的10%。[①] 各个制度独立运行，但是它们都采用共同缴付的社会保险原则。[②]

法国社会的剩余价值是在政府的主导下给老百姓分配的。福利政策开始于20世纪，成熟于第二次世界大战后。随着经济迅速恢复，逐步建立了完善的福利国家。

**法国的福利政策和法案**

| 时间 | 政策/法案 | 内容 |
|---|---|---|
| 1898 | 《工伤保险法》 | 雇主承担雇员一切工伤费用，只适用于工业企业工人 |
| 1899 | 工伤保险制度扩大 | 工伤保险制度扩大到使用机器而导致工伤事故的农业工人 |
| 1904 | 儿童救济制度 | 以省为单位的儿童社会保护服务体系 |

① Bruno Palier. "A Liberal Dynamic in the Transformation of the French Social Welfare System", in Jochen Clazen ed., *Social Insurance Europe*, Bristol: Policy Press, 1997, pp. 85—106. Daniel Béland and Randall Hansen, "Reforming the French Welfare State: Solidarity, Social Exclusion and the Three Crises of Citizenship", *West European Politics*, Vol. 23, No. 1, 2000, pp. 47-64.

② 李姿姿:《法国社会保障制度变迁中的国家作用及启示》[J]. 欧洲社会政策研究, 2008 (5): 143-154.

续表

| 时间 | 政策/法案 | 内容 |
| --- | --- | --- |
| 1905 | 老年救济制度 | 对患有疑难杂症的老人进行义务救济 |
| 1906 | 工伤保险制度扩大 | 工伤保险制度扩大到商业领域的从业人员 |
| 1910 | 第一个强制性养老保险法律 | 以工人和农民为保障对象，尝试建立统一的养老制度，但因第一次世界大战爆发未能实施 |
| 1913 | 孕妇救济制度 | |
| 1917 | 扩大了 1913 年对孕妇的救济范围 | |
| 1919 | 工伤保险扩充 | 把路途工伤以及某些特定的职业病包括进工伤保险，并委托社会保险机构管理 |
| 1923 | 儿童补贴 | 中央政府提供资金，对家庭 3—13 岁的儿童提供补贴 |
| 1930 | 《社会保障法》 | 为工资低于一定水平的全部劳工提供预防疾病、孕产、残疾、退休和死亡的社会保障 |
| 1932 | 《家庭补贴法》 | 除公务人员和铁道部门外，其他行业雇主都有义务为贫困雇员提供家庭补贴 |
| 1939 | 《家庭法典》 | 家庭补贴不再仅限于向贫困雇员发放，而是向全体在职人员发放 |
| 1945. 10 | 《社会保险法》 | 所有有雇佣劳动关系的劳动者都必须参加基本养老保险，按照本人职业按收入比例缴纳社会保险费，在行业保险的基础上扩大保险的覆盖面 |
| 1946 | 《社会保险法》修订 | 将保险范围扩大到居住在法国领土上的所有公民，将工伤事故保险归并到整个社会保障制度中 |
| 1946 | 家庭补贴制度 | 将家庭补贴制度的适用范围扩大到全体人口，包括失业者和不能受雇者 |
| 1947 | 养老金制度扩充 | 扩大到全体经济活动人口 |
| 1948 | 住房津贴 | 资助收入不高的家庭租房 |
| 1952 | 农民养老保险制度 | 保险对象包括自己拥有土地的农场主、农业经营者及其家属、农业工薪人员，以“农业社会互助金”的形式实现 |

续表

| 时间 | 政策/法案 | 内容 |
|---|---|---|
| 1961 | 农民疾病和生育保险制度 | 将疾病、残疾、生育纳入保险范畴，农业家庭成员必须参保 |
| 1966 | 自我雇佣者的疾病和生育保险制度 | 将自我雇佣者、手工业者和自由职业者纳入保险范畴 |
| 1966 | 工伤事故保险扩围 | 工伤事故保险制度扩大到农场主，农场主必须参加工伤事故保险制度，或者与某个工伤保险机构订立契约，或者加入某个工伤事故保险机构 |
| 1970 | 实施最低工资制度 | 最低工资根据物价的上涨幅度，每年做一次甚至几次调整 |
| 90年代中期 | 制定了针对非就业人员的政策 | 引入“最低收入保障”，为年龄在25岁以上的失业者提供最低收入保障，但领取保障金的失业者必须接受就业培训；实行“综合社会捐”，对各种工资水平的人都征收1.1%的专用目的税，用于非缴纳性福利 |

# 第十章　社会市场经济：德国模式

## 10.1　世界上第一个实行社会保险的国家

德国与法国有着很大的相似性，同样作为封建统治者推动和建立的资本主义国家，政府在剩余价值的分配上居于主导地位。俾斯麦政府就建立了一系列社会保障，促进工人福利，并建立了世界上第一个实行社会保险的国家。

17世纪，在普鲁士地区的采矿业中，已经形成了较为著名的矿工协会、疾病保险机构等组织。这种组织起初是自愿参加的，后来在国家干预下开始带有半强制的性质，即当雇主力图逃避社会保障责任时，普鲁士政府通常会出面干涉，要求他们履行义务。1845年，普鲁士政府又以法令的形式使这种疾病保险方式法制化和正规化。19世纪60—70年代，这类疾病保险组织已普及德意志的其他邦国。在整个19世纪，全德境内共有73个此类组织，会员人数达到61.3万。这说明，德国民间有强烈的互助保险的需求，工人阶级觉醒较早。

工人的斗争赢得福利，获得剩余价值的转移支付。从19世纪50年代开始，在工业革命的带动下，普鲁士乃至整个德意志的经济快速发展。随着产业工人的大量增加，在困苦条件下生存的工人阶级的福利问题凸显出来。19 世纪 70 年代，随着工人选举力量的增长，加之工人阶级受到马克思主义影响，各种反剥削、反压迫、争取自由民主的斗争日益激烈。1871 年，工人阶级大约占德意志人口的 1/5，到了 1882 年已经达到了 1/4①。随着工人运动的日益高涨，政府开始感到危机并尝试以暴力镇压工人运动。但暴力镇压带来的是几个主要工业区的大型工人罢工活动，给政府更为沉重的打击。俾斯麦政府完全意识到镇压政策不会再带来预期的效果，俾斯麦政府认为，“社会弊病的医治，一定不能仅仅依靠对社会民主党进行过火的镇压，而且同时要积极促进工人阶级的福利”，“一个期待养老金的人是最守本分的，也是最容易统治的”②。于是把实行社会改良和建立社会保障制度作为手段笼络工人，在保证资产阶级统治和资本家获取利润的前提下，提高工人福利。德国成了世界上最早对社会保障立法的国家。

俾斯麦政府出台了一系列有关社会福利保障的法律。《疾病保险法》(1883)，建立以强制性的法定医疗保险为主，自愿性的私人保险为辅的医疗保险体系，覆盖了 90% 的德国公民。《工伤保险法》(1884)，规定因公发生事故的，受害人及其家属可以从事故保险中得到补偿，此时的工伤保险法仅适用于年收入低于 2000 马克的工业劳动者。1885 年，德国将《工伤保险法》的适用范围扩大到由帝国与各州举办的工业企业的工人。1886 年，将其扩大到农业和林业从业者。1887 年，又将其扩大到建筑业和造船业的工人。《老年和残疾保险法》(1889)，退休老人和因伤残而丧失劳动能力的人，可以按照伤残程度领取养老金。1911 的《帝国保险条例和职员保险法》，把保险的对象从工人扩大到公司职员，还成立了专门的社会保险管理和监督机构。

① 卡尔·艾利希·博恩:《德意志史》(第三卷上)，北京商务印书馆 1991 年版，第 282 页。
② 彼得斯·霍斯特:《社会保险史》，波恩，1973 年，第 50 页。

因而在第一次世界大战前德国就率先建立起了全面的社会保障制度，基本实现了福利国家化。1919 年的《社会保险法典》，将强制性疾病保险的适用范围扩大到农业工人、用人、零工、家庭雇佣者以及流动小商贩。自 1925 年开始，工伤保险不仅适用于劳动过程中的伤害，而且适用于上下班途中以及看护劳动工具中发生的事故。1925 年，德国将 11 种职业病开始纳入工伤保险制度，1929 年，增加到 21 种。1923 年，德国专门颁布了《矿工保险法》，建立全国性矿工保险基金，对从事矿业工作的所有雇主和雇员提供疾病和养老保险津贴。

1927 年，德国颁布了《失业介绍法和失业保险法》，标志着德国失业保险制度的真正建立。德国从此开始实行了全面的法定失业保险，并随着 20 世纪 50 年代艾哈德推行的社会市场经济体制带来的经济繁荣而得到进一步的发展。

1937 年，德国政府宣布，所有 40 岁以下的城市居民有权参加自愿性年金保险。1938 年，德国通过了《手工业者养老金法》，将强制性老年和残疾保险扩大到大部分自我雇佣的手工业者。1939 年，强制工伤保险的适用范围扩大到所有的农业从业者及其妻子。1941 年，疾病保险和养老金制度的适用范围扩大到自我雇佣者，如艺术工作者、家庭作坊雇员以及佣人。

社会保障的恢复也由一系列法律加以保证。德国的社会补贴制度于 1938 年首次立法，主要针对妇女和儿童，覆盖范围包括有一个及一个以上子女的家庭，资金来源主要是政府的财政拨款。社会补贴的福利待遇主要包括母亲保护、儿童津贴、生育津贴、父母津贴等。

## 10.2 战后社会保障逐步恢复

按道理，德国作为战败国，要偿还外债，没有资格采取高福利模式。但是，福利这种东西，给的时候容易去的时候难。经济恢复后，德国迅速进行了相关改革，如《联邦供给保障法》(1950) 和多项有关住宅建设的法律以及《解约通知期限规定》(1951)、《母亲保护法》和《负担平衡法》(1952)、《企业法》(1952)、《严重伤残职工保护法》(1953)、《青年工人劳动保护法》(1960)、《财产构成法》(1961)、新的《社会救助法》(1961)、《住宅扶助法》(1963)、《联邦度假法》(1963) 和新的《母亲保护法》(1965)，等等。

1969 年颁布了《劳动促进法》和对《联邦社会救济法》的修改决定，对原有的失业保险制度进行了一系列的调整和补充，扩大了对伤残人士的救济范围，增加了特殊社会困难救济等。

1971 年，进一步扩大了工伤保险的覆盖面，将全国所有社会成员纳入进来。目前，德国的工伤保险覆盖全体德国民众，包括工人、职员、公务员、学生和儿童等。德国的工伤保险按覆盖对象分，由三大系统组成：工业企业（含商业服务业）、农业部门和公务员。

1972 年对养老保险进行补充改革，成为世界上最慷慨的养老保险制度之一。一是其高额的工资替代率，一个工作了 45 年的工人在退休后可以拿到退休前净收入的 70%，而同样情况下在美国只有 53%。二是提前退休政策，1972 年改革废除了法定退休年龄为 65 岁的规定，而可以在 63—65 岁弹性选择。2001 年 5 月通过了《养老保险改革法令》，扩大私人养老保险，补贴养老储蓄。

1975 年德国政府颁布了《联邦子女补贴费用法》，以法律的形式对未成年者进行补贴做出规定，补贴标准主要根据每一家庭子女的多少和家庭收入的多少来决定。2007 年 1 月 1 日起，德国启动了“父母津贴”政策。根据该项政策，凡是在家照顾子女的父母均可得到子女未出生前净收入的 67%作为补贴。

### 10.3 20 世纪 90 年代至今，改革调整

联邦德国 1960 年的社会福利支出占国民生产总值的 23%[①]，两德统一后，社会福利支出在 1994 年达到 11060 亿马克，占国民生产总值的 30%[②]。德国社会保障是通过雇主、雇员、政府三方共同承担责任，并通过广泛的社会保障基金的征收来实现的。而 1990 年的联邦德国、民主德国的统一使得德国的社会保障体系陷入危机，在 1990 年后的几年更承受了严重的结构性压力，包括统一后人口结构的变动、经济状况的变化等，迫使德国社会保障制度在 20 世纪 90 年代起开始了一系列的调整和改革。

1994 年德国颁布《护理保险法》，正式建立了护理保险制度，保障老年人和病残人员生病后的护理需求权利，保险费用由雇主和雇员平均分摊。同年出台《就业支持法》，允许建立私营的职业介绍所，更有利于减少失业。1996 年的《就业促进法》又对失业保险和失业救助进行了详细的规定，严格失业保险的申请和给付条件，以强化失业者的工作、求职意愿。如果一个失业者想得到失业保险金或失业救济金，那么他必须接受职业介绍员介绍的“合适的职业”。

2001 年联邦宪法法院（Bundesverfassungsgericht）宣布的一条“照顾儿童”（Kinderberücksichtigungsgesetz）的法令规定，从 2005 年 1 月 1 日起，无子女家庭成员，年龄在 22 岁以上应按照 1.95%的税率缴纳护理保险。对于失业者，由联邦劳动局代为缴付。

2003 年 7 月，德国政府通过《法定医疗保险现代化法》的改革方案，改革的目标主要是减少法定医疗保险覆盖的项目，增加参保人责任，即要求参保人为医疗诊治支付更多的费用。2003 年 10 月 17 日，

---

① 乌尔里希·罗尔主编，顾俊礼等译，裘元伦校：《德国经济：管理与市场》，第 105 页。
② 《德国概况》，第 398 页。

联邦参议院通过了新的医疗保险改革计划《医疗卫生改革法》，在稳定医疗保险缴费率的基础上，强调个人责任在医疗保险制度的重要作用，对个人医疗缴费部分给予了较大幅度的提高。

2003 年 12 月 19 日，德国联邦议会通过的“劳动市场现代服务第四法案”，即哈茨改革第四大法案，将所有具备就业能力（具备就业能力的标准是每天至少可以从事 3 个小时的就业活动）的享受救济人员，不再按失业救济和社会救济分别管理，而是将这两种救济合二为一，统称“失业保险金Ⅱ”，为失业者的基本生活和安置提供统一的待遇。

和法国类似，国家力量强大，国家主导资本主义的发展，那么剩余价值自然也是在国家的主导下为工人分享。下表是德国的主要福利政策。

**德国的福利政策和法律**

| 时间 | 福利政策/法律 | 内容 |
| --- | --- | --- |
| 1839 | 《工人保护法》 | 100 名雇员以上的采矿企业应成立工人委员会，代表工人的利益 |
| 1881. 11. 17 | 《黄金诏书》 | 设立了带有社团管理结构的三重保险体系 |
| 1870 | 《济贫法》 | 建立贫困人口救济制度 |
| 1883 | 《工人疾病保险法》 | 对以工资和薪水维持生计的社会阶层实行强制性保险，适用于年收入不超过 2000 马克的工厂劳动者 |
| 1884. 7. 6 | 《工伤保险法》（或《事故保险法》） | 因公发生事故的，受害人及其家属可以从事故保险中得到补偿，适用于年收入低于 2000 马克的工业劳动者 |
| 1885 | 工伤保险扩围 | 工伤保险法的适用范围扩大到由帝国与各州举办的工业企业的工人 |
| 1887 | 工伤保险扩围 | 工伤保险法的适用范围扩大到建筑业和造船业的工人 |
| 1889 | 《老年和残疾保险法》（或《养老金保险法》） | 规定退休老人和因伤残而丧失劳动能力的人，可以按照伤残程度领取养老金 |

续表

| 时间 | 福利政策/法律 | 内容 |
| --- | --- | --- |
| 1911 | 《帝国保险条例和职员保险法》（职业保险法） | 把保险的对象从工人扩大到公司职员 |
| 1919 | 《社会保险法典》 | 将强制性疾病保险的适用范围扩大到农业工人、佣人、零工、家庭雇佣者以及流动小商贩 |
| 1920. 3 | 《帝国供给法》和《健康严重受损法》 | 用以抚恤第一次世界大战留下的伤兵和阵亡者家属 |
| 1923 | 《矿工保险法》 | 建立全国性矿工保险基金，对从事矿业工作的所有雇主和雇员提供疾病和养老保险津贴 |
| 1925 | 工伤保险扩围 | 将 11 种职业病开始纳入工伤保险制度 |
| 1929 | 工伤保险扩围 | 纳入工伤保险制度的职业病增加到 21 种 |
| 1927 | 《失业介绍法和失业保险法》 | 开始实行全面的法定失业保险，费率为雇员工资的 3%，由雇主和雇员各承担一半 |
| 1935 | 家庭补贴制度 | 从第 5 个孩子开始提供补贴 |
| 1937 | 年金保险 | 所有 40 岁以下的城市居民有权参加自愿性年金保险 |
| 1938 | 社会补贴制度首次立法 | 主要针对妇女和儿童，覆盖范围包括有一个及一个以上子女的家庭，资金来源主要是政府的财政拨款 |
| 1938 | 《手工业者养老金法》 | 将强制性老年和残疾保险扩大到大部分自我雇佣的手工业者 |
| 1939 | 强制工伤保险扩围 | 适用范围扩大到所有的农业从业者及其妻子 |
| 1941 | 疾病保险和养老金制度扩围 | 适用范围扩大到自我雇佣者，如艺术工作者、家庭作坊雇员以及佣人 |
| 1942 | 工伤保险体制改革 | 工伤保险制度首次覆盖全部企业雇员 |
| 1951 | 社会保障经营制度 | 由社会保险机构、雇主和投保人三方共同管理 |

续表

| 时间 | 福利政策/法律 | 内容 |
| --- | --- | --- |
| 1952 | 《母亲保护法》 | 正常情况下不得解雇怀孕期间和分娩后4个月内的妇女。如果雇员事后发现自己怀孕，只要在收到解雇通知后2周内通知雇主，解雇行为归于无效 |
| 1953 | 《严重伤残职工保护法》 | |
| 1954 | 新的《家庭补贴法》 | 给被雇佣者提供从第三个孩子开始的家庭补贴，家庭补贴的财政来源于雇主缴费 |
| 1956 | 《失业保险法》修正 | |
| 1957 | 养老保险改革 | 养老金开始与在职人员工资增长挂钩 |
| 1960 | 《青年工人劳动保护法》 | 致力于对儿童和青少年的特别保护，规定不得雇用童工，雇用15—18岁的青少年也必须遵守法律的特别规定，比如不允许让青少年在周日工作 |
| 1961 | 新的《社会救助法》 | 对社会救助做了一般原则性规定，具体的救助额度等细节问题则由各州立法决定 |
| 1963 | 《住宅扶助法》 | 对居住人进行扶助，提高居民购买力 |
| 1963 | 老年补贴制度 | |
| 1963 | 《联邦度假法》 | 雇员一年的法定带薪假期是4个星期。雇主不能通过和雇员做出约定来缩减这一法定度假时间，但双方可以对这一强制性的规定做出有利于雇员的约定，比如长于4个星期 |
| 1969 | 《劳动促进法》和对《联邦社会救济法》的修改决定 | 扩大了对伤残人士的救济范围，增加了特殊社会困难救济等 |
| 1969 | 养老保险基金筹资模式改革 | 养老保险基金筹资模式向现收现付模式转变 |
| 1971 | 工伤保险体制改革 | 进一步扩大了工伤保险的覆盖面，将全国所有社会成员纳入进来 |

续表

| 时间 | 福利政策/法律 | 内容 |
| --- | --- | --- |
| 1972 | 养老保险改革 | 一是高额的工资替代率，一个工作了45年的工人在退休后可以拿到退休前净收入的70%，而同样情况下在美国只有53%。而这个比例将随着工资的增加而指数性地增加；二是提前退休政策，1972年改革废除了法定退休年龄为65岁的规定，而可以在63—65岁弹性选择。如果加上对于无劳动能力以及妇女的保护，这个退休年龄期可扩大到60—65岁 |
| 1974 | 实施7.5%的私人投资补贴 | 针对失业率上升问题 |
| 1975.5.15 | 《战争致损害赔偿法》 | 规定了对因暴力行为受损者本人及其家庭给予救济，受损者的待遇与战争致损供养范围一样，但财产损失不予赔偿 |
| 1975 | 《联邦子女补贴费用法》 | 以法律的形式对未成年者进行补贴做出规定，补贴标准主要根据每一家庭子女的多少和家庭收入的多少来决定 |
| 1977 | 养老保险基金的现收现付模式完成 | 额定储备金规定为能够支付一个月的养老保险支出，如果连续两年未达到额定储备金，就要提高养老保险费率 |
| 1982 | 采取新的促进就业措施 | 实行10%的投资补贴 |
| 1987 | 对《劳动促进法》进行了修改 | |
| 1992 | 《医疗保险结构法》 | 主要对全额报销的医疗保险制度做了重要的调整，使保险公司、参保人按照比例共同承担医疗费用 |
| 1992 | 养老金改革已经明确地将现收现付制的运行模式写入德国社会法典中（《社会法典》VI第153条） | 每一年的支出由当年的收入抵偿，若收不抵支时，从额定储备金中提取资金来抵偿。保险费率确定的依据是，当额定储备金在当年年末少于养老保险金一个月支出的数额时，就必须提高保险费率，若超出，则必须降低保险费率 |
| 1994 | 《护理保险法》 | 保障老年人和病残人员生病后的护理需求权利 |

续表

| 时间 | 福利政策/法律 | 内容 |
|---|---|---|
| 1994.8 | 《就业支持法》 | 允许建立私营的职业介绍所，这更有利于减少失业 |
| 1996 | 《健康保险费豁免条例》 | 主要针对住院和康复治疗的保险形式进行了改革，提高了自费的比例，目的在于限制以创收性的处方为营利方式的医院行为 |
| 1996 | 《就业促进法》 | 其对失业保险和失业救助进行了详细的规定，严格失业保险的申请和给付条件，以强化失业者的工作、求职意愿。如果一个失业者想得到失业保险金或失业救济金，那么他必须接受职业介绍员介绍的“合适的职业” |
| 1999 | 通过了《法定养老保险改革法》 | 养老金计算公式的变动，养老金水平的保障，鼓励企业养老保险，改革子女抚养期间的缴纳养老金办法，鼓励特殊人群参加私人养老保险 |
| 2001.5 | 《养老保险改革法令》 | 扩大私人养老保险，补贴养老储蓄，免税特别支出 |
| 2001 | “照顾儿童”(Kinderberücksichtigungsgesetz)的法令 | 从2005年1月1日起，无子女家庭成员，年龄在22岁以上应按照1.95%的税率缴纳护理保险。对于失业者，联邦劳动局代为缴付 |
| 2001 | 控制缴费率计划(overload protection) | 规定缴费率将被控制在2020年的20%以及2030年的22%间。法律规定所有就业人员都必须参加养老保险，不包括公务员及月收入低于320欧元的就职人员，他们的养老保险费用由国家承担 |
| 2003.1.1 | 哈茨改革Ⅰ | 通过部分就业和放宽劳动力的借用来创造新就业岗位 |
| 2003.1.1 | 哈茨改革Ⅱ | ①要将原来的失业机构改建成包括劳动部门和社会救济部门双重职能的“工作中心”；<br>②资助失业者建立所谓的“一人公司”(Ich-AG，简称“I Inc.”)；<br>③修改了“迷你工作”(mini job)的定义；<br>④设置小型工作(mini job)标准，“小型工作”标准是针对月工资在400—800欧元的劳动关系 |
| 2003.7 | 《法定医疗保险现代化法》 | 主要是减少法定医疗保险覆盖的项目，增加参保人责任，即要求参保人为医疗诊治支付更多的费用 |

续表

| 时间 | 福利政策/法律 | 内容 |
|---|---|---|
| 2003.10.17 | 新的医疗保险改革计划《医疗卫生改革法》 | 稳定医疗保险缴费率的基础上，强调个人责任在医疗保险制度的重要作用，对个人医疗缴费部分给予了较大幅度的提高，以及对医疗保险的给付方式进行了调整，例如取消了丧葬费补贴、妇女生育补贴；就业妇女在产后获得的育儿金将不再由法定医疗保险承担，而是由税收来支付；并从2005年起，法定医疗保险不再对镶牙费用给予报销；取消原由医疗保险机构承担的病假津贴；并向每位看病者征收每个季度最高为10欧元的门诊费用，以及保险费之外为所有医疗支出加付最低5欧元最高10欧元的费用 |
| 2003.12.19 | “劳动市场现代服务第四法案”，即哈茨改革第四大法案 | 将所有具备就业能力（具备就业能力的标准是每天至少可以从事3个小时的就业活动）的享受救济人员，不再按失业救济和社会救济分别管理，而是将这两种救济合二为一，统称“失业保险金Ⅱ”，为失业者的基本生活和安置提供统一的待遇。资金来源渠道保持不变，享受的条件还是根据基本生活需要 |
| 2004.1.1 | 哈茨改革Ⅲ | 转变联邦劳动局和地方各级劳动部门的职能，把它们由管理部门转变成服务机构 |
| 2004.3 | 推出了两项重要养老保险改革措施 | 扩展养老金计算公式，逐步提高法定退休年龄，制定长期稳定养老保险条例，2004年3月11日，联邦议院制定了关于长期稳定养老保险条例 |
| 2005.1.1 | 哈茨改革Ⅳ | 核心思想是“促进和要求”。“促进”是指政府将为失业者提供更快更好的就业指导；“要求”是指失业者，尤其是长期失业者必须接受职业介绍机构提供的任何工作，即使这份工作的工资低于当地正常工资水平 |
| 2006.7.1 | 哈茨改革Ⅳ | 取消东西部居民之间在领取“失业保险金Ⅱ”的14欧元的差异，即德国东部的长期失业者每月也将领取与西部一样的345欧元的失业保险金 |
| 2007.1.1 | “父母津贴”(Elterngeld)政策 | 凡是在家照顾子女的父母均可得到子女未出生前净收入的67%作为补贴，最高每月可达1800欧元。如果父亲停职两个月在家照顾子女，就可得到长达14个月的父母津贴 |

# 第十一章　德国的好学生：日本模式

## 11.1　日本的福利制度

日本的福利模式也是全方位地复制了德国模式。这个复制过程完全是明治政府一手推动的。而且日本和全世界发达国家都不一样的是它的企业文化，终身雇佣制。这种体制本身就是一种福利。而且日本重集体主义，日本人不会团结起来向国家要求福利，而是团结起来报效祖国。工人很少为了提高待遇罢工。日本的计划经济非常成功，再加上日本有终身雇佣的传统，所以在社会福利方面并不突出。随着20世纪六七十年代日本经济腾飞，1973年日本才建成福利社会，福利制度开始赶上发达国家的水平。原因就是，国家在经济发展中处于主导地位，所以对剩余价值的分配也有很大话语权，经济变好后自然把剩余价值还给老百姓。

19世纪，日本已经实行了恤救规则（1874年制定）、《救护法》（1929年制定，1932年实施）等救贫制度，以及健康保险（1922年制定，1927年实施）、工人年金保险（1941年制定，1942年实施）等社会保险，但是这并非真正意义上的社会保障制度。

## 11.2 社会保障制度的形成和确立时期（1945—1961 年）

战败以后的日本，到处都是废墟和焦土，贫困、物质匮乏以及从战场和殖民统治地区返回日本的大批失业人群的安置、伤残军人、战争孤儿等问题堆积如山。这样，重建社会保障制度就成为日本政府战后社会建设中最为紧迫的任务。

1945 年 12 月政府内阁会议通过《紧急贫困者援助生活纲要》，1946 年 9 月制定《生活保护法》（旧法）替代临时应急性的纲要。1947 年，通过了《失业保险法》，在受保者失业后，向其支付失业补助金，以保障受保者的生活安定，并于 1949 年进一步完善。1948 年，出台《儿童福利法》，把保护和增进儿童的健康、改善和充实儿童成长的环境作为总体目标。1950 年 4 月制定了现行的《生活保护法》。作为“劳动民主化”政策的一环，1947 年制定并实施《劳动基本法》以替代 1911 年制定、1916 年实施的《工厂法》。同时还实行了工人灾害补偿保险，从此由健康保险和厚生年金保险替代的工伤、疾病的补偿被纳入正式轨道。失业保险也是这时制定和开始实施的。

1961 年确立了国民皆保险、国民皆年金体制，原来不适用自营业者、农业人员等医疗保险、年金保险的人也被作为适用对象，使医疗、年金保险覆盖全民，成为日本社会保障制度的主干。

## 11.3 社会保障制度的扩充时期（1962—1974 年）

1955—1961 年，日本经济经历了“神武景气”和“岩户景气”，经济出现了持续高速增长。但是，1962 年之后，日本型经济发展模式开始显露出消费物价急速上升、经济收入差距扩大、社会资本严重不足等弊端。

这一时期，社会保障的各种制度都进行了扩充，改善了支付。例如，60年代中期以后，财政支出新增加了面向生活基础的公共事业费、社会保障费、公害对策费等所谓“民主型、社会政策型”的经费。与社会保障有关的费用预算在一般会计预算中的比例，被规定为14%。1973年新设、修改下列三个制度：一是1972年6月制定、1973年1月实施的老人医疗费支付制度。修改《老人福利法》，从制度上把医疗保险与老人福利统一起来，实现了“老人医疗免费化”。二是1973年10月修改《健康保险法》，对被雇佣者医疗保险引入定率负担制，把家属医疗费支付比率提高到70%，政府掌管健康保险的20%费用，由国库负担。三是从1973年11月开始实行“5万元年金”制度，并与物价挂钩。

1973年被日本政府称为“福利元年”，至此，日本社会保障制度基本形成了包括社会保险、家庭补贴、社会救济、社会福利的完整体系。

## 11.4 社会保障制度的调整和重组（70年代后期—80年代）

然而，就在日本修改、新定各种充实社会保障制度之际，发生了石油危机，改变了社会和经济形势。1974年的经济负增长宣告了日本经济高速增长时代的终结，从此转为低速增长。由于经济衰退，日本财政面临赤字频频上升的困境。这样，依靠经济的起飞而迅速建立起来的社会保障，在这一时期，就进入了一个调整和重组的阶段。政府对社会保障的态度也由温转冷。这一时期的制度改革主要有以下三方面：

第一，医疗保障改革。1983年2月开始实行《老人保健法》，纠正由于老年人医疗费的激增与被雇佣者医疗保险、国民健康保险之间老人医疗费支出制度所造成的不平衡，使医疗保险制度负担70%的费用，废除全额公费负担的老人医疗费支出制度中的公费负担，减轻60%由国库负担的国民健康保险的费用。1984年10月修订医疗保险，被雇佣者的医疗费90%由医疗保险支付，其余由个人负担，借以减少诊疗和医疗费的增加。国民健康保险中新设了退职者医疗制度，使被雇佣者医疗保险也要负担费用。

第二，年金保险改革。从1986年4月起，开始对公共年金制度改革。通过这一改革，国民年金的适用范围由以往仅限于自营业者和没有加入被雇佣者年金者扩大到被雇佣者及其妻室，国民年金发展成向全民支付共同的基础年金的制度。新国民年金的支付包括老龄基础年金、残疾基础年金、遗属基础年金等。

第三，修订其他有关制度。一是修订社会保护制度，停止1965年以来的缩小差额方式，而使用改善一般国民消费水平的差距维持方式。二是1985年修订儿童津贴制度，将以前的适用对象仅限于一个家庭中第三个及其以后的孩子扩大到第二个及其以后的孩子，1991年进而修订为第一个孩子（未满3岁）。

由上述一系列制度改革可以看出，这一时期日本社会保障制度改革的目标在于：削减国库负担，促进财政再建，强调自助，降低公助。

## 11.5 少子化、高龄化社会保障制度构建时期（90年代以来）

日本15—49岁的女性生育率在1970年为2.13%，1980年降至1.75%，1990年为1.54%，1997年为1.39%。基于这种现实，日本开始构建与之相应的社会保障制度。例如，出于消除老后不安感的考虑，为创设看护保险而制定《看护保险法》；为适应随少子化、高龄化进展对福利服务需要的增大与多样化，根据对以往福利制度的重新认识和“黄金计划”（推进高龄者保健福利10年战略），有计划地加强基础工作。在看护、福利领域提供服务时，出现了重新认识服务措施，重新认识转向尊重利用者的利用方式的制度等动向。总之，自90年代后期起，日本致力于社会保障结构改革和社会福利基础结构改革。

我认为全世界所有的资本主义国家都羡慕日本的国民，他们具有强烈的集体主义和爱国主义精神，对于剩余价值被剥夺无怨无悔，日本也是发达国家里最晚健全福利政策的。请看下表。

**日本的福利政策和法律**

| 时间 | 福利政策/法律 | 内容 |
|---|---|---|
| 1941 | 工人年金保险（《劳动者年金保险法》） | 船员保险法的适用对象扩大到十人以上企业所雇佣的男性工人 |
| 1944 | 《厚生年金保险法》 | 保险对象扩大到男女职员，涵盖被雇佣者人数五人以上、十人以下企业的所有被雇佣者 |
| 1945 | 《厚生年金法（新法）》 | 把过去只是报酬比例制的养老金，改为定额部分加报酬比例部分的双层次养老金。同时为了扩大养老保险覆盖面，建立以中小企业劳动者、自营业者、农民等为对象，保障老后所得的国民养老保险制度 |
| 1945.12 | 《紧急贫困者援助生活纲要》（《生活贫困者紧急生活援助纲要》） | 对失业者、军人、归国者及其留守家属、伤残军人等实施救助 |
| 1946.9 | 《生活保护法》 | 以无差别和平等的原则，强调了国家的责任和保障了最低水平的生活 |
| 1947 | 制定并实施《劳动基本法》 | 替代1911年制定、1916年实施的工厂法 |
| 1947.3 | 设立儿童局 | 明确了保护儿童是国家的责任，并把保护的对象扩大为所有儿童 |
| 1947.11.21 | 《失业保险法》 | 在受保者失业后，向其支付失业补助金，以保障受保者的生活安定 |

续表

| 时间 | 福利政策/法律 | 内容 |
| --- | --- | --- |
| 1948 | 《儿童福利法》 | 把保护和增进儿童的健康、改善和充实儿童成长的环境作为总体目标 |
| 1949 | 修改《失业保险法》 | 进一步完善了劳动者灾害补偿保险制度 |
| 1950 | 工人灾害补偿保险 | 从此由健康保险和厚生年金保险替代的工伤、疾病的补偿被纳入正式轨道 |
| 1959.4 | 《国民年金法案》 | 对20—59岁的农民、渔民，4人以下的私营企业雇员及配偶，独立经营者实行强制加入。 |
| 1961 | 国民皆保险、国民皆年金体制 | 使医疗、年金保险覆盖全民，成为日本社会保障制度的主干 |
| 60年代中期 | 政府增加保障支出 | 财政支出新增加了面向生活基础的公共事业费、社会保障费、公害对策费等所谓“民主型、社会政策型”的经费。与社会保障有关费用的预算在一般会计预算中的比例，被规定为14% |
| 1973.1 | 老人医疗费支付制度 | 修改老人福利法，从制度上把医疗保险与老人福利统一起来，实现了“老人医疗免费化” |
| 1973.10 | 修改《健康保险法》 | 对被雇佣者医疗保险引入定率负担制，把家属医疗费支付比率提高到70%，政府掌管健康保险的20%费用，由国库负担 |
| 1973.11 | “5万元年金” | 开始实行“5万元年金”，并与物价挂钩 |
| 1975.4 | 《雇佣保险法》 | 雇佣保险继承了失业保险制度的“失业补助”的功能，而且进一步积极预防失业、调整雇佣状态，扩大雇佣机会，谋求增进改善劳动者福利状况 |
| 1983 | 《老人保健法》 | 医疗保险制度负担70%的费用，废除全额公费负担的老人医疗费支出制度中的公费负担，减轻60%由国库负担的国民健康保险的费用 |

续表

| 时间 | 福利政策/法律 | 内容 |
| --- | --- | --- |
| 1984 | 修订《失业保险法》 | 1. 在失业保险金支付天数确定方面，将过去仅依据年龄大小改成依据年龄及被保险人参加保险时间长短确定，支付天数改为90—100天。2. 65岁以上老年人原则上被排除在失业保险适用范围之外，因为日本规定退休年龄线多数在60—65岁，有些部门还可以工作到70岁。所以，已达到退休年龄的人，应该从失业保险适用范围中排除。3. 创设了对提早重新就业的失业人员支付补助金的制度，这种补助称为“重新就业补贴” |
| 1984 | 修订医疗保险 | 被雇佣者的医疗费90%由医疗保险支付，其余由个人负担，借以减少诊疗和医疗费的增加 |
| 1985 | 修订社会保护制度 | 停止1965年以来的缩小差额方式，而使用改善一般国民消费水平的差距维持方式 |
| 1985 | 修订儿童津贴制度 | 将以前的适用对象仅限于一个家庭中第三个及其以后的孩子扩大到第二个及其以后的孩子，1991年进而修订为第一个孩子（未满3岁） |
| 1986.4 | 公共年金制度改革 | 国民年金的适用范围由以往仅限于自营业者和没有加入被雇佣者年金者扩大到被雇佣者及其妻室，国民年金发展成向全民支付共同的基础年金的制度。新国民年金的支付包括老龄基础年金、残疾基础年金、遗属基础年金等 |
| 90年代以来 | 高龄化社会保障制度 | 为创设看护保险而制定《看护保险法》；根据对以往福利制度的重新认识和“黄金计划”（推进高龄者保健福利10年战略），有计划地加强基础工作 |
| 1998 | 修订《失业保险法》 | 1. 创设了“教育训练补助”制度，即对参加了劳动大臣指定的教育训练讲座的工人，不分在职与失业，均可支付经费的80%；2. 对因护理家人而中止工作的人，也可支付“连续就业补助”，标准相当于本人工资的25% |

续表

| 时间 | 福利政策/法律 | 内容 |
|---|---|---|
| 2000.3.28 | 日本国会通过《厚生年金保险法》《国民年金法》等7部有关年金制度改革的法案 | 大幅修改缴纳年金保险费和领取养老年金的制度 |

# 第十二章　政府主导的中国模式

从各发达国家的经济发展过程我们可以看出，经过自由市场经济的放任发展，渡过了各种经济危机后，发达国家都有意识地直接或间接控制生产资料部门，包括核电、航空航天、石油、钢铁、农业、水电煤气、先进制造业等。生活资料部门是指衣食住行，包括汽车、家电、衣服、食品等与日常生活相关的工业种类。

社会福利方面，每个发达国家都在以下四个方面给予工人保障：养老、医疗、教育、就业（失业）。它们的差别只是保障程度不同。中国目前也已经建立了这四大保障体系，但是因为我们的经济发展水平、人均 GDP 和它们还有不小的差距，所以不可能在金额上和它们看齐，但是随着经济的发展，这些福利都会水涨船高，缩小和它们之间的差距。

## 12.1　就业保障体系

20 世纪 80 年代中期，在改革劳动用工制度和实施劳动合同制的过程中，为了保障改革中分离出来的职工的基本生活，需要确立相应的保障制度。为此，1986 年 7 月，国务院颁布了《国营企业职工待业保险暂行规定》，针对失去工作的国有企业职工建立起了待业保险制度。

20世纪90年代后期，为应对大规模的结构性下岗失业，我国进一步完善了失业保险制度，并于1999年1月颁布实施了《失业保险条例》，制度覆盖范围不再局限于国有企业，而是所有城镇企业，筹资方式从原来只由单位缴费改为单位和个人共同缴费。

2002年，下发《中共中央国务院关于进一步做好下岗失业人员再就业工作的通知》，从此开始全面实施积极的就业政策。

2002—2005年，这一时期基本建立起了较为系统的、针对国有企业下岗失业人员的再就业政策体系，主要包括鼓励下岗失业人员自主创业，鼓励企业吸纳就业，开发公益性岗位安置就业困难人员，鼓励大中型国有企业主辅分离、辅业改制分流安置富余人员等政策措施。

2008年1月1日，《中华人民共和国就业促进法》正式实施生效，在政策享受资格方面，取消了人员和单位性质及企业行业的限制，所有劳动者均能享受免费的公共就业服务和补贴，包括职业培训补贴政策、社会保险补贴政策等。政策内容也更加健全，增加了补贴内容。

## 12.2 基本养老保险

企业职工基本养老保险制度。1951年，根据政务院颁布的《中华人民共和国劳动保险条例》，我国建立起了适用于城镇职工的劳动保险制度。劳动保险制度采取统一的费率，涵盖了养老、疾病、工伤、残疾、死亡、生育等多项内容。机关事业单位和企业执行统一的劳动保险政策，保障范围包括职工家属。

1991年，发布了《国务院关于企业职工养老保险制度改革的决定》，正式确立了基本养老保险的社会统筹制度。中共十四届三中全会确定了基本养老保险实行社会统筹与个人账户相结合的改革原则。这一原则很快就付诸实施，各地均根据当地实际情况建立起了社会统筹与个人账户相结合的基本养老保险制度，但是社会统筹与个人账户之间的比例关系各个地区不尽一致。1997 年,《国务院关于建立统一的企业职工基本养老保险制度的决定》主要是从缴费比例、个人账户规模、基本养老金计发办法三个方面统一企业职工基本养老保险制度，要求各地已经建立起来的制度都要向此过渡。2005 年,《国务院关于完善企业职工基本养老保险制度的决定》对制度进行了局部调整和完善，并把制度覆盖范围扩大到了城镇各类企业职工、个体工商户和灵活就业人员。这一制度延续至今。

城乡居民基本养老保险制度。1992 年，民政部主导，在全国范围内推动建立农村社会养老保险制度。这项制度实质上是一种没有社会统筹只有个人账户的变相强制储蓄，缺乏必要的互助共济功能，在制度设计和资金管理等方面存在待遇水平低、保值能力弱等严重缺陷。1999 年之后，按照国家有关要求，各地对这项制度进行了清理整顿。2009 年，颁布《国务院关于开展新型农村社会养老保险试点的指导意见》之后，我国再次开展了农村养老保险制度建设，政府全面介入了新型农村社会养老保险制度，政府资金投入既补“出口”，即基础养老金完全由公共财政预算安排资金解决；又补“入口”，即地方财政对农民缴费实行补贴，全部进入个人账户。在新农保试点范围逐步扩大之后，2011 年，国务院按照新农保的相同模式，开始建立城镇居民基本养老保险制度，主要覆盖城镇地区未参加企业职工基本养老保险的人群。2014 年，按照国务院要求，这两项制度被整合为统一的城乡居民基本养老保险制度。

机关事业单位养老保险制度。实施劳动保险制度时期，机关事业单位和企业的退休制度是完全一致的，都按照劳动保险制度关于职工退休的规定执行。1978 年，颁发了《国务院关于安置老弱病残干部的暂行办法》和《国务院关于工人退休、退职的暂行办法》。由于针对机关事业单位和企业分别制定办法，虽然两个办法本身在退休条件、退休待遇的规定上没有太大差别，但是此后两项制度的改革不再同步，政策分化，资金来源分化，待遇调整水平不一致，沿着各自的发展轨迹渐行渐远。由于机关事业单位和企业执行不同的养老保障制度，两类群体之间的退休待遇差距越来越大，引发了一系列的矛盾，要求实现制度公平的呼声越来越高。

2015 年 1 月，《国务院关于机关事业单位工作人员养老保险制度改革的决定》按照与企业相同的模式，建立起了机关事业单位基本养老保险制度，从制度层面解决了机关事业单位与企业养老保险“双轨运行”的问题，实现了就业人员内部的公平与统一。但是目前还没有解决公务员和企业职工的双轨制问题。

## 12.3 基本医疗保障

城镇职工基本医疗保险制度。从中华人民共和国成立初期到 20 世纪 70 年代末这段时期，我国在城镇地区建立起了公费医疗制度和劳保医疗制度。其中，公费医疗制度主要面向机关事业单位工作人员、大专院校学生，属于政府保障型，经费由国家财政统一提供。劳保医疗制度是根据 1951 年颁布的《中华人民共和国劳动保险条例》实施的，劳保制度的对象为国有企业职工和退休人员，由企业负担费用。在劳保医疗制度下，对职工无工作的家属实行半免费的医疗保障。这个制度持续到 80 年代。

80 年代以来，一方面，随着国有企业改革的全面铺开和市场竞争的日益激烈，企业经营状况出现分化，部分企业效益低下甚至关停并转，职工失去稳定的医疗费用来源，得不到应有的基本医疗保障，另一方面，在政府放松对医疗服务价格和药品的管制后，公费医疗和劳保医疗缺乏有效的费用制约机制，医疗费用增长过快，政府和企业不堪承受，于是各地开始进行不同形式的职工医疗保险制度改革探索。

1993 年，中共十四届三中全会通过《中共中央关于建立社会主义市场经济体制若干问题的决定》，改为实行社会统筹和个人账户相结合，保险金由单位和个人共同负担。1994 年，我国开始在江苏省镇江市和江西省九江市开展新型职工医疗保障制度试点。1996 年，国务院决定将试点范围扩大到全国 29 个省（自治区、直辖市）的 57 个市（地区、县）。1998 年，《国务院关于建立城镇职工基本医疗保险制度的决定》正式建立起了社会统筹和个人账户相结合的城镇职工基本医疗保险制度。2007 年，《国务院关于开展城镇居民基本医疗保险试点的指导意见》将不属于城镇职工基本医疗保险制度覆盖范围的中小学阶段的学生、少年儿童和其他非从业城镇居民纳入保障范围，家庭缴费为主，政府（有能力的企业）给予适当补助。2007 年起，我国开始进行城镇居民基本医疗保险试点，2009 年实现了全覆盖。

农村居民基本医疗保险制度。1956 年，全国人大一届三次会议《高级农业生产合作社示范章程》通过相关规定，以其为基础建立起农村合作医疗。1968 年 12 月，毛泽东对湖北省长阳县乐园公社办好合作医疗的经验做了重要批示，农村地区掀起大办合作医疗的热潮。到 70 年代中期，全国 90%的生产大队都办起了合作医疗。农村合作医疗制度经费主要源于社、队集体公益金的补助，社员看病只需缴纳少量的费用，实质上是一项集体福利事业，还不是一项真正的社会保障制度。中共十一届三中全会后，经济体制改革首先在农村展开，随着家庭联产承包责任制的推行，农村基层组织职能开始弱化，集体保障能力不断下降，建立在集体经济基础之上的农村合作医疗在大部分地区或解体或停办，绝大部分村卫生室（合作医疗站）成了乡村医生的私人诊所，到80年代中期农村居民95%以上都没有医保。1990年年初，卫生行政部门试图再次推进农村合作医疗，合作医疗村覆盖率在1997年提高到17%之后迅速下降，2001年已不到7%。

2002年10月，《中共中央国务院关于进一步加强农村卫生工作的决定》明确指出：重新在农村建立新型合作医疗制度，保障农村居民的医疗卫生需求，提出要求建立以大病统筹为主的新型农村合作医疗制度。提出“到2010年，全国新型农村合作医疗基本覆盖农村居民”的目标。新型农村合作医疗试点工作从2003年开始在全国范围内逐步推进。与传统合作医疗相比，在筹资机制方面，除农民以家庭为单位缴费外，各级财政对其给予了大力支持。同时，以资助农村困难群体参加合作医疗和减轻其大病费用负担为主要内容的农村医疗救助制度也开始推进。2008年，新型农村合作医疗实现了全覆盖。

2012年，我国引入市场机制，建立起了大病保险制度，保费从城镇居民医保基金、新农合基金中划出，通过招标形式向商业保险公司购买大病保险，不再额外增加个人缴费负担。

## 12.4 社会救助体系

城乡居民最低生活保障制度。中华人民共和国成立后相当长的一段时期，我国社会救助制度主要在农村地区施行。在城镇地区，由于国家建立起了低工资、高福利、终身就业等为特征的保障制度，贫困问题不是很突出，自然没有建立救助制度的需要。实行改革开放后，终身就业的“铁饭碗”被打破，下岗失业人员增多，城镇贫困人群的基本生活问题开始引起社会关注。为此，一些地方开始探索为城市贫困居民建立一种基本生活保障机制。1999 年 10 月，国务院颁布的《城市居民最低生活保障条例》开始施行，对城市贫困群体提供基本生活物质帮助。在城市低保的基础上，各地还建立了就业援助、教育援助、住房保障、司法援助等专项救助制度，拓展了救助范围和内容。

在农村地区，传统的社会救助主要是临时救济。这种救助方式随意性大，经费缺乏保障。2007 年，根据《国务院关于在全国建立农村最低生活保障制度的通知》要求，各地均建立起了较为规范的农村低保制度。

农村五保供养制度。早在 20 世纪 50 年代，我国就建立了农村五保供养制度，对农村最困难的无劳动能力、无生活来源、无法定扶养义务人（或虽有法定扶养义务人但扶养义务人无扶养能力）的人员实行保吃、保穿、保住、保医、保葬（未成年人保教）。

## 12.5 义务教育

1949 年 9 月，中国人民政治协商会议通过的《共同纲领》指出：在全国要“有计划有步骤地实行普及教育”，但“文革”期间受到重创。

1980 年 12 月 3 日，中共中央、国务院发布《关于普及小学教育若干问题的决定》，提出经济比较发达、教育基础较好的地区，应在 1985 年前普及小学教育，其他地区一般应在 1990 年前基本普及。

1985 年 5 月 27 日，《中共中央关于教育体制改革的决定》明确指出：我国小学、初中实行九年制义务教育。1986 年 4 月 12 日，第六届全国人大第四次会议审议通过《中华人民共和国义务教育法》（简称《义务教育法》）并于 7 月 1 日实施。规定：“凡年满六周岁的儿童，不分性别、民族、种族，应当入学接受规定年限的义务教育。”和其他国家不同的是，学生必须自己交学费、杂费、书本费等学习费用。

1995—2000 年，中央财政拨出 39 亿元用于支持贫困地区义务教育的发展，地方各级政府也拨付了配套资金，总额超过了 100 亿元。

2001 年 2 月 13 日,《教育部国家计委财政部关于坚决治理农村中小学乱收费问题的通知》规定，从 2001 年起在农村贫困地区中小学义务教育阶段，实行由中央有关部门规定杂费、书本费标准的“一费制”收费制度，并规定了最高限额。

2006—2010 年，我国将逐步把农村义务教育全面纳入公共财政保障范围，比欧美发达国家落后了 100 年。

中国目前是 9 年义务教育，虽然和欧美的 12—13 年还有差距，但是这和人均 GDP 直接相关。我们也在不断向欧美靠拢。2007—2017 年，中国在新疆、西藏、青海、内蒙古、大凉山、东部沿海发达地区相继落实推行涵盖 15 年免费教育，同时中等职业教育免费。陕西将全面实施学前 1 年到高中阶段 13 年免费教育，同时推进中等职业教育免费。

综上所述，中国的福利保障不如欧美，这是和中国的经济发展国情相适应的。下面是主要的福利政策。

**中国的福利政策和法律**

| 时间 | 福利政策/法律 | 内容 |
|---|---|---|
| 1951 | 《中华人民共和国劳动保险条例》 | 劳动保险制度采取一个统一的费率，涵盖了养老、疾病、工伤、残疾、死亡、生育等多项内容。机关事业单位和企业执行统一的劳动保险政策，保障范围包括了职工家属 |
| 1978 | 《国务院关于工人退休、退职的暂行办法》 | 针对国有企业、事业单位等非公务员的退休制度安排 |
| 1986. 7 | 《国营企业职工待业保险暂行规定》 | 针对失去工作的国有企业职工建立起了待业保险制度 |

续表

| 时间 | 福利政策/法律 | 内容 |
| --- | --- | --- |
| 1991 | 《国务院关于企业职工养老保险制度改革的决定》 | 正式确立了基本养老保险的社会统筹制度 |
| 1997 | 《国务院关于建立统一的企业职工基本养老保险制度的决定》 | 从缴费比例、个人账户规模、基本养老金计发办法三个方面统一企业职工基本养老保险制度，要求各地已经建立起来的制度都要向此过渡 |
| 1998 | 《国务院关于建立城镇职工基本医疗保险制度的决定》 | 正式建立起了社会统筹和个人账户相结合的城镇职工基本医疗保险制度 |
| 1999.1 | 《失业保险条例》 | 制度覆盖范围不再局限于国有企业，而是所有城镇企业；筹资方式从原来只由单位缴费改为单位和个人共同缴费 |
| 1999.10 | 《城市居民最低生活保障条例》 | 对城市贫困群体提供基本生活物质帮助。在城市低保的基础上，各地还附着建立了就业援助、教育援助、住房保障、司法援助等专项救助制度，拓展了救助范围和内容 |
| 2002 | 新型农村合作医疗制度建设 | 提出“到2010年，全国新型农村合作医疗基本覆盖农村居民”的目标 |
| 2005 | 《国务院关于完善企业职工基本养老保险制度的决定》 | 对制度进行了局部调整和完善，并把制度覆盖范围扩大到了城镇各类企业职工、个体工商户和灵活就业人员 |
| 2007 | 开始进行城镇居民基本医疗保险试点，2009年实现了全覆盖 | |
| 2007 | 《国务院关于在全国建立农村最低生活保障制度的通知》 | 农村低保制度 |

续表

| 时间 | 福利政策/法律 | 内容 |
| --- | --- | --- |
| 2009 | 《国务院关于开展新型农村社会养老保险试点的指导意见》 | 政府全面介入了新型农村社会养老保险制度，基础养老金完全由公共财政预算安排资金解决；地方财政对农民缴费实行补贴，全部进入个人账户 |
| 2011 | 国务院按照新农保的相同模式，开始建立城镇居民基本养老保险制度 | 主要覆盖城镇地区未参加企业职工基本养老保险的人群 |
| 2012 | 建立起了大病保险制度 | 保费从城镇居民医保基金、新农合基金中划出，通过招标形式向商业保险公司购买大病保险，不再额外增加个人缴费负担 |
| 2015.1 | 《国务院关于机关事业单位工作人员养老保险制度改革的决定》 | 按照与企业相同的模式，建立起了机关事业单位基本养老保险制度，从制度层面解决了机关事业单位与企业养老保险“双轨运行”的问题，实现了就业人员内部的公平与统一。目前正在逐步解决公务员的双轨制问题 |

第三部分

# 经济计划性：世界主要国家如何干预经济

# 导　言

我们通过对全球主要发达国家的研究发现，只要国家对生产资料部门进行计划，经济就会稳定发展，否则经济危机就会频繁出现。但是计划又不能过头，有两个后果必须注意：第一个后果就是一旦计划深入生活资料部门就会出现新的问题，比如国企病、经济效率和竞争力下滑等。第二个后果就是生产资料部门也不能投资过度，否则必定爆发产能过剩，导致经济长期萧条。同时，我们发现：（1）美国是间接控制生产资料部门，虽然市场很有活力，但是不可避免地出现周期性危机，福利水平为发达国家最低。（2）英国和瑞典则是计划过头，国家计划深入了生活资料领域，不得不调整回归。（3）德国和日本是教科书式的计划经济，随着国家经济变好社会福利上升。这三种模式又和剩余价值的分配方式息息相关、密不可分。

# 第十三章　美国政府对生产资料部门的控制

## 13.1　自由主义的大本营

北方赢得美国内战为资本主义的发展扫平了道路，不但提供了广阔的国内市场，而且提供了大量的廉价劳动力。再加上工业革命的推动，美国迅速实现了工业化。美国技术创新开始走在世界前列，发明了电话、流水线汽车等。1860—1900 年，美国铁路里程从 3 万英里增加到 19.3 万英里，占全球铁路的 50%；投资于制造业的资本从 10 亿美元上升到 100 亿美元；工人数量从 130 万增加到 530 万；工业产值从 20 亿美元上升到 130 亿美元。19 世纪末，美国成为世界上最富裕的国家，20 世纪初美国制造业产值超过英、法、德的总和。

美国成立时就严格限定了政府的权力，他们深信大政府会作恶。所以大市场小政府的观念在美国深入人心，而且根深蒂固。在支持自由市场的政治环境和技术进步的推动下，自由市场经济体系席卷美国，深入人心。这一阶段基本不存在政府管控经济的说法。

1900 年开始，自由市场经济的负面效应就已经非常明显，为美国带来一系列社会问题。首先是贫富分化，财富高度集中，大财团完全可以挑战国家的权威。19 世纪末 20 世纪初的 15 年间，美国总统三次求助于摩根财团挽救国家。1893年，美国总统克利夫兰请求摩根财团帮助维持美国的黄金储备。1902年，西奥多·罗斯福总统在解决煤矿工人罢工时不找矿主，不找工会，而是找摩根。1907年金融危机，摩根派人到白宫，建议由摩根财团来拯救国家①。1900年，美国1%的富人拥有美国财富的87%，美国是当时全世界贫富差距最大的国家。1890年，洛克菲勒集团控制着美国90%的石油提炼。1894年，亨利·劳埃德出版了《财富挑战国家》一书，描述了标准石油公司（洛克菲勒集团）如何通过操纵市场、排挤竞争对手、向立法者行贿、收买政治家为自己服务等手段获得了垄断地位。

1909—1917年，3700个公用事业公司消失了，大公司对美国的控制深入到各个层面，大资产阶级已经强大到威胁政府权力的地步。西奥多·罗斯福说："如果不进行改革，替代的结果要么就是……无政府主义，要么就是有钱的工业家不断增长的权力继续压制民主。"除此之外还有环境污染、食品药品安全、工人生活贫困等问题。但是，这都没能动摇资产阶级的统治，也没动摇社会对自由主义的信心。直到1929年的大萧条，这一切才开始改变。资产阶级为了能继续维持统治，不得不大刀阔斧地进行经济改革，本质就是伸手控制生产资料部门。

## 13.2 大萧条让美国政府开始干预经济

富兰克林·罗斯福当选后，开始大刀阔斧地干预经济，对生产资料部门进行直接或间接调控。

第一，要求国会通过《农业调整法》。这个法律规定，农业部长

---

① 钱满素:《美国自由主义的历史变迁》，2006年，北京：生活·读书·新知三联书店，第67页。

可以和农民达成协议，休耕一部分土地，屠宰牲畜，减少农产品产量，提高价格。同时规定了农产品的最低价，一旦低于某个价格政府就出面收购。这是明目张胆地不按照市场经济规律办事。

第二，通过《国家工业复兴法》来防止盲目竞争引起的生产过剩。根据《国家工业复兴法》，各工业企业制定本行业的公平经营规章，确定各企业的生产规模、价格水平、市场分配、工资标准和工作日时数等，以防止出现盲目竞争引起的生产过剩，从而加强了政府对资本主义工业生产的控制与调节，维护工人的权利和尊严。

第三，通过《紧急银行法》。危机爆发后，全美银行业几乎全部停顿。为了挽救金融行业，政府决定对银行采取个别审查，颁发许可证的制度。1929 年危机爆发前美国有 25568 家银行，1933 年 3 月 13—15 日，只有 14771 家银行领到执照重新开业。这意味着，金融危机淘汰了美国 10797 家银行，占比超过 40%。1933 年 4 月 5 日，美国政府宣布禁止私人储存黄金和黄金证券，私人的黄金必须卖给银行，美钞停止兑换黄金；4 月 19 日，宣布禁止黄金出口，放弃金本位；6 月 5 日，公私债务废除以黄金偿付。1934 年 1 月 10 日，宣布发行以国家有价证券为担保的 30 亿美元纸币，并使美元贬值 40. 94%。

第四，罗斯福政府颁布了《新税法则》(1934 年)，按照收入和资产多寡征收超高额累进税和遗产税，目的就是让富人多交钱，穷人不交钱。这些措施无论过去还是现在都是严重违背自由市场经济制度的，但是它们都保留了下来。

从大萧条以后，美国政府开始对经济进行全面的宏观调控。农业成了被管制的部门，工业也被纳入管理的轨道，金融业也完全纳入政府的调节之中。美国不再是市场供求决定价格和资源分配，而是靠政府。美国政府的支出占 GDP 的比重从 19 世纪的 2%—5%，在罗斯福新政后达到 20%—25%。

## 13.3　第二次世界大战期间，政府对经济的干预达到顶峰

第二次世界大战期间，美国建立的 2600 多家大型国有工业企业，主要分布在军火、机械制造、化工、合成橡胶、电力等部门。政府对经济的干预达到顶峰。政府在战后出售或出租了大部分的战时国有企业。剩下少部分国有企业集中在基础设施建设管理和危机处理方面，目前剩下的全国性的国企是邮政和铁路。

## 13.4　六七十年代，通过制定行业法律干预经济

美国国家控制经济的主要法律是在 1961—1972 年建立的，其间联邦政府通过了一系列纠正自由市场经济弊端的法案，比如 1965 年《水质法令》要求各州改进水质；1966 年《食品包装和标签法》《儿童保护法》要求食品企业公布食品相关的一切信息，包括配料、营养标准等。1967 年《农业公平实施法》给农产品的生产、价格规定标准。1969 年《经济稳定法》控制工资和物价。1972 年《消费商品安全法》管理控制消费品的安全与可靠。

大家今天可能觉得这一切都是正常的，实际上在当时这都是开创性的工作，即政府为企业制定一切标准，在资产阶级掌权的美国已经很不容易了。

其间也有个别直接干预经济的例子。比如 1970 年，国会为了促进二级抵押贷款市场的竞争，成立了房地美。这之前只有一家二级抵押贷款公司，就是 1938 年为抵制大萧条而成立的房利美。1971 年，由于私人经营的持续亏损，联邦政府创建了政府所有的美国全国铁路客运公司，该公司通过接受国家补贴、租用私营公司铁路的方式为美国

提供城际客运服务至今。1976 年为了接管东北部破产的六条铁路线业务，政府成立了康雷尔资产共享运营公司（该公司于 1987 年被再次私有化）。

所以千万不要以为美国是真正的自由市场，根本不是，美国政府对经济的干预从大萧条开始以后就再也停不下来了，而且手段不断升级。从最开始的兴办公共工程，到第二次世界大战期间的直接办国有企业，再到六七十年代通过法律法规控制企业。90 年代以来，政府对经济的控制越来越接近直接计划经济（类似于我们的产业规划），政府直接制订产业发展计划，引导经济。

## 13.5 90 年代至今，直接制定产业计划干预经济

70 年代的经济滞涨让凯恩斯主义失去了市场，美国在经济方面的国际地位持续下降。1970 年世界最大的 100 家工业公司美国占 64 家，到 1988 年仅有 42 家。1979—1990 年，美国人均生产率只提高了 0.5%，而联邦德国提高了 1.6%，日本则提高了 3%。这意味着美国的竞争力在逐渐下降。1991 年 3 月美国总统竞争力委员会发表的研究报告称，对美国的生产力、经济增长率和竞争力起推动作用的 94 项关键技术中，美国有 32 项已落后或处于劣势地位，仍占优势地位的只有 26 项。

美国政府并没有因此放弃干预经济，而是开始用更加市场的方式，对生产资料部门进行间接控制，主要通过产业计划和金融引导干预生产资料部门的投入，扶持新兴产业，保持美国企业的领先地位。

### 克林顿政府：信息高速公路计划

1993 年克林顿政府公布国家信息基础设施工程计划（National Information Infrastructure），民间称为信息高速公路计划。这个计划提出

用 20 年时间，耗资 2000 亿—4000 亿美元发展信息产业。实际建设中的投资远高于这个数字，仅 1999 年一年就超过 5000 亿美元。

为了完成这个艰巨的任务，克林顿政府甚至调整了政府的组织架构。首先，在白宫成立科学技术政策办公室，在国会成立国家科学技术委员会。这个委员会和国家经济委员会、国家安全委员会地位一样高，可谓史无前例。其次，商务部负责开发先进民用技术战略。最后，责成国际技术标准局、国家实验室、国家航空和宇航局密切配合，推进政府、企业、大学紧密合作。

这个计划带来的信息产业革命让美国持续引领世界，直到今天信息产业巨头仍然是美国。从 1994 年开始，美国的新一代计算机芯片、软件、各种新型电脑和网络技术、移动通信技术、高清晰度电视技术及生物技术等，都已在世界范围内处于优势地位。1995—1999 年，信息产业在国民经济中的贡献率达 33%。信息技术向传统产业的不断渗透，也加速了美国产业结构的调整和升级。美国各行业都进入了电子重组（E-engineering）的新周期，生产效率得到巨大提高。1991—1995 年的美国平均生产率增长了 1.8%，1996—1999 年美国平均生产率增长率为 2.6%，上升了 44%。

克林顿上台执政的前一年（1993 年），美国 GDP 为 6.2 万亿美元，占全球的比重为 23%。经过信息高速公路计划以及相关的鼓励科技创新政策，克林顿政府下台时（2000 年）美国 GDP 达到 9.1 万亿美元，占全球比重达 28%。这段时间也是美国经济增长最快的黄金时间，GDP 增速达到 4%。美国的信息产业持续领先世界至今，无人匹敌。

**奥巴马政府：先进制造业计划**

2008 年经济危机后，奥巴马政府开始大规模实施先进制造业计划，特朗普当政以后也在继续这些措施，并没有废止。

**21 世纪初先进制造业创新政策**

| 时间 | 法案及报告 | 内容 |
| --- | --- | --- |
| 2009. 12 | 《重振美国制造业政策框架》 | 出台一系列措施重新振兴美国制造业，发挥制造业的优势并分析其理论基础 |
| 2010. 8 | 《制造业促进法案》 | 力图降低制造业生产成本、促进就业，在税收、贸易、能源和基础设施等各项政策方面提出了较高的目标 |
| 2011 | 《美国制造业复兴——促进增长的 4 大目标》 | 目标之一即为创新，使美国成为创新的引领者。加快制造业产品的生产方式是通过改善国际环境，扩大出口 |
| 2011. 6 | 《确保美国先进制造业领导地位》 | 力图响应《美国竞争再授权法案》所表达的相关内容，并且引导联邦政府加大对先进制造业的支持，比如在研究开发的资金投入上 |
| 2012. 2 | 《国家先进制造战略规划》 | 对先进制造进行重新定义：先进制造是一系列制造活动，它采用信息化、计算机应用、软件、网络化等先进技术，其显著特征是新产品的快速推广应用和工艺的持续改进 |
| 2012. 6 | 《先进制造伙伴（AMP）计划》 | 建立企业、大学、政府之间的合作伙伴关系，以此汇集国家高端人才，扩大政府投资，制定先进制造业技术发展战略，从而增加就业机会，增强国际竞争力，继续保持美国在制造业的领先地位 |
| 2012. 7 | 《赢得本国先进制造竞争优势报告》(简称 AMP1. 0 报告) | 通过扩大先进制造、增强行业资源共享、完善技术创新政策、重视人才培养等多种措施，提升先进制造能力，推动制造业的发展 |
| 2013. 2 | 《制造业创新的国家网络：初步设计》 | 提出构建“国家先进制造创新网络”，计划在制造工艺、先进材料及其加工工艺、高效能技术及其平台建设 15 个国家先进制造创新研发中心（IMI） |
| 2013. 4 | 《2013 先进制造业创新法案》 | 出台一系列政策促进先进制造业创新 |

续表

| 时间 | 法案及报告 | 内容 |
| --- | --- | --- |
| 2014.10 | 《加速美国先进制造业》(AMP2.0报告) | 就1.0报告中三大支柱如何进行加速给出建议，有三个制造业突破性领域被选为急需加速，它们是制造业先进感知、控制与平台（ASCPM），可视化、信息与数字化制造（VIDM），先进材料制造（AMM） |
| 2014.11 | 《2014振兴美国制造业和创新法案》 | 关注领域：纳米技术、先进陶瓷、光子及光学器件、复合材料、生物基和先进材料、混合动力技术、微电子器件开发等 |
| 2015.10 | 《美国国家创新战略》 | 维持美国创新生态系统，创造高质量的经济增长，催生国家重点领域的突破，建设一个创新型政府。强调九大战略领域：先进制造、精准医疗、大脑计划、先进汽车、智慧城市、清洁能源和节能技术、教育技术、太空探索和计算机新领域 |
| 2016.2 | 《国家制造创新网络战略计划》 | 促进新技术向规模化、经济化和高效本土制造化转变 |
| 2016.4 | 《先进制造：联邦政府优先技术领域速览》 | 提出了14个国家优先的先进制造技术领域，包括5个重点潜力技术领域：先进材料制造、面向先进生物制造的工程生物学、可再生医学的生物制造技术、先进生物产品制造、药物连续制造等 |
| 2016.4 | 《2016—2045年新兴科技趋势——领先预测综合报告》 | 帮助美国相关部门了解未来可能影响国家安全的核心科技，并为国家及社会资本指明科技投资方向，机器人技术和自动系统、增材制造（3D打印）等在报告中得到了强调 |
| 2016.5 | 《21世纪美国国家安全科学、技术与创新战略》 | 指出科技与创新对于维护美国的全球领导地位、支撑美国国家安全战略的实现发挥着至关重要的作用 |

大家不要以为国家的计划只是列出来就不管了。我举一个例子，大家请看2013年的《制造业创新的国家网络：初步设计》，其中提到建立15个国家先进制造创新研发中心，组成“国家先进制造创新网络”。制造创新研发中心是建立在大学、企业、政府合作的基础上，

把公共资源和私有资源结合，从而使创新系统更具有活力。这些机构全部由美国的部委牵头，已建了9个制造业创新研究所。

**9个制造业创新研究所概况**

| 时间 | 研究所名称 | 牵头部门 | 规模 | 研究方向 |
|---|---|---|---|---|
| 2012.8 | 国家增材制造创新研究所（俄亥俄州） | 国防部 | 由80余家公司、9所研究型大学、6所社区学院和18家非营利机构组成 | 研究所的重点是利用跨部门团队的合作，确定增材制造的主题，为国防、能源、太空和国家的商业部创造更大的利益。增材制造，通常也被称为3D打印，是一个新兴的生产过程集合 |
| 2013.1 | 新一代电力电子制造研究所/清洁能源创新制造研究所CEMI（北卡罗来纳州） | 能源部 | 由北卡罗来纳州立大学（NCSU）牵头，包括18家企业、7所大学与实验室 | 主要着眼于研发新一代高效可靠的电子器件，以改进现有的电力电网、可再生电力、电动引擎和消费性电子产品等 |
| 2013.2 | 数字制造与设计研究所（DMDI） | 国防部 | 由超级计算机UI实验室领导，包括41个公司、23个大学和实验室及9个其他组织 | 聚焦的四个核心技术领域包括：先进制造企业、智能机器、先进分析、网络物理安全 |
| 2013.2 | 轻质现代金属制造研究所LM3I（底特律） | 国防部 | 由爱迪生焊接研究院领导，包括34个公司、9个大学和实验室及17个其他组织 | 主要从事高强度、高性价比新型合金的开发和推广应用，以提高产品性能并降低能耗 |
| 2014.2 | 先进复合材料制造业中心IMCMI（底特律） | 能源部 | 由田纳西大学为首组建的联盟承担建设。该联盟由122名成员（包括57家企业、15所大学及实验室、14家其他实体、36家联盟合作成员等）组成 | 该研究所将聚焦于碳纤维等先进复合材料的前沿研究，将开发成本更低、速度更快、效率更高的制造和循环工艺。将围绕五大领域分地区开展工作：车辆，风力涡轮机，压缩气体储存，设计、建模和仿真，复合材料及加工技术 |

续表

| 时间 | 研究所名称 | 牵头部门 | 规模 | 研究方向 |
|---|---|---|---|---|
| 2014 | 数字化制造与设计创新研究所 | 国防部 | 参与单位包括70多家全美顶尖制造商和软件设计商、23家大学或社区学院及9个非营利组织 | 工作重点是在制造业企业范围内利用“数字线程”，高度集成制造和设计复杂的产品，以降低生产成本和时间。聚焦的四个核心技术领域包括：先进制造企业（Advanced Manufacturing Enterprise）、智能机器（Intelligent Machines）、先进分析（Advanced Analysis）以及网络物理安全（Cyber-Physical Security） |
| 2015 | 美国集成光电子制造创新研究所 | 国防部 | 始创成员有124家企业以及纽约州立大学研究基金会领导的非营利机构和大学（其中：企业55家、大学和实验室20家、社区学院33家、非营利机构16家） | 始创成员有124家企业以及纽约州立大学研究基金会领导的非营利机构和大学（其中：企业55家、大学和实验室20家、社区学院33家、非营利机构16家） |
| 2015 | 美国柔性混合电子制造创新研究所 | 国防部 | 柔性技术联盟（Flex Tech Alliance）将领导由96家公司、41所大学、14个州和地方政府组织、11家实验室及非营利性机构组成的集团 | 柔性混合电子技术的主要应用包括：①通过可穿戴的电子信息装置，监控生命体征和身体状态，以优化保健和生活方式方面的决策；②通过生物标志和植入装置，大幅改善医疗技术的交付，监控慢性病患者及作战士兵的生命体征；③通过嵌入式传感器，监控恶劣环境下运行的汽车、飞机的状态；④通过在各种陆基、海基、空基、天基系统上应用轻质机器人及下一代成像和传感器能力，提升军事行动的安全性；⑤通过与飞机及其他载具平台外形贴合的电子设备，或者将电子设备集成到衣服和织物中，大幅减小电子系统模块的尺寸和重量 |

续表

| 时间 | 研究所名称 | 牵头部门 | 规模 | 研究方向 |
| --- | --- | --- | --- | --- |
| 2016 | 智能制造创新研究所 | 能源部 | — | 美国能源部将资助可将技术成本降低 50% 的研发，如高级传感器、控制器、改进的实时数据分析和控制系统、开放软件和通信平台的开发和规范化、高仿真建模制造等，将这些技术应用到制造流程中，可以使能效提高 15%，能源生产力提高 50% |

每个创新研究所都汇集企业、大学、社区学院以及联邦政府、州和地方政府等相关机构，共同投资产业共性技术，加快制造业创新。由此组建的国家制造业创新网络，则将确保先进制造业成为美国经济的关键产业支柱和美国在全球制造业竞争中的领先地位。这些计划真的不是说说而已，都在一步步落实推行。这就是计划经济。

2009 年在奥巴马签署的总额为 7870 亿美元《美国复苏与再投资法案》中，科研计划占到 1200 亿美元，新能源和提升能源使用效率占 468 亿美元，生物医学领域的基础性投入占 10 亿美元；实施总额为 47 亿美元的“宽带技术机会计划”，将宽带互联网带入约 24000 个机构的计划，包括学校、图书馆、卫生保健设施，以及公众安全实体；201 亿美元追加科研投资则主要用于航天、海洋和大气领域。在 2010 年《复苏预算法案》中，奥巴马提出对关键科研机构的研究开发预算倍增（美国国家科学基金会、能源科学部及国家标准研究所和技术实验室项目）。

所以千万不要以为美国是自由市场经济，它一刻也没有停止计划经济，只不过计划的方式越来越聪明，非常会利用市场的优势配置资源而已。

1980 年，为了解决经济危机下储蓄和贷款协会的破产困境，国会通过《金融机构改革、复兴与强化法案》由政府部分拨款成立了重组信托公司。问题资产处置完毕后，重组信托公司于 1995 年年底解散。

2008 年经济危机的处理方法也是一样。危机发生后，政府没有一刻犹豫，立马实施了大规模的国有化，直接扶持金融业、地产业、制造业渡过难关。2008 年美国政府直接接管了 AIG（美国国际集团），前后一共提供了 1823 亿美元的救助资金。同年，美国联邦住房金融局接管房地美和房利美。之后美国政府提供 7000 亿美元不良资产收购计划，并开启了持续量化宽松的大门。2008 年年底至 2010 年 3 月，美联储共购买 1.75 万亿美元的国债及抵押贷款担保证券以刺激经济，进行第一轮量化宽松（QE1）。2010 年 11 月 3 日，美联储宣布，到 2011 年 6 月底，将再购买 6000 亿美元长期国债，进行第二轮量化宽松（QE2）。2009 年 8 月，美国财政部为联邦存款保险公司提供 3070 亿美元的债务担保，为花旗银行提供 3060 亿美元债务担保。2009 年，通用汽车公司破产，重组后由联邦政府控股，渡过危机后，2010 年通用重启 IPO，再次私有化。

2012 年，通用提出工业互联网的概念，随后和四家信息技术巨头 IBM、思科、英特尔和 AT&T 成立了工业互联网联盟。目的是提高航空、铁路运输、发电、石油与天然气开发及保健服务等不同行业的发展速度和效率，推动世界经济增长。通用认为，工业互联网效率增长 1%，将产生巨大影响。例如，在商用航空领域，每节省 1%的燃料意味着将来 15 年中能节省 300 亿美元支出。同样，若全球燃气电厂运作效率提升 1%，将节省 660 亿美元能耗支出。此外，工业互联网能提高医疗保健流程效率，医疗保健行业效率每增长一个百分点，将节省

630 亿美元。世界铁路网交通运输效率，若提高一个百分点，将节省270 亿美元能源支出。这些都还只是工业互联网潜力很小的一部分，通用认为在未来 20 年里工业互联网将创造 15 万亿美元的产值，再造一个美国。

有些人会说：这些不都是企业行为吗？5 家公司合作而已，和美国政府有什么关系？那请问：为什么 2008 年美国政府一下子就给通用500 亿美元，帮它渡过危机？通用一直处于美国金融稳定监管委员会的监督下，它能不听话吗？它们去海外占领市场一直靠美国政府在背后推动，有时候会直接出面给对方国家施压，比如华为长期不能进入美国就是因为思科的阻挠，思科害怕的根本不是华为手机那么简单，而是华为的通信设备。再比如 2016 年 12 月 1 日，奥巴马卸任之前力推通用电气和谷歌等美国公司入驻古巴。所以这些超级大公司都和政府有千丝万缕的联系，千万不要以为它们是什么自由市场经济，政府一直在通过金融的方式直接或间接干预第一部门。

美国政府的做法告诉我们，它们一定会干预经济，尤其是干预生产资料部门，如果间接干预失效，它们就会直接干预，经济危机的种种做法就是直接证据。下面列举了大萧条以来美国干预生产资料部门的主要措施。

美国的生产政策和法律

| 时间 | 生产政策/法律 | 内容 |
| --- | --- | --- |
| 1933 | 《农业调整法》<br>《国家工业复兴法》<br>《紧急银行法》<br>新税法 | 政府规定农产品最低价，政府出面休耕土地<br>政府确定企业的生产规模、价格水平、工资标准、工作时间等<br>审查银行业，关闭了 1.08 万家银行，放弃金本位<br>超额累进税率和遗产税 |

续表

| 时间 | 生产政策/法律 | 内容 |
| --- | --- | --- |
| “二战”期间 | 美国建立2600多家大型国有工业企业 | 国有企业主要分布在军火、机械制造、化工、合成橡胶、电力等部门 |
| 1938 | 国会特许成立政府资助的股份制公司——房利美 | 扩大二级抵押贷款市场规模 |
| 1970 | 国会特许成立政府资助的股份制公司——房地美 | 促进二级抵押贷款市场的竞争 |
| 1971 | 美国全国铁路客运公司 | 以接受国家补贴、租用私营公司铁路的方式为美国提供城际客运服务至今 |
| 1989 | 国会通过《金融机构改革、复兴与强化法案》 | 为了解决经济危机下储蓄和贷款协会的破产困境，政府部分拨款成立了重组信托公司，对出现问题的储贷机构进行重组处置 |
| 1993 | 国家信息基础设施工程计划 | 计划提出用20年时间，耗资2000亿—4000亿美元发展信息产业 |
| 2008 | 金融危机，美国政府直接接管了AIG（美国国际集团），美国联邦住房金融局接管房地美和房利美 | 为AIG提供了1823亿美元的救助资金；提供7000亿美元不良资产收购计划，并开启了持续量化宽松的大门 |
| 2009 | 《美国复苏与再投资法案》 | 总额7870亿美元，包括科研计划、生物医学领域、新能源领域等投资计划 |
| 2010.8 | 《制造业促进法案》 | 降低制造生产成本、促进就业，在税收、贸易、能源和基础设施等各项政策方面给予扶持 |
| 2011.6 | 《确保美国先进制造业领导地位》 | 联邦政府加大对先进制造业在研发资金上的支持 |
| 2012.2 | 《国家先进制造战略规划》 | 对先进制造进行重新定义：先进制造是一系列制造活动，它采用信息化、计算机应用、软件、网络化等先进技术，其显著特征是新产品的快速推广应用和工艺的持续改进 |

续表

| 时间 | 生产政策/法律 | 内容 |
|---|---|---|
| 2012.6 | 《先进制造伙伴（AMP）计划》 | 建立企业、大学、政府之间的合作伙伴关系，以此汇集国家高端人才，扩大政府投资，制定先进制造业技术发展战略，从而增加就业机会，增强国际竞争力，继续保持美国在制造业的领先地位 |
| 2012.7 | 《赢得本国先进制造竞争优势报告》（简称 AMP 1.0 报告） | 通过扩大先进制造、增强行业资源共享、完善技术创新政策、重视人才培养等多种措施，提升先进制造能力，推动制造业的发展 |
| 2013.2 | 《制造业创新的国家网络：初步设计》 | 提出构建“国家先进制造创新网络”，计划在制造工艺、先进材料及其加工工艺、高效能技术及其平台建设 15 个国家先进制造创新研发中心（IMI） |
| 2013.4 | 《2013 先进制造业创新法案》 | 出台一系列政策促进先进制造业创新 |
| 2014.10 | 《加速美国先进制造业》（AMP 2.0 报告） | 就 1.0 报告中三大支柱如何进行加速给出建议，有三个制造业突破性领域被选为急需加速，分别是制造业先进感知、控制与平台（ASCPM），可视化、信息与数字化制造（VIDM），先进材料制造（AMM） |
| 2014.11 | 《2014 振兴美国制造业和创新法案》 | 关注领域：纳米技术、先进陶瓷、光子及光学器件、复合材料、生物基和先进材料、混合动力技术、微电子器件开发等 |
| 2015.10 | 《美国国家创新战略》 | 维持美国创新生态系统，创造高质量的经济增长，催生国家重点领域的突破，建设一个创新型政府。强调九大战略领域：先进制造、精准医疗、大脑计划、先进汽车、智慧城市、清洁能源和节能技术、教育技术、太空探索和计算机新领域 |
| 2016.2 | 《国家制造创新网络战略计划》 | 促进新技术向规模化、经济化和高效本土制造化转变。 |
| 2016.4 | 《先进制造：联邦政府优先技术领域速览》 | 提出了 14 个国家优先的先进制造技术领域，包括 5 个重点潜力技术领域：先进材料制造、面向先进生物制造的工程生物学、可再生医学的生物制造技术、先进生物产品制造、药物连续制造 |

续表

| 时间 | 生产政策/法律 | 内容 |
| --- | --- | --- |
| 2016.4 | 《2016—2045年新兴科技趋势——领先预测综合报告》 | 帮助美国相关部门了解未来可能影响国家安全的核心科技，并为国家及社会资本指明科技投资方向，机器人技术和自动系统、增材制造（3D打印）等在报告中得到了强调 |
| 2016.5 | 《21世纪美国国家安全科学、技术与创新战略》 | 指出科技与创新对于维护美国的全球领导地位、支撑美国国家安全战略的实现发挥着至关重要的作用 |

# 第十四章　英国大规模控制生产资料部门始于 1945 年

自由市场经济认为市场有一只看不见的手能够调节资源分配，政府只需要做好守夜人就行了，亚当·斯密的这个思想指导了英国数百年。20 世纪 30 年代凯恩斯横空出世，主张国家干预经济，从而达到充分就业，才从理论上终结了自由市场经济。这两位经济学巨擘都是英国人，他们的理论都首先在英国实施，进而走向世界。

从英国经济发展的历史来看，国家干预市场经济可以分为四个阶段。第一阶段是 19 世纪到 20 世纪初期的自由放任时期，英国全面领先世界。第二阶段是 20 世纪 30—70 年代凯恩斯主义盛行时期，国家干预的最大动因是经济危机的冲击，国家开始控制生产资料部门。第三阶段是 20 世纪 80 年代和 90 年代的新自由主义时期，英国开始出售国有企业，因为控制生活资料部门已经让英国的国企效率低下。第四阶段是 20 世纪 90 年代末期至今，混合所有制成为英国乃至全球发达国家的主流经济模式。

## 14.1　从大萧条到“二战”，计划经济逐步发展

19 世纪到 20 世纪初的自由放任时期，自由市场经济的理论深入

人心，国家没有干预的理论依据和实施借口，国家职能的缺失，“看不见的手”高度发展。虽然经济危机频发，但是马克思的理论刚刚面世，并没有引起足够的重视。19 世纪末英国先后发生了 5 次经济危机，分别在 1873 年、1882 年、1890 年、1900 年、1907 年，每次都让资本主义社会生产力大跌，物价下降，企业破产，工人失业。即便如此，英国也只是在极少数领域（私人经济不愿意去或者没能力做）建立了国有经济。

1868 年，将本岛的电报业国有化到英国邮政总局，并于 1912 年将本岛的电话业国有化，由英国邮政总局经营。

1908 年，政府建立伦敦港湾局，统一管理伦敦船坞。

1926 年，成立中央电力局，协调全国的电力系统。将广播业收归国有，但由独立经营的英国广播公司（BBC）管理。

1933 年，政府成立了伦敦客运局，独立经营伦敦的公共交通。建立公有英国海外航空公司。

自由市场经济并没有出现亚当·斯密断言的经济自我调节，最后实现平衡。反而是马克思预言的经济危机不断出现，贫富差距持续扩大，社会矛盾迅速增加，经济危机频繁发生。于是英国全面放弃了自由市场经济，引入国家干预，主要对生产资料部门进行调控。1931 年英国放弃了金本位制，禁止黄金出口，宣布英镑贬值 30%，放弃自由贸易政策，对进口商品征收高关税。许多国家纷纷采用贸易保护主义的方式，建立关税壁垒，保护本国工业，自由贸易体系土崩瓦解。

由于“二战”，1940 年 5 月 21 日内阁会议通过了在紧急状态下全部社会资源由政府来支配的法案。政府的规模迅速扩展，成立了许多新的部，比如物资供应部、经济战争部、新闻部、粮食部、海运部、国内安全部，乃至飞机生产部、民航部、城乡规划部、燃料动力部、厂房建筑部，等等。这为“二战”后继续实行国家干预奠定了基础。

## 14.2 “二战”后到20世纪70年代

1945年，声称“社会主义政党”的工党上台执政，通过国有化的手段，对于经济，尤其是生产资料部门的干预不断扩大。

1945年4月，工党政府发表了《让我们面对未来》的竞选纲领，并建立以国有化为核心的经济政策①。1946年3月，英国政府把英格兰银行收归国有，并成为法定中央银行；同年7月通过《煤炭法》，建立国家煤炭局，政府用1.6亿英镑的补偿费将全国800家公司收归国有。1946年以后，政府先后依据一系列国有化法令，在铁路运输、电力、煤气、航空、电信、航运等企业部门推行国有化。

1946年，通过《民用航空法》，将民用航空业收归国有，成立3家国营航空公司。

1947年，通过电报及无线电通信业国有法令，将大东电报局收归国有；将英格兰、苏格兰、威尔士的四家大铁路公司收归国有；通过《国内运输业法》，将运输业收归国有；将采煤业国有化。

1948年，通过《煤气法》，将煤气业收归国有。

1949年，将天然气供应收归各地区所有。

1951年，对钢铁业进行大规模国有化。冶金工业国有化法案正式生效。

1963年，成立英国铁路局。

1964年，工党再次上台，实行第二次国有化。1965年，新的国有化法案恢复“英国钢铁公司”的名称，钢铁企业被重新国有化，1967

---

① Morgan, K. O. *Labour in Power 1945–1951* [M]. 1986, p. 98.

年，成立英国钢铁公司。1968 年通过新的《运输法》，把部分机场和港口收归国家管理经营，并将 160 公里以上的货运公司进行国有化改造。1969 年，成立全国客车公司，成立邮政公司。1971 年，劳斯莱斯有限公司破产，政府将航空发动机部分另立公司收归国有。1973 年，创建英国燃气公司。

1974 年 3 月，工党再次执政，威尔逊和卡拉汉工党政府开展第三次国有化运动。1974 年，工党政府提出要把开发的土地收归国有。1976 年，利兰汽车公司被收归国有。1977 年工党政府宣布建立英国宇航公司，还将一些自动化高端技术设备企业收归国有；将造船工业国有化，组成英国造船公司。70 年代末，卡拉汉政府成立了英国国家石油公司，执行政府参加沿海油田的开发权利，把私人所有的商业港口和运输设备置于国家所有和管理之下。

我们研究了 1977 年英国国有经济在不同行业的比重。你绝对想象不到，它比我们今天的中国更加社会主义！煤炭、铁路、造船、煤气、电站、广播通信、邮政这些领域 100%是国企经营。钢铁业、航空业 75%是国企，汽车业 50%是国企。截至 1979 年年底，英国国有企业数量上达到 16283 家，国有企业职员数量占全国就业人口的 8. 1%，国有企业产值占国民生产总值的 10. 5%，固定资产投资额占国内固定资产投资总额的 20%。

1945—1950 年，英国经济迅速恢复，1947 年年底已恢复到战前水平，失业率不到 2%。经济实力在资本主义国家中居第二位[①]。我们甚至可以说，“二战”以后的英国，包括其他资本主义国家之所以能继续繁荣，很大程度上是因为它们系统地引入了国家计划经济，主要是对

① 林建华、董泉增：《当代西欧社会民主党论纲》，北京：中国工人出版社 1995 年版，第 135 页。

生产资料部门的控制。

## 14.3 英国政府对经济的干预深入到生活资料部门

20世纪60年代开始，政府开始越界对生活资料部门进行干预。中央政府甚至要管到具体的劳动力配置、物价、工资等很具体的生活资料部门。

1962年，麦克米伦政府首次成立了国家经济发展委员会，并以之作为英国“国家机器中的一个重要而有用的组成部分”①。这标志着战后英国国家干预进入更深入的阶段，有论者形象地称之为国家“直接插手”（hand-on）的阶段。国家经济发展办公室，下设各行业经济发展委员会。这些新机构主要参照法国计划体制，包括各行业的现代化委员会，让企业家、贸易联合主义者、外部专家和政府官员共同讨论重要产业的未来发展。协调本行业的经济活动和劳资关系，以促进竞争提高效率，使本行业的生产和销售尽可能地与全国的计划制订和执行保持一致。这时候就开始出现计划赶不上变化的情况。

工党威尔逊政府（1964—1970年）在强化国家干预方面走得更远，进一步扩大国家计划，继续采用麦克米伦时期的物价和收入政策，并先后成立了经济事务部（NEA）、国家价格与收入管理局（NBPI）、工业改组委员会（IRC）以及人力资源委员会（MSC）等机构，负责全国性的计划与协调、劳动力配置及物价和工资管制等。

1966年7月底，英国的外汇危机十分严重。为了应对这次危机，威尔逊将1966年预算案的实施程度进一步加深，除了政府宣布的提高银行利率、冻结工资和物价等政策之外，还进一步要求加强对分期付

① S. Beer, *Britain Against Itself*, London, 1982, pp. 64-65.

款的限制，全面削减公共开支。1967—1968 年的国有企业和地方政府的投资计划也被削减了 1.3 亿英镑，对私人建筑和办公室建筑的管理也变得更加严格，政府的海外开支削减了 1 亿英镑，而差旅津贴也减少到每年 50 英镑。实行这些措施的目标是将收支平衡提高到 2.5 亿英镑，其中 1.5 亿英镑来自直接储蓄，1 亿英镑来自国内通货紧缩。1966 年的预算没有能够缓解英国的经济困境，反而由于海员大罢工英镑危机继续加深。

1975 年年底，英国政府成立国家企业局，并先后向该局注入资金，国家企业局职责是推进成立特定工业部门，并将被用来控制管理政府现有股份，对陷入困境的国有企业提供资金补助。英国的政府公共开支占英国 GDP 的比重在 1900 年是 13.3%，1907 年是 10.9%，1937 年是 26%，1948 年是 37%，1968 年是 43.9%。这时候英国政府已经在计划经济的路上走得太远，不仅控制生产资料部门，而且开始管理具体的工资、物价等全国性的协调工作。这就已经伸过界了，伸到了生活资料部门，不再符合马克思的理论。走得太远的结果就会出现马克思讲的消费和生产不匹配，影响企业效率和经济活力，这时候英国的国企效率已经开始明显降低，经济活力变差，国际竞争力下降。再加上新自由主义的影响，由此引发了撒切尔夫人的改革。

## 14.4 1975 年至今，混合所有制形成阶段

1975 年，撒切尔夫人就任保守党领袖，在新自由主义经济学的影响下，她开始重新强调市场的作用。解放市场主要体现在放开市场准入，在交通电信、公用事业、金融等领域取消监管，放开准入牌照，打破一些大公司，主要是国企垄断的领域。在国企大规模引入私有化，国家只保留一个黄金股。过去 100% 由国企经营的铁路、造船等行业开

放给民营企业经营牌照。

大家不要以为这就是回归自由市场经济了，恰恰相反，这充分体现了政府的调控能力。撒切尔完全没有改变“二战”以来国家职能的基本格局，也不可能回归自由放任，反而是需要市场的时候就让市场更多地发挥作用，需要计划的时候政府随时可以重新计划。

1997年，工党上台执政，从理论上了发展出了所谓的第三条道路，也就是混合所有制道路。首先是1988年工党发表《民主社会主义的目标和价值观》声明：“我们现在不会，永远也不会去实施单一形式的公有制。”取而代之的是提出了“社会所有制”。“社会所有制主要不是看在经济中采取某种明确形式，而是取决于每个人掌握自身生活的权利，在影响其生活的决策中有发言权和公正地分享由于参与社会事业所作出的贡献而应得到的好处。”[①] 前工党领袖布莱尔表示，“21世纪不是公有制与私有制之间相互拼杀的世纪”，公有制只是为实现平等和自由等目的而运用的一个手段，政府干预经济的方式“不再是为了在私有经济和国有经济之间取得平衡，而是放任与规范的平衡”。

第三条道路要求在公共部门和私人部门之间建立协作机制，承认和利用市场机制，同时重视公共利益，既反对过度的国家干预，也反对自由放任，主张适度国家干预[②]。这是目前发达资本主义国家普遍运行的经济模式，国家干预与市场经济相结合，根本就不是纯粹的市场经济。

这一时期，政府主要对生产资料部门进行宏观调控和引导，主要通过金融引导和产业政策扶持等间接方式，以及在经济危机时出手救

① 《社会党国际和社会党重要文件选编》，北京：中共中央党校出版社1993年版，第275页。
② 参见安东尼·吉登斯：《第三条道路》，剑桥出版社1998年版。

市，对经济进行直接干预。

1998年，英国工党宣布设立“政府引导基金”，首期投入1亿英镑，用以推动中小企业发展，支持社会大众创业创新。这一项政策规定英国每个地区都可以为本地区的中小企业提供不高于50万英镑的初始股本投资，而且由有丰富的投资经验的基金管理人负责管理和运营。“政府引导基金计划”发挥政府参与的示范作用，盘活了全社会资本使用效率，也促进了英国混合所有制经济的全面发展。

2008年经济危机，英国政府拿出2000亿英镑买入多家银行股份，为银行提供担保，并且连续6次降息，把基准利率从5%降到0.5%，创下英国央行1694年以来新低。2009年5月5日，英格兰银行宣布将购买750亿英镑的金融资产，随后增加购买金额至2000亿英镑。2011年10月6日，英格兰银行宣布继续购买750亿英镑的金融资产，2012年2月9日将购买总金额增至3250亿英镑。2012年7月5日，英格兰银行再次宣布购买500亿英镑的金融资产。三轮资产购买计划的总金额达到3750亿英镑。另一部分则是“改良版”的量化宽松政策。2012年7月，英格兰银行引入了“融资—贷款计划”（FLS），从2012年8月1日起的18个月内，英国各银行能够以非常便宜的资金价格融入长期资金，但前提是要增加贷款规模（资金价格与银行的新增贷款规模呈负相关）。这个政策疏通了量化宽松政策的传导机制，避免释放的流动性停留在金融体系内部。这些措施都是政府直接干预自由市场经济的例证。2012年10月，英国建立“绿色投资银行”，由英国政府全资控股，三年内在英国境内投资了超过40个绿色项目。

2017年11月27日，英国商务、能源与战略部发布了《产业战略白皮书》。白皮书规划了英国未来数十年的产业发展策略，提出政府与企业合作，首先在建筑、生命科学、汽车、人工智能四大产业签署合约联合发展，并提出了多项投资研发、教育、基础设施升级的计划。产业战略的目标是，到 2030 年，英国成为全球最为创新的经济体，为国民创造高技术含量、高收入的就业机会。到 2027 年，将英国研发投资占 GDP 的比重，从 1.7%提高到 2.4%。这意味着，在未来 10 年内，英国或将对高科技产业再投入 800 亿英镑。已经进入规划的项目包括：2.46 亿英镑用于研发下一代电池技术，8600 万英镑用于在全国建立机器人中心；对数学、数字技术教育增加投资 4.06 亿英镑，帮助解决科学、技术、工程、数学技能的短缺问题；1.7 亿英镑将用来推动建筑产业转型，提供更为安全的工作、生活环境；2.1 亿英镑用于推动早期疾病诊断和精准医疗的发展。这就是典型的国家推动、企业实施，类似于我们的五年规划。

下面是英国政府控制生产资料部门的法案。一个明显的趋势，二战以前只是零零星星的一些行业，1945 年以后，英国开始了大规模的直接控制生产资料，甚至延伸到生活资料部门，并且由此产生了国企病。所以引发了撒切尔的私有化改革，但这并没有终止英国政府控制（影响）生产资料部门的步伐，只是方式变化了。

**英国政府控制生产资料部门的行为**

| 时间 | 政府行为 |
| --- | --- |
| 1868 | 将本岛的电报业国有化到英国邮政总局 |
| 1908 | 政府建立伦敦港湾局，统一管理伦敦船坞 |
| 1912 | 将本岛的电话业国有化，由英国邮政总局经营 |
| 1926 | 成立中央电力局，协调全国的电力系统。将广播业收归国有，但由独立经营的英国广播公司（BBC）管理 |
| 1933 | 政府成立了伦敦客运局，独立经营伦敦的公共交通；建立公有英国海外航空公司 |

续表

| 时间 | 政府行为 |
| --- | --- |
| 1938 | 通过《煤炭法》将所有煤炭利益授予煤炭委员会 |
| 1939 | 由于长期受政府资助，帝国航空有限公司被收归国有 |
| 1945 | 声称“社会主义政党”的工党政府发表了《让我们面对未来》的竞选纲领，并建立以国有化为核心的经济政策 |
| 1946.3 | 政府把英格兰银行收归国有，并成为法定中央银行 |
| 1946.7 | 通过《煤炭法》，建立国家煤炭局，政府用1.6亿英镑的补偿费将全国800家公司收归国有 |
| 1946 | 开始实施煤炭工业国有化 |
| 1946 | 通过《民用航空法》，将民用航空业收归国有，成立3家国营航空公司 |
| 1947.8 | 政府先后依据一系列国有化法令，在铁路运输、电力、煤气、航空、电信、航运等企业部门推行国有化，通过《国内运输业法》《民航法》《电力法》，建立英国欧罗巴航空公司、英国运输委员会和中央电力局 |
| 1948 | 通过了《煤气法》，将煤气业收归国有 |
| 1949 | 将天然气供应收归各地区所有 |
| 1951 | 《冶金工业国有化法案》也正式生效 |
| 1962 | 麦克米伦政府首次成立了国家经济发展委员会 |
| 1963 | 成立英国铁路局 |
| 1965 | 新的国有化法案恢复“英国钢铁公司”的名称，钢铁企业被重新国有化 |
| 1967 | 成立英国钢铁公司 |
| 1968 | 通过新的《运输法》，把部分机场和港口收归国家管理经营，并将160公里以上的货运公司进行国有化改造，并于1967年开始实行第二次国有化 |
| 1969 | 成立全国客车公司，成立邮政公司 |
| 1971 | 劳斯莱斯有限公司破产，政府将航空发动机部分另立公司收归国有 |

续表

| 时间 | 政府行为 |
|---|---|
| 1973 | 通过水务法将水资源管理高度一体化，由10个地区性水务局管理；创建英国燃气公司 |
| 1974 | 工党政府提出要把开发的土地收归国有 |
| 1975 | 为了保持充足的石油供应，政府建立英国国家石油公司（BNOC）；建立国家企业局，推行产业国有化 |
| 1975 | 英国政府成立国家企业局，并先后向该局注入资金，国家企业局的职责是推进成立特定工业部门，并将被用来控制管理政府现有股份，对陷入困境的国有企业提供资金补助 |
| 1976 | 利兰汽车公司被收归国有 |
| 1977 | 将造船工业国有化，组成英国造船公司 |
| 1977 | 将霍克·西德利公司和英国飞机公司两大集团国有化，成立英国航空和宇航公司；还将一些自动化高端技术设备企业收归国有 |
| 20世纪70年代末 | 卡拉汉政府成立了英国国家石油公司，执行政府参加沿海油田的开发权利；将造船和飞机工业国有化，并把私人所有的商业港口和运输设备置于国家所有和管理之下 |
| 20世纪80年代和90年代的新自由主义时期 | 英国重新开始出售国有企业 |
| 1998 | 英国工党宣布设立“政府引导基金”，首期投入1亿英镑，用以推动中小企业发展，支持社会大众创业创新 |
| 2008 | 2008年经济危机，英国政府拿出2000亿英镑买入多家银行股份，为银行提供担保，并且连续6次降息，把基准利率从5%降到0.5%，创下英国央行1694年以来新低 |
| 2009.5.5 | 英格兰银行宣布将购买750亿英镑的金融资产，随后增加购买金额至2000亿英镑 |
| 2012.2.9 | 英格兰银行将购买总金额增至3250亿英镑 |

续表

| 时间 | 政府行为 |
|---|---|
| 2012. 7. 5 | 英格兰银行再次宣布购买500亿英镑的金融资产，三轮资产购买计划的总金额达到3750亿英镑 |
| 2012. 7 | 英格兰银行引入了“融资—贷款计划”（FLS），从2012年8月1日起的18个月内，英国各银行能够以非常便宜的资金价格融入长期资金，但前提是要增加贷款规模（资金价格与银行的新增贷款规模呈负相关） |
| 2012. 10 | 英国建立“绿色投资银行”由英国政府全资控股，三年内在英国境内投资了超过40个绿色项目 |

# 第十五章　北欧模式的代表：瑞典

北欧模式是高福利、高税收的典型代表，也是国家干预经济的特殊模式。这种模式起源于大萧条，有着深刻的历史原因和现实原因。

北欧模式产生的历史原因是资产阶级对苏联模式扩张的担心。大家打开世界地图看一下，你会发现芬兰、挪威、瑞典都和苏联距离非常近，而且芬兰在“二战”期间还曾经被苏军占领过。1929—1933年，资本主义世界陷入巨大的经济危机，西欧、美国无一幸免。苏联1928年开始第一个五年计划，西方经济危机期间正是苏联建设的高潮时期，英美的机器设备一半以上出口到苏联，建立了一大批现代化企业，尤其是在钢铁、机械、化工、飞机、燃料动力、造船等高科技领域。西方失业的技术人员被大量招聘到苏联工作，1932年有12000多名外国专家和技术人员，是1928年的20多倍。1932年年底第一个五年计划结束时，苏联的工业产量已从世界的第五位上升到第二位。社会主义国家欣欣向荣，距离苏联最近的北欧国家最为担忧，担心革命的火苗蔓延过来。所以，北欧国家普遍实行类似于苏联那样的社会福利政策，因为生产资料的私有制性质没有改变，所以与此配套的只能是高税收模式。高税收模式转移剩余价值，维持高福利。

瑞典是北欧第一大国，面积约45万平方公里，大致与我国黑龙江省面积相当，人口约1000万。它的经济制度被称为民主社会主义经济制度，因为这个经济制度最初是在社会主义政党——“瑞典社会民主党”的主导下制定的，今天他们的党部还悬挂马克思、恩格斯的照片。社民党根据当时的实际国情不断调整政策，形成了后来的民主社会主义经济制度，并没有走上苏联式的计划经济模式。瑞典社会民主党取得选举的胜利，组织内阁的时间是1932年的大萧条期间。在当时的情况下，资产阶级政权面临事实上被推翻的状况，所以他们接受了一切高税收、高福利的条款，否则就是苏联式的革命。

## 15.1　瑞典工人阶级团结

1800—1930年，瑞典资本主义生产关系逐渐确立，自由市场经济居统治地位，政府陆续取消各种限制，对外贸易也实行了越来越自由的政策。自由市场经济的发展一定伴随着工人阶级的壮大。19世纪70年代末80年代初，在工会的领导下，瑞典每年都要发生几十次甚至上百次声势浩大的罢工运动，此时的瑞典工人运动也开始成为西方最有影响力的工人运动之一。1889年，瑞典工人阶级成立瑞典社会民主党（社民党），这比英国工党产生的时间还早。

1929—1933年的大萧条期间，1932年瑞典失业率达到25%。执政的人民党不但不想办法解决人民的痛苦，反而降低工资、紧缩政府开支。资产阶级的无能帮助社会民主党在1932年成功胜选并组阁。

## 15.2　1932年，北欧模式开始建立

1932—1976年，社会民主党连续执政期间，北欧模式确立。

社会民主党以“人民之家”思想为指导提出应对危机的方案，那

就是国家直接干预经济，举办公共救济工程，不能降低工人工资，一切开支都通过税收方式解决。这个方案遭到资产阶级的一致反对，但最终社会民主党联合农民政党通过了方案。这是工农联合反对资产阶级的先例，从此瑞典工农联合开始了稳定执政时期。

瑞典工人阶级掌权后并没有对资产阶级进行清算，而是组织双方谈判并于1938年达成了“萨尔茨耶巴登协议”，工人对罢工进行了一定的限制，资方也保证工人的工作期限，双方约定不轻易进行强迫行动，并约定了冲突的解决方式。从此，瑞典的劳资冲突大幅减少，为发展提供了稳定的环境。这也是典型的国家干预。结果瑞典比其他国家更快地走出了经济危机。美国著名作家马尔奎斯·查理德说瑞典是介于法西斯主义与共产主义之间的“中间道路”，称赞社会民主党为“正在困境中挣扎的其他西方国家树立了一个榜样”。英国工党领袖艾德礼称瑞典社会民主党是用宪法方式，发展社会主义的出色典范。

“二战”中，在社会民主党的领导下，瑞典联合各党派成立了战时联合政府，严格保持中立，没有受到战火的摧残，而且同交战双方进行贸易还让经济获得持续发展。战后瑞典继续保持中立，既没有加入北约也没有加入华约。社民党获得了稳固的执政地位，开始大力发展“瑞典社会主义”，形成了所谓的瑞典模式。社会保障上建立从摇篮到坟墓的福利国家，经济上实行国家计划，外交上奉行中立主义。

1947年瑞典开始实行五年计划和年度规划。一是通过年度或五年计划为私营或公营部门的产品规定不同的目标。二是为公共需要，如教育、卫生、防务、社会保障和国有化工业规定目标。三是对那些为实现国家的经济和社会重点目标中同政府合作的私营企业给予财政上的支持和援助。经济计划在瑞典经济发展上起到了重要作用。到1974年瑞典人均GNP为6720美元，高出美国1%，名列世界第一。

## 15.3 北欧模式过度干预生活资料部门，陷入危机

70年代西方经济陷入滞胀，瑞典也备受冲击。为了控制通货膨胀对民生的影响，社会民主党组成的瑞典政府先是对食物价格进行了控制，但这一违反市场规则的控制效果并不明显。当石油危机来临的时候，为了避免国内的经济危机，政府决定大幅度提高人民工资收入，想借此增加他们的购买力，拉动内需。结果工资水平的增加提高了瑞典产品的生产成本，从而降低了瑞典商品的国际竞争力，造成了大额的贸易逆差。瑞典商品卖不出去，失业率全面上升。严格的税收征收导致中产阶级普遍人人自危，税收调节收入的作用下降。1976年，瑞典大选社会民主党失利，非社会主义党组成联合政府。

应对危机的一系列措施都超出了控制生产资料的范畴，深入生活资料领域，尤其是限制食物价格，人为调高工资等。这必然导致生活资料部门投资减少，进而影响居民实际生活，影响工业进程。

## 15.4 新北欧模式

虽然把社会民主党赶下了台，但新政府应对经济危机也没有什么特别的办法。首先让瑞典克朗大幅度贬值，以此拯救瑞典的出口产业。这个政策是对的，国家只能干预上游生产资料部门。瑞典政府还降低了个人所得税和企业税，减轻企业负担，这也没错，但是政策还没起到什么效果，又碰上1979年第二次石油危机。瑞典继续以克朗贬值来拯救经济，并开始削减福利，包括减少对中小学的财政支持，减少半退休人员的退休金，病假的最初两天无工资，减少了病假期间的工资，这些减少福利的政策让民众对蓝党（非社会主义党）的支持率下降。

社会民主党以捍卫福利的口号于1982年又重新赢得了大选。从此以后，经济不好了就蓝党上台，经济一好就改社会民主党。但是无论

哪个政党执政，都在国家干预经济、扶持工业、保证就业等方面毫不让步，保证了瑞典的福利模式没有瓦解。

20 世纪 90 年代瑞典遭遇的金融危机基本是 2008 年美国金融危机的翻版。双方的应对策略可以说一模一样，这也从侧面证明了全球发达国家执政的相似性。

瑞典的生产政策和法律

| 时间 | 生产政策/法律 |
|---|---|
| 1990—1992 | 瑞典央行入市，购买银行资产 |
| 1992. 9. 16 | 瑞典央行把基准利率调高到 500%，三天后降到 50% |
| 1992. 11. 19 | 瑞典央行操纵汇率让瑞典克朗一次性贬值 10% |

1990 年瑞典 ALLHUS 公司的破产导致数家银行陷入危机，加上此时房价下跌，银行资产缩水，经济陷入更大的危机。瑞典 GDP 连续三年下降，房价最高下跌了 80%，失业率从 1990 年的 1. 5%到 1992 年涨到 10%。房地产危机加上金融危机进而引发全面经济危机，此时瑞典央行入市，大大小小的银行都被瑞典政府买下了。1992 年 9 月 16 日把基准利率调高到 500%，三天后降到 50%，依旧是很高水平，11 月 19 日瑞典央行操纵汇率让瑞典克朗一次性贬值 10%。稳定了市场，渡过了危机。可以说瑞典的做法就是 1997 香港和 2008 年美国做法的综合版本，都是政府直接入市干预经济，根本没有自由市场经济。它的发展历程也完全符合马克思的经理理论，控制生产资料的核心——金融部门。

## 15. 5　瑞典没有直接控制生产资料

因为瑞典从没有经历过战争，第一次世界大战期间欧洲列强打来打去，瑞典一直保持中立，没有被战火波及。“二战”同样保持中立，所以也没有进行国有化改造。政府直接所有的工业占全社会工业的5%以下，瑞典前100大家族占有全社会95%的生产资料。仅有的一次政府入市是为了应对20世纪90年代瑞典的金融危机。但是这不代表他们不间接影响生产资料部门。80年代开始，瑞典先后兴建科技园区24个，吸引国内外企业到瑞典投资研发，促进了瑞典高新技术人才成长和产业升级。其中希斯达（KISTA）科技园已成为仅次于美国硅谷的世界第二大科技园区。近年政府又投入数十亿美元加强宽带网建设，使信息产业发展环境大为改善。2008年瑞典投入53亿瑞典克朗用于支持20项具备或者有潜力达到世界最高水准的研究领域的发展。比如其中的可持续制造倡议，这个项目由瑞典政府、查尔莫斯理工大学、隆德大学共同出资，建立了4个国家级产品创新实验室。

瑞典创新局2014年提出《瑞典制造2030》，关键词就是创新和可持续。其中各项技术的突破都离不开政府引导和企业研发。瑞典创新局提出：2030年，瑞典有望成为研发与制造高级产品与服务的少数国家之一。预计瑞典将在2030年完成无线充电公路建设。这都离不开政府支持的研发。

今天的瑞典仍然以私人财富垄断著称。我们熟知的瑞典品牌都是家族企业。这和马克思所追寻的目标——生产资料的社会公有制有本质不同。所以瑞典不是我们传统意义上的社会主义国家。马克思的理论认为社会主义乃至共产主义的目标是生产资料的社会公有制，这在20世纪70年代的瑞典进行过实验，工人基金持股公司，但完全不被资本家所接受，无法推行下去。瑞典社会民主党认为“私人企业给民众提供福祉、充分而有效地利用劳动以及生产要素方面是十分成功的"[①]。但是瑞典模式依旧给我们提供了新思路：以高税收、高福利为前提，国家干预生产资料部门，调节劳资双方矛盾、保证就业，也能让社会获得高度发展。

① Lindbeck, "Theories and Problems in Swedish Economies", *The American Economic Review*, Vol. 58, No. 3, Part2, Supplement, Surveys of National Economic Policy Issues and Policy Research, Jun, 1968: 11.

# 第十六章　法国历来有干预经济的传统

## 16.1　19世纪以来的国家干预

法国一直是欧洲中央计划最强烈的国家，因为它的资本主义是在拿破仑政府的推动下发展出来的。

法国并没有像英国一样经历纯自由市场经济的阶段。法国政府19世纪以来就一直注重干预经济，通过投资基础设施，直接办企业，建立现代银行体系等一系列措施对生产资料部门进行掌控。

19世纪初，拿破仑政府拨巨款建立新企业，举办工业展览会，鼓励机器生产。1800年在拿破仑的支持下成立法兰西银行，银行总裁由政府指定并且派人监督，到19世纪后期成为中央银行。1851年，政府出资建立邮政局，并于1878年设立了邮政部。

19世纪70年代，法兰西第三共和国时期，政府采取贷款、补贴和直接投资的方式，扶植冶金、采矿和机械制造等部门。80年代拨款50亿法郎，计划用20年时间兴建全国交通网络，包括公路、铁路、运河等。1877年，西方铁路公司收归国有。从1892年开始奉行高税率的对外贸易政策，保护国内工业免受英国冲击。1914年，法国政府又对酒精实行了国家垄断经营。1919年，法国通过立法，有关矿物燃料的开发也被国有化。1924 年，国家出资成立法国石油公司，以便管理法国政府获得的德国在土耳其和伊拉克的一部分石油股份。1929 年，国家出资成立法国炼油公司。

“一战”爆发，法国政府实行全面统制经济。除直接控制军火和运输外，对工业原料和日用品也实行配给制，政府对社会的控制深入各个层面。

20 世纪 30 年代大萧条时期，政府采取通货紧缩的政策恢复国内市场的平衡，并限制进口，加强贸易保护。为解决国内市场供过于求的问题，政府采取了限制生产的措施。为消灭外贸出现的赤字，政府还对濒临破产的军事工业、航空公司、铁路和银行实行国有化政策。1933 年，法国政府将各家航空公司合并，成立法兰西航空公司。1937 年，对铁路实行国有化，成立法国铁路公司。1939 年，成立石油独立公司。“二战”期间就不用说了，1944 年，对北方煤矿、法国航空公司、新闻机构进行了国有化。1945 年，法国国营雷诺汽车公司于 1 月 16 日被戴高乐临时政府法令没收改为国营企业。法兰西银行于 1945 年 12 月 2 日被收归国有，正式成为法国的中央银行。

法国对经济的管控最多，因此法国也是发达国家里受经济危机冲击相对较小的国家。

## 16.2 1946—1960 年，进一步集中管控

“二战”结束。法国资本主义经济因为没有经历过自由放任的阶段，所以没有形成英国、美国那样具备垄断实力的超级企业。这些小企业通常为家族所有，和美国那些股份制规模化的超级企业比显得缺乏活力与效率。法国政府决定再次用政府的力量推动产业进步，你绝对想象不到他们做了什么。

1946 年，戴高乐将军牵头成立了法国计划总署，实施计划经济。该机构直接向政府首脑汇报，主要职能是制定中长期经济规划方案，预测和协调经济发展。

第一个国民经济计划（1946—1952 年）。刚开始法国国内也有讨论，到底要平等还是要效率，要效率就是回归传统的经济学，让市场配置资源，发展资本主义；要社会公平就让政府建设，进行国家干预。很快国家干预的计划经济占了上风，首先确定了战后重建应该采用计划经济的模式。

法国首先对一些重要企业实行国有化。

1946 年，法国里昂信贷银行于 1 月 1 日收归国有，法国政府拥有其 66.15%的股份。法国兴业银行被国有化，1979 年国家控制该行资本的 93.5%，后转为全额控制。国民工商银行和巴黎国民贴现银行被收归国有，1966 年合并组成巴黎国民银行。法国电力集团（EDF）以国有企业形式成立，负责全法国的发、输、配电业务。政府创立法国燃气公司。法国煤炭公司被国有化。

1948 年 6 月 16 日，法国国民议会颁布法令成立新的法国航空公司，法国政府拥有 70%的股权，成为法国国营航空公司。全国煤炭局、国家铁路局、国家宇航公司和法兰西电力公司等经营管理机构建立。

1967 年，将 34 家保险公司改组为 3 家集团即巴黎保险联合公司、国家保险集团、巴黎保险总公司。法国国营氮气工业管理局和国营阿尔萨斯钾矿公司合并为矿业与化学企业。

1970 年，北方飞机制造公司、南方飞机制造公司、弹道导弹研究和制造公司合并为国营宇航工业公司。

1981 年，法国政府通过将债务变成股本金的方式收购了于齐诺尔公司。密特朗政府颁布国有化法律，在 1981—1982 年将五大工业集团

(法国通用电气公司、圣戈班公司、佩希内于吉纳-库尔曼公司、罗纳-普朗克公司、汤姆逊-布朗特公司)、两大金融公司（巴黎荷兰金融公司和苏伊士金融公司）以及存款在10亿法郎以上的36家大银行都国有化。

1991年，法国军工产业集团被政府收归国有。

法国出现了20多家大工业集团，国有企业形成了强大的国家垄断资本，控制了全国生产的1/5—l/3。到20世纪80年代初，法国国有企业在钢铁行业的比重为80%，航空运输行业为87%；在邮政、电信、铁路运输、烟草以及煤气生产方面，国有企业的控制程度甚至高达100%；在基础化学、人造纤维、有色金属等行业，国有企业的比重也超过了50%。

政府对国有企业和私人企业集团的生产和投资进行有选择的调节，主要表现为，政府财政金融机构有选择地为这类企业提供国家信贷，对企业装备和研究给予奖励金、补贴、减免税优待。企业承担政府计划项目的投资、研究和生产时，政府按合同分担投资，给予减免税、贷款、津贴等优待，政府还在许多企业以入股的方式对经济活动进行干预。在一般情况下，政府提出工业发展的方向，确定优先发展的部门，虽然没有强制性，但可通过政策、法令、预算、财政、信贷等方式对企业进行干预。这些企业都能根据政府所确定的指导方向，在总方针的指导下发展生产。简单说，和我们的央企角色一模一样。因为计划经济，战争结束后，法国只用了3年的时间就将国民经济恢复到了战前的水平。

重建方案实施的第五年（1951年），法国经济增长达到了战前最高水平，交通运输等基础设施重建，基础工业实现现代化。美国向欧洲大量输出生产设备的同时支持生产率提高项目，促使先进的技术知识与管理经验迅速转移到欧洲。

1952—1953年，法国国民储蓄激增；国家鼓励银行向企业低息贷款；房地产投资与国产设备制造兴盛，居民预期收入增加，拉动了内需。大型工业项目的迅猛发展证明：中短期内，在不同于盎格鲁-撒克逊式传统政党政治的制度安排下，只要具备协同、弹性的经济发展机制，政府有能力推动国内经济快速发展。

第二个国民经济计划（1954—1957年）。这个计划政府继续深度介入经济生活，加大对教育医疗等公用事业的投资，提高对自然资源与人力资源的利用率，增加人均收入。法国迅速扭转了战后短缺经济，国内市场供需活跃，进入良性循环。

第三个国民经济计划（1958—1961年）。戴高乐当选为法国总统，开启了国家干预经济的高峰。20世纪60年代初，1500家大型企业出口占国家出口量的90%，它们在国际市场上的作用大大加强。法国固定资产投资从20世纪50年代平均占国民生产总值的18.1%增长到60年代的22.6%。这个时期法国还进行了大规模的技术设备更新，钢铁、化工、机械、汽车等重要工业部门都用计算机等新技术装备起来，农业也实现了机械化、电气化和化学化。第三个国民经济计划取消了关税壁垒，使法国产品加入欧洲市场的竞争，再度刺激了法国经济。

第四、第五个国民经济计划（1962—1970年），因为政策连续，所以通常合并到一起讲。

取消关税壁垒也让法国意识到，法国不可能在所有方面都领先竞争对手，必须有所侧重。计划经济的重点首先放在了设备制造业和农业，60年代中期转向电子计算机、原子能和空间技术。第五个国民经济计划结束时，法国的航空、航天、核电和军事工业仅次于美苏，居世界第三。毫不夸张地说，法国的重要基础工业、具有战略意义的支柱产业和高技术的新兴工业，都是在政府财政资金支持下以公营企业为主体兴建和发展起来的。因此，计划经济功不可没！

法国开创了这种以计划为手段干预经济生活的新模式。之后，几乎所有的资本主义国家都不同程度地实施了计划经济。计划经济从解决某些局部问题的临时性手段，发展到对社会、经济和文化的中长期的全面调节。但是法国直接持有和经营国企，比如核电、汽车、飞机、航空航天等。这些企业多多少少都具备国企病。因为随着经济的发展，它们已经从过去的生产资料部门演化为或者延伸到生活资料部门。

## 16.3　1974 年至今，逐步强化市场调节机制

1969 年，蓬皮杜就任法国总统后推出第六个国家计划方案（1971—1975 年）。首先，法国在当时已经成为仅次于美苏的大国（很快被日本超过），很多方面步入国际一流行列，经济增长必须依靠科技进步，只靠国家调节分配（计划）已经不可能让劳动生产力大幅提高了。其次，1973 年的石油危机结束了法国 30 年的高速经济增长，国家计划已经赶不上市场变化了。法国开始思考政府调节市场到什么时候就会开始失灵，即成本大于效益。于是 70 年代中期开始，政府对计划经济做了重大调整，减少干预，间接调控。

1974 年，德斯坦总统上台后主张政治多极化、经济多元化（非集中），反对限制竞争，反对扩大国家干预，主张限制计划经济的作用。他制定的第七、第八个国民经济计划（1974—1981 年）中缩小了宏观规划的范围，取消了计划增长率的指标，减少政府对电力、运输等公共事业的补贴。

1981—1986 年密特朗执政，他制定的第九个国民经济计划重新强调计划经济的作用。他最大的改革在于给地方政府和企业放权，

地方政府和企业也可以制定发展规划。这样做的根本原因是法国已经全方位地成为发达国家，必须靠科技突破才能提高生产力，所以必须让企业自己计划。政府实施计划的手段也从过去的资金补贴、扶持变成了合同制。通过和企业签订合同把它们引导到宏观计划的轨道，提高资金效率。实际上，80 年代法国经济增长率降到了 1%—2%就说明计划的效果已经很弱了，只能依靠科技创新才能取得增长。

法国经济规划方案中年经济增长率与实际年经济增长率对比

| 经济规划方案 | 年份 | 年均经济增长率预测（%） | 实际经济增长率（%） |
|---|---|---|---|
| 第一部 | 1946—1952 | — | 1—2 |
| 第二部 | 1954—1957 | 4.4 | 5.2 |
| 第三部 | 1958—1961 | 4.9 | 4.5 |
| 第四部 | 1962—1964 | 5.5 | 6.3 |
| 第五部 | 1966—1970 | 5.0 | 5.8 |
| 第六部 | 1971—1975 | 5.9 | 3.8 |
| 第七部 | 1976—1980 | 5.2 | 3.8 |
| 第八部 | 1981—1984 | 2.7—3.2 | 1.2 |
| 第九部 | 1984—1988 | 1.6—2.2 | 1.1 |

2006 年，法国直接取消了计划总署，改组成法国战略与展望总署。国家对经济计划转为鼓励创新科技。2004 年，法国把“科研税收抵免”确定为一项永久性的、鼓励创新的公共政策。2008 年进行改革，“科研税收抵免”主要面向从事基础研究、应用研究和实验开发的企业，而且科研有关的人员费用、转包费用等都可以进行税收抵免。2012 年，法国又进一步将税收抵免政策扩展为针对中小企业的“创新税收抵免”。2012 年 11 月 6 日，法国总统奥朗德发布了《促进增长、

竞争力和就业国家公约》，开始推行“竞争力与就业税收抵免”政策，继续为企业改善科研与创新等提供税收抵免的财政支持。这一系列的税收抵免政策明确地反映出法国大力支持企业，特别是中小企业开展科技创新活动的政策导向①。2013 年，法国进行了高校与研究体制的改革，《高教与研究指导法》提出建立国家科研战略委员会，把科研视作国家发展战略的重要一环。

随着欧洲经济萎靡，法国国企经营压力增加，法国也在进行国企私有化改革。和中国一样，目前法国的核电、航空航天、飞机、汽车等产业巨头多为国企垄断，希拉克、萨科齐、奥朗德都曾试图进行私有化改革，但是路径和成果还有待检验。

综上所述，政府强势推动资本主义的发展，自然而然控制大部分生产资料，法国经济一直是受经济危机影响较小的国家。下表是政府控制生产资料的主要历程。

**法国的生产政策和法律**

| 时间 | 生产政策/法律 |
|---|---|
| 19 世纪初 | 拿破仑政府拨巨款建立新企业，举办工业展览会，鼓励机器生产 |
| 1800 | 成立法兰西银行，银行总裁由政府指定并且派人监督，到 19 世纪后期成为中央银行 |
| 1810 | 政府建立烟草与火柴工业经营部 |
| 1816 | 国有金融机构法国地产信贷银行成立，议会、法国央行、国家审计法院、巴黎工商会等机构的代表组成的委员会对其运作进行监督 |
| 1851 | 政府出资建立邮政局 |
| 1860 | 法国供热总公司成立 |

① 杨博:《法国研发支出税收抵免政策及对我国的启示》,《会计之友》2012 年第 8 期，第 106 页。吴海军:《法国科技体制建设和发展情况介绍》,《全球科技经济瞭望》2014 年第 10 期，第 13 页，第 18—19 页。

续表

| 时间 | 生产政策/法律 |
| --- | --- |
| 1863 | 里昂信贷银行成立，战后通过两轮国有化，国家取得了完全控制权 |
| 70年代 | 政府采取贷款、补贴和直接投资的方式，扶植冶金、采矿和机械制造等部门 |
| 1877 | 西方铁路公司收归国有 |
| 1878 | 设立了邮政部 |
| 80年代 | 拨款50亿法郎，计划用20年时间兴建全国交通网络，包括公路、铁路、运河等 |
| 1914 | 法国政府对酒精实行国家垄断经营 |
| 1919 | 法国通过立法，有关矿物燃料的开发也被国有化 |
| 1924 | 国家出资成立法国石油公司，以便管理法国政府获得的德国在土耳其和伊拉克的一部分石油股份 |
| 1929 | 国家出资成立法国炼油公司 |
| 1933 | 法国政府将各家航空公司合并，成立法兰西航空公司 |
| 1937 | 政府为对付财政赤字，对铁路实行国有化，成立法国铁路公司 |
| 1939 | 成立石油独立公司 |
| 1944 | 对北方煤矿、法国航空公司、新闻机构进行了国有化 |
| 1945 | 法国国营雷诺汽车公司被戴高乐临时政府法令没收，改为国营企业，雷诺1996年被私有化 |
| 1945.12.2 | 法兰西银行被收归国有，正式成为法国的中央银行 |
| 1946.1.1 | 法国里昂信贷银行收归国有，法国政府拥有其66.15%的股份 |
| 1946 | 戴高乐将军牵头成立了法国计划总署，实施计划经济。该机构直接向政府首脑汇报，主要职能是制定中长期经济规划方案，预测和协调经济发展 |
| 1946 | 法国电力集团（EDF）以国有企业形式成立，负责全法国的发、输、配电业务 |
| 1946 | 法国煤炭公司被国有化 |
| 1946—1952 | 第一个国民经济计划 |

续表

| 时间 | 生产政策/法律 |
| --- | --- |
| 1948. 6. 16 | 法国国民议会颁布法令，成立新的法国航空公司，法国政府拥有70%的股权，成为法国国营航空公司 |
| 1948 | 全国煤炭局、国家铁路局、国家宇航公司和法兰西电力公司等经营管理机构建立 |
| 1954—1957 | 第二个国民经济计划 |
| 1958—1961 | 第三个国民经济计划 |
| 1962—1970 | 第四、第五个国民经济计划 |
| 1966 | 巴黎国民银行成立，是法国最大的国有银行 |
| 1967 | 将34家保险公司改组为3家集团，即巴黎保险联合公司、国家保险集团、巴黎保险总公司 |
| 1967 | 法国国营氮气工业管理局和国营阿尔萨斯钾矿公司合并为矿业与化学企业 |
| 1970 | 北方飞机制造公司、南方飞机制造公司和弹道导弹研究和制造公司合并为国营宇航工业公司 |
| 1971—1975 | 第六个国家计划方案 |
| 1974—1981 | 第七、第八个国民经济计划 |
| 1979 | 法国兴业银行被国有化，国家控制该行资本的93.5%，后转为全额控制 |
| 1981 | 法国政府通过将债务变成股本金的方式收购了于齐诺尔公司 |
| 1981—1986 | 第九个国民经济计划 |
| 1981—1982 | 密特朗政府颁布国有化法律，在1981—1982年将五大工业集团（法国通用电气公司、圣戈班公司、佩希内于吉纳-库尔曼公司、罗纳-普朗克公司、汤姆逊-布朗特公司）、两大金融公司（巴黎荷兰金融公司和苏伊士金融公司）以及存款在10亿法郎以上的36家大银行都国有化 |
| 1991 | 撤销邮政部，更名为法国电信 |
| 1991 | 法国军工产业集团被政府收归国有 |
| 1996. 7 | 新的《电信法》出台，法国电信公司变为公共公司 |
| 2004 | 把“科研税收抵免”确定为一项永久性的鼓励创新的公共政策 |
| 2006 | 直接取消了计划总署，改组成法国战略与展望总署 |

续表

| 时间 | 生产政策/法律 |
| --- | --- |
| 2008 | “科研税收抵免”主要面向从事基础研究、应用研究和实验开发的企业，而且与科研有关的人员费用、转包费用等都可以进行税收抵免 |
| 2012 | 将税收抵免政策扩展为针对中小企业的“创新税收抵免” |
| 2012. 11. 6 | 法国总统奥朗德发布了《促进增长、竞争力和就业国家公约》，开始推行“竞争力与就业税收抵免”政策，继续为企业改善科研与创新等提供税收抵免的财政支持 |
| 2013 | 法国进行了高校与研究体制的改革,《高教与研究指导法》提出建立国家科研战略委员会，把科研视作国家发展战略的重要一环 |

# 第十七章　德国政府控制生产资料部门

同其他资本主义国家一样，德国也经历了从自由放任到国家管控，再到取两者之长的混合经济体制。德国的经济体制被称为社会市场经济，不是自由市场经济，所以“社会”明确地表明了国家对市场经济的管控态度。

德国的计划经济堪称完美，对生产资料部门的控制非常精准，直接干预，带有强制色彩。这种管理风格也成就了德国，德国经济迅速崛起。德国之所以能获得那么强大的经济能力挑起两次世界大战，根源就在于强大的国内计划。德国的经济直到现在都位列世界前列。

## 17.1　德国诞生就伴随着强烈的国家干预色彩

1806年以前，今天的德国境内有38个讲德语的小邦国，普鲁士、巴伐利亚、萨克森、汉诺威、符登堡5个王国，几十个公国、侯国，1个帝国（奥地利）。邦国、王国内部的城市仍然有不同的统治方式，包括自由城市、教会领地、贵族领地等政治实体。

值得注意的是，早在17—18世纪，在普鲁士王国就出现了国有企业，一个是皇家海外贸易机构，后来发展为普鲁士国家银行，另一个是普鲁士银行，是德意志联邦银行的前身。1818年5月26日，普鲁士颁布《关税法》，宣布取消王国境内所有关卡和关税，对外实行统一关税，之后继续出台了《工人保护法》(1839)、《股份法》(1843)、《全德意志贸易法典》(1861) 等，这些法案使普鲁士成为一个统一的市场。俾斯麦执政时期（1871—1890年），国有化更是如火如荼，普鲁士王国接管了邮政、铁路、海港和内河港口、城市建设，发展了供应水、电、煤气的公共企业和环境卫生事业。到了1870年，德国基本建成了全国铁路网，带动了铁路沿线城市化。这些都为普鲁士统一德国打下了基础。

1871年1月18日，普鲁士首相奥托·冯·俾斯麦成功统一了北德意志邦联与巴伐利亚，建立了德意志帝国，颁布了《德意志帝国宪法》。此后还陆续颁布了《货币法》《商业法》《营业自由法》《统一度量衡法》《民权和迁徙自由法》《保护国外商业法》《关税法》以及邮政、交通和银行管理法以促进资本主义发展。1871年英法早已经完成了工业革命，德国属于西方国家中较晚进入资本主义社会的。为了迅速追上其他国家的发展脚步，德国进行了自上而下的土地改革和农业资本主义改革。土地改革解除了农奴和容克地主的人身依附关系；农业资本主义改革允许农民和市民获得骑士庄园，容克贵族也可以扩大地产或者在城市从事工商业活动。这项改革把封建地产制转变成了资本主义自由地产制，自由流动的农村劳动力也为工业革命提供了劳动力。容克地主积累了大量资本后开始采用资本主义的经营方式经营农场，一部分人还投资建厂。同时，德国的税制改革规定每个成年人均可依法从事商业活动，对内取消所有关卡和关税，对外实行统一关税，都促进了资本主义的发展。

好景不长，1873年，刚刚获得统一的德国遭遇了第一次经济危机。德国经历了长达6年的增长停顿，失业率增加，国家财政收入大幅度下降，传统优势部门如钢铁、采矿等竞争力下降。国外贸易保护主义抬头，不利于德国经济发展。自由放任主义的市场经济已经无力解决这些困难，德意志帝国加速了向国家干预主义过渡的步伐。

## 17.2 19世纪70年代明确国家干预政策

面对危机，德国官方开始批驳和贬低自由放任的市场经济理论，加强对生产资料部门的控制，比如主动接管经济垄断组织，对关系国计民生的企业直接进行国有化，对外实行贸易保护，对内实行社会保障政策。

第一，广泛实行国有化。一是购买私人和各邦修建的铁路，将其收归德意志帝国所有并统一经营。1879年，帝国最大的普鲁士邦以及阿尔萨斯-洛林地区率先实现了铁路国有化。之后随着国有化的推进，在全德国的6万多公里的铁路线路中，德国政府将37000多公里的铁路收归国有。"1879—1904年德国政府拥有的铁路占全国铁路的比重从28.5%猛增到93.8%。与此同时，国有化向采矿、制盐、电信、森林、金融领域延伸。在战争前夕，德国政府拥有44个最大的矿山企业，12个大钢铁企业，拥有全国约1/4的发电设备，1/5的制盐生产，近15%的煤炭生产。"① 二是建立帝国邮政总局，1876年合并各邦电报系统，1897年柏林、汉诺威等地的私人邮政被取消，建立了由国家管理的统一邮政系统。三是将私人的发电厂、煤气厂、自来水厂、公共运输公司等改为国有企业，由国家经营。这是德国历史上第一次大规模的国有化。

---

① 布哈林:《世界经济与帝国主义》，人民出版社1983年版，第50页。

第二，贸易保护合法化。针对英、美等国利用70年代初的经济危机对德国倾销廉价工业品和农产品的情况，俾斯麦政府为了保护本国的新兴工业和农业在1878年首先发布了实行贸易保护的声明。1879年德国帝国议会通过了《保护关税法》，使贸易保护合法化。

为了增强对外竞争的能力，德国鼓励各种各样的垄断卡特尔组织成立。1879年德国有14个卡特尔组织，到1911年就有了600个，特别是在与国计民生密切相关的煤、钢铁、化学制品、纺织等行业都有了这类组织，1910年甚至强制钾碱工业组成卡特尔。这些卡特尔垄断了国内经济，也便于政府调控和控制，比如莱茵-威斯特伐利亚煤炭卡特尔控制了全国煤炭总产量的50%和鲁尔区煤炭总产量的95%。

自此，德国实现了从自由市场经济国家向干预型市场经济国家的转变。

## 17.3 “一战”结束后至“二战”结束期间的德国生产资料部门管控

1913年，德国已经成为世界上仅次于美国的第二经济强国，超过英法！实力崛起导致分赃不均，1914—1918年，同盟国与协约国爆发了第一次世界大战。

第一次世界大战后成立的魏玛共和国是一个资产阶级议会制国家，《魏玛宪法》规定实施资产阶级民主政治和市场经济，结果给德国带来了长达6年（1918—1923）的“噩梦”般的通货膨胀。

战后德国面临巨额战争赔款，缺乏经济调控经验的魏玛共和国不是发展生产，征税弥补亏空，而是听从金融和工业巨头的意见大量借债和印发纸币，人民财产遭到严重剥夺。同时德国作为战败国还面临恶劣的国际环境，在德国试图通过扩大生产增加出口以支付高额的战争赔款时，战胜国也提高对德出口商品的价格，限制德国产品进口，使本国货币相对马克价格不断提升，加剧了马克贬值，使市场自我调节完全失灵。第一次世界大战前，德国马克与美元的比值是 4.2∶1，到 1923 年 11 月就跌到 42 亿∶1，暴跌 10 亿倍，德国经济基本崩溃！

德国政府在 1923 年年末开始治理通货膨胀。一种以全国地产为抵押的货币——新马克被引进来替代旧马克，它的发行受到严格限制，德意志银行开始竭力塑造自己的声誉，深受通货膨胀之害的人民开始喜欢新马克。1924 年 8 月 30 日，政府又宣布德国马克取代新马克作为正式的货币使用。德国马克同黄金和美元挂钩，这样，德国重建了自己稳定的货币基础。

好景不长，1929 年横扫世界的经济危机又使德国经济陷入了灾难。1932 年经济危机结束前，德国经济实力大幅下跌：国民收入仅为 1928 年的 62%，设备投资跌到 1928 年的 30%，零售商业额降为 63%，工业总产值降为 61%，生产资料生产降为 50%，消费品生产降为 78%，而失业率从 1928 年的 7%提高到 1932 年的 30.8%①。

危机期间政府频繁更迭。布鲁宁政府采取了通货紧缩、降价出口、增加税收、削减公共开支和投资以及促进国有化和企业垄断等措施。巴本政府则主张先通膨，后紧缩，采取了以间接就业为重点的就业对策。最后一届政府施莱歇尔总理则主张直接就业，发表了“创造劳动岗位”的“一点”声明，筹资 27 亿马克，通过建设基础设施刺激经济，安排就业。但这些措施没有从整体上调控德国经济，德国经济的“大船”终于沉没。随着经济形势持续恶化，德国陷入市场和政府双重“失灵”的状态，随后纳粹攫取政权，德国自由放任的市场经济宣

① 卡尔·哈达赫著：《20 世纪德国经济史》，扬绪译，商务印书馆 1984 年版，第 42 页。

告终结。

20世纪30年代初至40年代中，纳粹德国实行国家集中管制。纳粹一开始就想建立一个与资本主义市场经济体制和苏联社会主义计划经济体制不同的国家全面操纵的经济体制。具体表现为国家对经济的全面管制和干预：

（1）建立严密的组织系统。全国经济被划分为7个帝国小组，由它们分管工业、商业、银行、保险、能源、手工业和对外往来。举例：帝国工业小组下辖31个工业经济分小组，工业经济分小组的下属组织是131个工业小组和137个工业分小组，最基层的组织是代表地区利益的332个地区小组。全部工业活动都在帝国工业小组层层组织的监控之下。

（2）对资源配置进行整体干预。通过征收高税收和规定相对固定的最高工资控制产品成本；取消迁徙自由和就业自由，劳动局统一安排劳动力需求，直接干预劳务市场；对农产品的产供销实行全面监控，垄断组织卡特尔负责食品生产和分配；实行外汇管制，将其作为外贸政策的经常性工具，尤其干预和控制依赖进口原料的工业部门，以达到国际收支平衡。

通过高度的计划，德国获得了强大的发动战争的能力。

## 17.4 战后，德国社会市场经济体制的建立与发展

德国社会市场经济体制既保留了俾斯麦建立的社会保障体制和国家干预的合理成分，如通过法律形式确定社会经济发展的总目标如价格水平稳定、高就业水平、对外贸易平衡和适度经济增长，又根据市场经济运行中的可能性、可行性和多变性，制定应对政策和措施。经过50多年的实践，社会市场经济体制已经获得德国朝野主要政党的认

可，在国家应对经济危机方面也起到了一定作用，积累了不少经验。

1948—1958 年，经济高速增长阶段。50 年代，联邦政府先后颁布法令将水、电、煤气、交通、铁路、邮电和航空等重要公共经济部门收归国有。之后继续颁布《德意志联邦银行法》(1957)、《促进经济稳定与增长法》、《信贷法》(1961)、《外贸法》(1961) 等，对国民经济及企业的经济行为进行直接强制性干预。

在政府对经济的直接干预下，国内经济得到了长足的发展。1950—1955 年国内生产总值年均增长率为 4.5%，1955—1960 年为 5.1%①，到 50 年代末，联邦德国的经济实力再次超过英、法、日，仅次于美国。

1958 年 1 月 1 日，西欧六国正式成立欧洲经济共同体和欧洲原子能共同体，目的是消除关税，促进会员国间劳动力、商品、资金、服务的自由流通。自由市场经济大行其道，联邦德国进行了第一次大规模的国企私有化，政府退出竞争性领域。这一阶段私有化的主要方法是出卖部分国家股票。股票分散卖给个人，让人民分享资本的收益。从 1957 年联邦德国总理艾哈德宣布部分私有化开始到 60 年代初，德国完成了大型国有工业企业的部分私有化。以 1961 年大众汽车公司私有化为例，它的股份大约有 60%卖给了个人②。经过 9 年的幸福时光，充分就业、过度繁荣的结果是 1967 年德国再次迎来经济危机，产能全面过剩。1967 年国民生产总值出现 0.1%的负增长，失业率也增加了 4.5 倍，自由市场经济再次走到了尽头，国家干预再次被提上日程。

---

① 克劳斯·格林著:《联邦德国的社会市场经济》，冯文光、裘挹红译，北京：中央编译出版社 1994 年版，第 30 页。

② 朱秋霞:《德国国有企业私有化的原则、方法及对我国的启示》[J]. 开放导报，2005 年第 2 期。

新政府在经济理论上迅速由新自由主义转向凯恩斯主义，进行国家干预。社会民主党人的“总体调节”得到广泛认同，而且得到《基本法》的确认，还以《稳定法》的形式加以具体化和规范化，提出了涉及物价、就业、外贸和经济增长的四大经济目标。从 20 世纪 60 年代开始，德国综合运用财政、金融手段对陷于困境的农业部门、煤炭工业等基础部门进行整顿、改组和资助，对计算机、核能等新兴产业予以积极措施鼓励发展。到 70 年代初，凯恩斯主义式的经济调控取得明显的短期成效，政府也加大了对基础设施和福利政策的投入。

1974—1989 年，在经历了凯恩斯主义复活带来的短期经济繁荣后，和美国一样，联邦德国陷入了通货膨胀和失业率双高的滞胀。一方面，两次石油危机增加了出口难度；另一方面，工资和社会福利增长过快也加重了财政负担。联邦政府不再仅仅恪守总体调节原则，而是有针对性地采用不同的经济调控手段。货币政策方面，联邦银行于 1974 年放弃了凯恩斯主义指导的货币政策，换成了货币主义的方案，每年确定并向社会公布货币量增长率（1975 年为 8%），将“反通货膨胀作为货币政策的首要目标”，并“容忍货币数量同目标的短期偏离”[①]。在财政政策方面也及时地以大量项目和措施应对经济形势的变化，如针对失业率上升问题，1974 年实施 7.5% 的私人投资补贴；1975 年开始降低工资税和收入税，实行总额 57.5 亿马克的促进建筑业投资和其他投资的计划；1977 年提出了旨在扩大就业的为期多年的增加公共基础设施投资计划，同年年底颁布两项关于减轻税收和促进投资的法律；1980 年颁布减税法案；1982 年采取新的促进就业措施，

① 海茵茨·笛特·哈德斯、弗里茨·拉姆耶尔、阿尔福斯·施密特、曼弗雷德·施塔勒著：《市场经济与经济理论——针对现实问题的经济学》，刘军译，北京：中国经济出版社 1993 年版，第 134 页。

实行10%的投资补贴[①]。

1990年德国统一，德国政府继续全方位干预经济。对一部分企业进行了私有化，增强了经济活力，拉动社会消费和投资。同时仍然保留相当规模的国有企业，对必要领域进行调控，维持经济和民生的稳定。

为提高东部地区经济活力，联邦政府成立托管局推进经济私有化，到1994年年底，前民主德国地区的全民所有制企业和集体所有制企业基本实现私有化，这是德国历史上规模最大的私有化工程。1994年德国联邦铁路与前民主德国地区的德国国营铁路合二为一，成为德国铁路股份公司。1995年1月1日起，联邦德国还着手进行邮政私有化改革，将邮电部一分为三，即德国电信股份公司、德国邮政股份公司和德国邮政银行股份公司。据统计，1991—2002年，德国联邦直接参股企业和联邦特别财产企业的总数由214个减少到120个，重要直接参股企业从136个减少为37个。三大重要公共部门联邦铁路、联邦邮政和联邦通信的私有化任务基本完成，整个私有化期间总收入为235.74亿欧元[②]。与此同时，1991—2000年，国内生产总值10年内翻了一番，经济水平有了很大提高，拉动了消费和投资，带来了短暂的"统一"景气。

不要以为德国经过了90年代的私有化后就放弃国家干预了。截至2016年，德国还有2000多家国有企业，其中中央政府直接参与经营的有61家，包括德国铁路、德国电信、柏林新机场、慕尼黑机场、德

① 吴必康、张丽等：《世界历史——西方国家政府与市场经济》，江西人民出版社2012年版，第301页。

② 杨思远：《德国的国有化与中国国企改革》，2014年11月10日，见http://news.hexun.com/2014-11-10/170230858.html。

国邮政、科隆机场等。国家干预只是手段，当经济僵化，需要提高活力时就民营化，让市场配置资源，提高效率。需要调节分配，或者天然垄断的领域，依然需要国家调控。这正是全世界发达国家干预经济的方式。

21世纪以来，德国加强了对生产资料部门的间接调控，同美国一样，制定经济发展计划，政策扶持，引导前沿产业发展。

新能源汽车。2009年1月，德国出台《一揽子经济刺激计划Ⅱ》，2009—2011年为研发和推广电动汽车提供5亿欧元的资金支持。同年9月，德国发布《国家电动汽车发展计划》作为德国发展电动汽车的纲领性文件。2010年5月，德国政府成立了“电动汽车国家平台”(NPE)。2011年5月16日，“电动汽车国家平台”正式发布的第二份政策咨询报告将未来德国电动汽车发展分为三个阶段：2011—2014年为市场准备阶段，重点是研发和开展示范项目；2015—2017年为市场推广阶段，重点是电动汽车及其配套基础设施的市场推广；2018—2020年是规模化市场形成阶段，重点是形成可持续的商业模式。

高科技产业。2006年德国国家层面首次提出中长期发展战略《德国高科技战略》(2006—2009年)，该战略的政策突破点在于政府将支持引导中小企业从事高科技研发创新置于战略中心地位，并重点加强了对处于未来战略重点领域的17个高科技产业的研发支持：安全研究、健康与医学、环境技术、光学技术、信息与通信、航空航天、车辆与交通技术、微系统技术、纳米技术、生物技术和材料技术等。通过该战略，国家和经济界在研发领域投入了146亿欧元。高技术战略帮助德国提高了在全球竞争中的地位，成功增加并整合了科研与创新投资。

该战略实施四年后，2010年7月德国联邦政府又通过了《思想·创新·增长——德国2020高技术战略》，此战略是2006年《德国高科技战略》（2006—2009年）的升级版，延续重点支持中小企业创新政策的同时，进一步将战略研发支持领域缩减为5个，分别是气候与能源、健康与营养、物流、安全、通信。

2012年，又推出《高科技战略行动计划》，为《国家高科技战略2020》框架下《十大未来项目》的开展保驾护航。2013年4月，在汉诺威工业博览会上，德国正式推出了《德国工业4.0战略计划实施建议》，“工业4.0”计划是德国《国家创新战略2020》中ICT领域的重点项目，“工业4.0”除延续上两个计划对中小企业创新及产业集聚的支持政策外，还突出强调了“官产学研”结合的目标实施战术途径。西门子公司已经开始将这一概念引入其工业软件开发和生产控制系统。这都是对生产资料领域的精准引导。

下表是德国控制生产资料的历史。

**德国的生产政策和法律**

| 时间 | 生产政策/法律 |
| --- | --- |
| 17—18世纪 | 在普鲁士王国首先出现了国有企业，一个是皇家海外贸易机构，后来发展为普鲁士国家银行，另一个是普鲁士银行，是德意志联邦银行的前身 |
| 1839 | 《股份法》 |
| 1861 | 《全德意志贸易法典》 |
| 1871—1890 | 普鲁士王国还接管了邮政、铁路、海港和内河港口、城市建设，发展了供应水、电、煤气的公共企业和环境卫生事业 |
| 1876 | 合并各邦电报系统 |
| 1879 | 帝国最大的普鲁士邦以及阿尔萨斯-洛林地区率先实现了铁路国有化 |
| 1897 | 柏林、汉诺威等地的私人邮政被取消，建立了由国家管理的统一邮政系统 |

续表

| 时间 | 生产政策/法律 |
|---|---|
| 20世纪50年代 | 联邦政府先后颁布法令将水、电、煤气、交通、铁路、邮电和航空等重要公共经济部门收归国有 |
| 1957 | 《德意志联邦银行法》 |
| 1961 | 《促进经济稳定与增长法》 |
| 1961 | 《信贷法》 |
| 20世纪60年代开始 | 德国以综合运用财政、金融手段对陷于困境的农业部门、煤炭工业等基础部门进行整顿、改组和资助，对计算机、核能等新兴产业予以积极措施鼓励发展 |
| 1994 | 德国联邦铁路与前民主德国地区的德国国营铁路合二而一，成为德国铁路股份公司 |
| 1995.1.1 | 联邦德国还着手进行邮政私有化改革，将邮电部一分为三，即德国电信股份公司、德国邮政股份公司和德国邮政银行股份公司 |
| 1991—2002 | 德国联邦直接参股企业和联邦特别财产企业的总数由214个减少到120个，重要直接参股企业从136个减少为37个。三大重要公共部门联邦铁路、联邦邮政和联邦通信的私有化任务基本完成，整个私有化期间总收入为235.74亿欧元 |
| 2006 | 德国国家层面首次提出中长期发展战略《德国高科技战略》(2006—2009年)，政府将支持引导中小企业从事高科技研发创新置于战略中心地位，并重点加强了对处于未来战略重点领域的17个高科技产业的研发支持 |
| 2009.1 | 德国出台《一揽子经济刺激计划Ⅱ》，2009—2011年为研发和推广电动汽车提供5亿欧元资金支持 |
| 2009.9 | 发布《国家电动汽车发展计划》，作为德国发展电动汽车的纲领性文件 |
| 2010.5 | 德国政府成立了“电动汽车国家平台”(NPE) |
| 2010.7 | 通过了《思想·创新·增长——德国2020高技术战略》 |
| 2011.4 | 德国政府提出“工业4.0”战略 |
| 2011.5.16 | “电动汽车国家平台”发布的第二份政策咨询报告为将来德国电动汽车发展制定框架：2011—2014年，研发和开展示范项目；2015—2017年，电动汽车及其配套基础设施的市场推广；2018—2020年，形成可持续的商业模式 |

续表

| 时间 | 生产政策/法律 |
| --- | --- |
| 2012 | 推出《高科技战略行动计划》，为《国家高科技战略 2020》框架下《十大未来项目》的开展保驾护航 |
| 2013.4 | 《德国工业 4.0 战略计划实施建议》 |

# 第十八章　日本政府直接兴办工业

日本的崛起过程是所有发达国家里国家计划色彩最重的，它全面学习了德国的工业模式和法律制度。再加上日本的价值观念重集体而非个人，国家利益至上，所以计划经济在日本非常成功。1868 年明治维新以来，凭借国家计划的直接操纵，日本经济获得跳跃式发展，20 年达到世界一流，40 年成为世界经济和军事强国。

## 18.1　明治维新，殖产兴业

1870—1885 年，明治维新初期日本实行“殖产兴业”计划，政府直接兴办生产资料部门。1870 年 12 月成立工部省，全面负责推行殖产兴业政策，工部省下面设立不同的局，比如矿山局、铁路局、造船局、冶铁局、制造局等。工部省运用国库资金引进西方先进的生产技术和设备创办了大量官营企业。如赤羽工作分局利用原幕府经营的长崎制铁所设立大阪炮兵工厂，制造出各种机械，成为国产机械的主要来源。又如深川工作局和品川玻璃制造厂，制造出水泥、耐火砖和玻璃等建筑材料和化工产品。1880 年，日本已经建成了两大陆军工厂，东京、大阪炮兵工厂；两大海军工厂，筑地、横须贺海军工厂。

1873年11月成立内务省，重点发展轻工业。利用国家资金创办纱厂、呢绒厂等现代化工厂，让它们起示范作用，推动私人资本主义工业的发展。到1882年，日本的纺织工业已经达到1206家，纺织品已经达到国际先进水准。

19世纪80年代，日本政府拥有3家造船厂、5家军械厂、10处矿山和52家纺织、水泥、玻璃、火柴、酿酒等工厂；1914年日本政府兴办的军事工厂达到842家。[①]

这些企业后来以半卖半送的形式交给和政府相关的私人经营。例如，日本的航运业在殖产兴业之前主要由美国太平洋邮政轮船公司和英国P. O. 航海公司经营。日本为了扶持自己的海运公司，把投资62万日元的长崎造船所，仅以9.1万日元转让给三菱财阀，还免费赠送给三菱13艘大型轮船，并发放航路补助金。此外日本政府还购买了因营业不振而解散的邮政轮船公司的18艘轮船，无偿地交给三菱财阀。在政府的大力扶持下，专事海运的三菱财阀打败了美国的太平洋邮政轮船公司和英国的P. O. 航海公司，独家垄断了日本的海运。后来由于日本对外侵略需要，日本政府又推动了三菱财阀发展重化工业。

1880年11月，日本颁布《处理官营企业条例》，将大部分官营企业以极其低廉的价格处理给与政府关系密切的私人资本。例如，投资59万日元的兵库造船局，只以5.9万日元一次付清转让给川崎财阀。投资62万日元兴建的长崎造船厂，加上4.4万日元的库存，仅以9.1万日元一次支付处理给了三菱。投资59万日元的兵库造船厂，作价5.9万日元一次支付处理给了川崎。以22万日元购买2000纱锭棉纺机10台，以无息分10年偿还的优惠条件出售给民间企业，建立了前川、

① 参见宋则行、樊亢：《世界经济史》（第二卷），北京：经济科学出版社1989年版，第70页。

冈山等九家棉纺厂。

1885 年，殖产兴业政策基本实施完毕，建成了大量规模巨大、设备先进的炮兵工厂、造船厂、机器制造厂和矿山。日本在短短 15 年（1870—1885 年）内大大改变了工业落后的面貌，初步实现了资本主义工业化，国家干预经济的首次尝试获得成功。

其间，日本不但直接兴办生产资料部门，对于纺织等消费品部门也直接兴办。但是最后都用半卖半送的方式处理了，这就避免了马克思担忧的两个部门不协调的问题。

## 18.2 武力扩张，统制经济

1895 年日本发动甲午战争，通过《马关条约》获得清政府赔偿的 2.3 亿两白银，折合 3.5 亿日元，巨额资金大大加速了日本的工业化进程。要知道持续了 15 年的殖产兴业计划，工部省的直接支出额不过 4600 万日元，从 1870 年年底到 1885 年的 15 年里，日本投入各类“劝业资金”加一起共 2.09 亿日元。如今一次性获得 3.5 亿日元绝对算得上巨额资金。1897 年日本用部分战争赔款创办了八幡制铁所，以掠自中国大冶的铁矿石为原料，1901 年第一座高炉投产，八幡制铁所后来发展为日本最大的钢铁企业，更成为以战争发展经济的“成功”典范。日本政府开始逐渐痴迷于以战争促经济，走上了军国主义发展道路。

1900 年参加八国联军侵华。

1905 年的日俄战争打败俄国，宣告日本成为世界一流强国。

1910 年吞并朝鲜半岛。

1915 年参加“一战”，占领山东，瓜分世界。

1931 年侵略中国东北。

1937 年全面侵略华北，发动七七事变。

1941 年发动太平洋战争。

随着日本军国主义不断发动对外侵略战争，为适应战争需要，日本实行了军国主义战时经济体制，私人企业全部置于国家的直接控制和监督之下。三菱、三井等财阀成为军国主义对外经济掠夺的急先锋，迅速膨胀，政府也更加侧重加强财阀的垄断地位。

20 世纪 30 年代，日本政府颁布了一系列实施经济统制、强化国家干预经济的政策法规，如《国家总动员法》《重要产业统制法》《进出口临时措施法》《临时资金调整法》《军需工业动员法》《电力国家管理法》等，进一步强化对主要经济领域的控制。

1940 年 7 月，日本政府制定出《基本国策纲要》，又制定了一系列强化经济统制的法规和条令，例如《公司经理统制令》《企业整治纲要》《重要产业团体令》《农业生产统制令》《军需融资指导金融机构制度》《粮食管理法》等，将军事、经济统制渗透到国民经济和国民生活的各个领域。

1943 年 11 月，为增强对经济统制的绝对领导，设了“军需省”，由内阁总理兼任军需大臣。此外，还在一切主要工业和金融部门中建立“统制会”和“统制组合”，由政府所属官厅管辖。日本经济被完全置于军国主义战时经济的军事统制之下，政府对生产资料部门的控制达到登峰造极的程度。

1945 年日本战败时，十大财阀占金融和重工业 53% 和 49% 的份额，牢牢控制着日本经济。

## 18.3 战后重建，侧重于生产资料部门的计划经济

1945 年美国接管日本后强迫解散财阀，禁止垄断等，对日本进行经济上的解体。1945 年 11 月 4 日发表《关于解散控股公司的备忘

录》，强令三菱、三井、住友、野村等十大财阀上缴有价证券，由日本政府公开转售。1947年又通过了《禁止垄断法》，计划分割1200个大企业和大银行。结果分割计划还没进行完，中国国民党在大陆溃败加上1950年爆发的朝鲜战争让美国放松了对日管制，并且重新扶持日本成为对抗中苏的桥头堡。1948年12月11日，美国总统杜鲁门约见即将赴日本就任美军占领当局最高经济顾问的道奇。他明确指出："中国事态的进展，使日本的重要性倍增。"

在美国的扶持下，日本再次捡起计划经济的大旗，并迅速成为世界经济强国。这次日本的计划仍然侧重于生产资料部门！

第一步，在美国的默许下，扶持旧财阀三菱、三井等复活，鼓励企业合并，推进企业集团化。停止解散财阀，修改限制垄断资本的《集排法》和《禁止垄断法》。原指定解散的83家大小财阀企业，最终只有22家被解散。即使被解散的企业，如日本制铁所分割成八幡制铁所和富士制铁所两个公司，这两个公司在政府扶持下又成为新的垄断巨头，所以垄断经济的格局并没有被打破。日本的工业基础依旧完整。

第二步，政府扩大对生产资料部门的干预。20世纪40年代，采用"倾斜生产方式"，集中发展煤炭和钢铁产业。1947年1月成立的复兴金融公库由政府出资，专门为煤炭业提供优惠贷款；1946年发放价格补贴金90.1亿日元中煤炭业占71.9%，1947年煤炭业获得价格补贴金占总数的44%，居各产业之首；1947年6月29日日本政府决定对大煤矿实施国家直接管理，这是标准的计划经济。20世纪50年代，实行"贸易立国"模式，在国家主导下发展出口导向型经济，成立国家出口银行，为出口型企业提供资金援助，发放低息贷款等。结果日本的对外贸易在1951年就超过了战前水平（朝鲜战争的加速），推动了国内市场与国际市场接轨。1951—1953年，实施"产业合理化政策”，通过产业结构调整的政策，其实质就是通过技术改进和设备更新来降低基本工业产品的成本，政府制定了《钢铁业和煤炭工业合理化政策纲要》(1950 年 8 月)、《关于我国产业的合理化措施》(1951 年 2 月)、《企业合理化促进法》(1952 年 3 月）等代表性文献给予支持，重点发展电力、海运、运输、通信四大产业，日本开发银行的80%的贷款都发放给了这四个产业，也是标准的计划经济。

第三步，对金融部门进行管控，以扶持产业发展。1947 年，日本政府制定了《临时利率调整法》等法律，实行人为的低利率政策，以防止利率失控而造成企业借贷成本增加和物价上涨的恶性循环。作为补充，日本政府还实行“小额储蓄免税制度”，以便将城乡劳动者的大量闲散资金集中起来的同时，实施政府“超额贷款制度”和“银行不倒”原则，为银行向企业供给稳定的低成本的资金保驾护航。这种对资金的供给和需求“两手抓”的制度，保证了日本国民的个人储蓄几乎百分之百地转化为产业资本，为日本的产业尤其是重化工业的发展源源不断地补充血液。

1949 年，日本政府制定了《外汇及外贸管理法》，实行外汇集中制度。即规定居民取得的外汇必须卖给外汇银行，外汇银行再卖给政府；而需使用外汇者，则须经政府批准，根据其重要性通过外汇银行购买。这一政策保证了主要由中小企业出口轻工业品获取的有限外汇，主要供给需要引进先进技术和设备的重化工业大企业。

日本对于经济控制，主要集中在生产资料部门，都没有把计划深入到生活资料领域，其深得马克思计划经济的精髓。

## 18.4 计划经济制度化，间接化

1955 年，日本政府颁布第一个经济发展计划《经济自立五年计划》，目标是实现经济自立和充分就业。1958 年，制定第二个经济发展计划《新的长期经济计划》，国家对经济的干预由直接控制转向间接调控。1960 年 8 月 24 日，日本政府通过“国民收入倍增计划”(1961—1970)。计划用 10 年时间让国民收入增长一倍，主要手段就是扩大政府投资，让日本经济从劳动密集型向资本密集型转变。结果 10 年时间日本国民收入实际增长了 4.1 倍，GDP 增长 2.16 倍，都大大超出了当初的计划。其间相继制定了几个经济计划，如 1965 年 1 月的《中期经济计划》、1967 年 3 月的《经济和社会发展计划》、1970 年 3 月的《第二个经济和社会发展计划》等。70 年代初日本成为仅次于美苏的世界第三大经济体，经济平稳增长。

1955—1988 年，日本正式颁布的中长期规划有 11 个之多。可以说日本经济完全是在计划经济之下发展起来的。(请看下表：战后日本主要产业政策)

80 年代日本开始推动技术立国，直到现在依旧是技术创新强国。和所有发达经济体一样，日本发展到世界一流水平时，只有靠技术突破才能取得经济成长，传统的计划经济只能调节分配，此时对经济的促进作用就不明显了。因此现在的安倍经济学、超级量化宽松、负利率都很难让技术获得突破，经济增长也维持在 1%—2%的发达国家平均水平。

**战后日本主要产业政策**

| | 50 年代以前<br>经济恢复期 | 50—60 年代经济<br>高速增长时期 | 70 年代经济<br>平稳增长期 | 80 年代<br>技术立国期 |
|---|---|---|---|---|
| 产业政策 | 采取“倾斜生产方式”集中力量发展煤炭钢铁产业 | (1) 产业扶持保护；<br>(2) 以重化工为中心的产业机构高级化政策；<br>(3) 技术引进政策 | (1) 引进、改造、创新技术政策；<br>(2) 由重化工转向知识密集型产业 | 技术立国产业政策，即以尖端技术为中心的知识密集型产业为主导，推动所有产业的知识密集化 |

续表

| | 50 年代以前<br>经济恢复期 | 50—60 年代经济<br>高速增长时期 | 70 年代经济<br>平稳增长期 | 80 年代<br>技术立国期 |
|---|---|---|---|---|
| 实施措施 | (1) 设置“复兴金融公库”，为煤钢产业提供优惠贷款；<br>(2) 对煤钢重点产业部门采取价格补贴 | (1) 对幼稚工业采取保护措施；<br>(2) 对有发展潜力的产业采取扶持政策，鼓励参与国际竞争 | (1) 研究开发高科技产业；<br>(2) 高级组装产业；<br>(3) 时髦产业；<br>(4) 知识产业 | (1) 10—15 年探究生物体机能；<br>(2) 有关分子生物学的基础科学研究；<br>(3) 对人的大脑及高级神经系统综合研究 |
| 相关法律 | — | 《石油化学育成对策》(1955)；《机械工业振兴临时措施法》(1956)；《电子工业振兴临时措施法》(1957) | 《70 年代通商产业政策构想》《产业结构长期构想》 | 《80 年代通商产业政策构想》《科学技术基本法》《1997 年技术白皮书》 |

资料来源：赵月华、李志华,《美国、日本、韩国经济发展模式》，济南：山东人民出版社，2006 年，217 页。

90 年代之后日本提出了“创造性知识密集型”的产业政策。1995 年 10 月，产业结构审议会又提出了《面向 21 世纪的日本经济结构改革思路》的报告，提出以制造业为中心展开国际分工，特别是与东亚国家和地区的国际分工，日本应开发新的产业领域，向高附加值产业转移。1995 年 12 月，日本内阁通过了政府的第十三个长期计划《经济社会结构改革计划》，鼓励创业和改组原有产业，对那些开发能力强、有发展前途的风险企业，理顺其资金渠道，提供资金保障。

进入新世纪，科技竞争日益激烈，日本同美国和德国一样，通过产业政策的倾斜，扶持先进产业，以增强国际竞争力。

21 世纪，日本政府明确提出了“IT 立国”的经济发展战略。2000 年 7 月，由首相负责的“IT 战略本部”成立，设立了“IT 战略会议”，由索尼公司总裁井出伸之任委员长。11 月，政府制定了《信息技术基本法》把“IT立国”法律化。2006年7月，经济产业省成立了“信息大航海工程联合财团”，参加者包括NTT（日本电信电话公司）、NEC（日本电气公司）、富士通、日立制作所等著名企业，联合东京大学、早稻田大学等著名大学共56家事业团体，计划投入300亿日元的预算，用三年时间独立研发日本自己的搜索引擎并确立日本在世界的领先地位，打破Google的垄断地位。

和全世界都不同的是，日本政府和企业的关系非常密切。日本的经济计划出台的过程中都有大企业直接参与，保证了经济政策符合实际。这可能和日本企业的发展历史以及日本的集体主义文化密不可分。

20世纪90年代，日本经济增幅快速下滑，日本政府也推出了一系列的财政刺激措施，对一些企业进行支持和救助。2003年4月，政府出资10万亿日元成立“产业再生机构”，对资不抵债的企业进行业务重组、裁员、招聘新的经营团队等，然后重新评估再生后的企业价值，据此推算企业能偿还债务的上限，超过限额的部分要求银行免除债务。产业再生机构一共救活了41家资不抵债的僵尸企业。这和日本企业的发展历史以及日本的集体主义文化密不可分，但是也可以看出政府和企业的密切关系。但是日本政府从来不去直接指导企业的生产，不去干预生活资料部门。这保证了日本经济的稳定发展，社会和谐。

日本的另一个独特之处在于，“二战”后很多马克思主义经济学家活跃在日本经济学界。这些马克思主义经济学家不但为计划经济的推行提供理论支撑，而且直接参与制定规划。比如曾担任日本外务大臣的大来佐武郎，吉田茂内阁经济顾问有泽广巳（他推动了“倾斜生产方式”即优先发展煤炭钢铁产业的政策），吉田茂内阁统计委员会委员长和社保制度审议会会长大内兵卫，日本马克思主义经济学的领军人物宇野弘藏直接起草了《重建日本经济的基本问题》。不仅如此，战后很长一段时间，“日本经济官僚的摇篮——东京大学经济学部也一直被马克思主义经济学家所把持”。这也为计划经济的顺利实施提供了便利。

2008 年经济危机过后，日本经济低迷。安倍晋三 2012 年年底上台后加速实施了一系列刺激经济政策，包括宽松的货币政策、积极的财政政策和结构性改革。宽松的货币政策：一是降息，2016 年 2 月 16 日开始，日本央行把利率调整为-0.1%，成为首个负利率的国家；二是扩表，2017 年之前，日本央行平均每月购买国债 3.5 万亿日元。日元汇率加速贬值。积极的财政政策：大幅增加政府投资，提振内需，促进经济增长。2013 年 1 月份，日本通过了 2267.6 亿美元的政府投资；2016 年，推出了总额高达 28 万亿日元的财政刺激计划。结构性改革：提高消费税、加入 TPP（跨太平洋伙伴关系协定）等。

下表是日本政府历次控制生产资料部门的时间和政策。从表中很明显可以看出，日本政府从过去的直接控制过渡到现在的间接控制，从过去的控制产业逐步过渡到引导产业。

**日本政府控制生产资料部门的行为**

| 时间 | 政府行为 |
| --- | --- |
| 1870—1885 | 明治维新初期实行“殖产兴业”计划 |
| 1870—1885 | 日本投入各类“劝业资金”，加一起共 2.09 亿日元 |
| 1870.12 | 成立工部省，全面负责推行殖产兴业政策，工部省下面设立不同的局，比如矿山局、铁路局、造船局、冶铁局、制造局等；工部省运用国库资金引进西方先进的生产技术和设备，创办了大量官营企业 |
| 1873.11 | 成立内务省，重点发展轻工业 |
| 19 世纪 80 年代 | 日本政府拥有 3 家造船厂、5 家军械厂、10 处矿山和 52 家纺织、水泥、玻璃、火柴、酿酒等工厂 |

续表

| 时间 | 政府行为 |
| --- | --- |
| 1880 | 日本已经建成了两大陆军工厂——东京、大阪炮兵工厂；两大海军工厂——筑地、横须贺海军工厂 |
| 1880. 11 | 日本颁布《处理官营企业条例》，将大部分官营企业以极其低廉的价格处理给与政府关系密切的私人资本 |
| 1885 | 殖产兴业政策基本实施完毕，建成了大量规模巨大、设备先进的炮兵工厂、造船厂、机器制造厂和矿山 |
| 1897 | 日本用部分战争赔款创办了八幡制铁所，以掠自中国大冶的铁矿石为原料 |
| 1901 | 第一座高炉投产，八幡制铁所后来发展为日本最大的钢铁企业，更成为以战争发展经济的“成功”典范 |
| 1914 | 日本政府兴办的军事工厂达到842家 |
| 20世纪30年代 | 日本政府颁布了一系列实施经济统制、强化国家干预经济的政策法规等，如《国家总动员法》《重要产业统制法》《进出口临时措施法》《临时资金调整法》《军需工业动员法》《电力国家管理法》等，进一步强化对主要经济领域的控制 |
| 20世纪40年代 | 采用“倾斜生产方式”，集中发展煤炭和钢铁产业 |
| 1940. 7 | 日本政府制定出《基本国策纲要》，又制定了一系列强化经济统制的法规和条令，例如《公司经理统制令》《企业整治纲要》《重要产业团体令》《农业生产统制令》《军需融资指导金融机构制度》《粮食管理法》等，将军事、经济统制渗透到国民经济和国民生活的各个领域 |
| 1943. 11 | 为增强对经济统制的绝对领导，设了“军需省”，由内阁总理兼任军需大臣。此外，还在一切主要工业和金融部门中建立“统制会”和“统制组合”，由政府所属官厅管辖 |
| 1945 | 美国接管日本后强迫解散财阀，禁止垄断等，对日本进行经济上的解体 |
| 1945. 11. 4 | 发表《关于解散控股公司的备忘录》，强令三菱、三井、住友、野村等十大财阀上缴有价证券，由日本政府公开转售 |
| 1946 | 发放价格补贴金90. 1亿日元中煤炭业占71. 9% |
| 1947 | 煤炭业获得价格补贴金占总数的44%，居各产业之首 |

续表

| 时间 | 政府行为 |
|---|---|
| 1947 | 通过了《禁止垄断法》，计划分割 1200 个大企业和大银行 |
| 1947 | 日本政府制定了《临时利率调整法》等法律，实行人为的低利率政策，以防止利率失控而造成企业借贷成本增加和物价上涨的恶性循环。作为补充，日本政府还实行“小额储蓄免税制度”，以便将城乡劳动者的大量闲散资金集中起来的同时，实施政府“超额贷款制度”和“银行不倒”原则，为银行向企业供给稳定的低成本的资金保驾护航。这种对资金的供给和需求“两手抓”的制度，保证了日本国民的个人储蓄几乎百分之百地转化为产业资本，为日本的产业尤其是重化工业的发展源源不断地补充血液 |
| 1947. 1 | 成立的复兴金融公库由政府出资，专门为煤炭业提供优惠贷款 |
| 1947. 6. 29 | 日本政府决定对大煤矿实施国家直接管理，这是标准的计划经济 |
| 20 世纪 50 年代 | 实行“贸易立国”模式，在国家主导下发展出口导向型经济，成立国家出口银行，为出口型企业提供资金援助，发放低息贷款等 |
| 1950. 8 | 政府制定了《钢铁业和煤炭工业合理化政策纲要》 |
| 1951—1953 | 实施“产业合理化政策”，通过产业结构调整的政策，其实质就是通过技术改进和设备更新来降低基本工业产品的成本 |
| 1951. 2 | 《关于我国产业的合理化措施》 |
| 1952. 3 | 《企业合理化促进法》重点发展电力、海运、运输、通信四大产业，日本开发银行 80%的贷款都发放给了这四个产业，也是标准的计划经济 |
| 1955 | 日本政府颁布第一个经济发展计划《经济自立五年计划》 |
| 1955 | 《石油化学育成对策》 |
| 1956 | 《机械工业振兴临时措施法》 |
| 1957 | 《电子工业振兴临时措施法》 |
| 1958 | 制定第二个经济计划《新的长期经济计划》，国家对经济的干预由直接控制转向间接调控 |
| 1960. 8. 24 | 日本政府通过“国民收入倍增计划”（1961—1970） |
| 1960. 1 | 《中期经济计划》 |
| 1963 | 《60 年代通商产业构想》 |

续表

| 时间 | 政府行为 |
|---|---|
| 1967. 3 | 《经济和社会发展计划》 |
| 1970. 3 | 《第二个经济和社会发展计划》 |
| 1971 | 《70年代通商产业政策构想》 |
| 1976 | 《产业结构长期构想》 |
| 1980. 3 | 《80年代通商产业政策构想》 |
| 90年代 | 日本提出了“创造性知识密集型”的产业政策 |
| 1994. 6 | 《新技术立国》 |
| 1995 | 《科学技术创造立国》 |
| 1995 | 《科学技术基本法》 |
| 1995. 10 | 产业结构审议会又提出了《面向21世纪的日本经济结构改革思路》的报告，提出以制造业为中心展开国际分工，特别是与东亚国家和地区的国际分工，日本应开发新的产业领域，向高附加值产业转移 |
| 1995. 12 | 日本内阁通过了政府的第十三个长期计划《经济社会结构改革计划》，鼓励创业和改组原有产业，对那些开发能力强、有发展前途的风险企业，理顺其资金渠道，提供资金保障 |
| 1997 | 《1997年技术白皮书》 |
| 2000. 7 | 由首相负责的“IT战略本部”成立，设立了“IT战略会议”，由索尼公司总裁井出伸之任委员长 |
| 2000. 11 | 政府制定了《信息技术基本法》，把“IT立国”法律化 |
| 2003. 4 | 政府出资10万亿日元成立“产业再生机构”，对资不抵债的企业进行业务重组、裁员、招聘新的经营团队等，然后重新评估再生后的企业价值，据此推算企业能偿还债务的上限，超过限额的部分要求银行免除债务 |
| 2006. 7 | 经济产业省成立了“信息大航海工程联合财团”，参加者包括NTT（日本电信电话公司）、NEC（日本电气公司）、富士通、日立制作所等著名企业，联合东京大学、早稻田大学等著名大学共56家事业团体，计划投入300亿日元的预算，用三年时间独立研发日本自己的搜索引擎并确立日本在世界的领先地位 |
| 2013. 1 | 日本通过了2267. 6亿美元的政府投资 |
| 2016. 2. 16 | 日本央行把利率调整为-0. 1%，成为首个负利率的国家 |

续表

| 时间 | 政府行为 |
| --- | --- |
| 2016 | 推出了总额高达28万亿日元的财政刺激计划。结构性改革，比如提高消费税、加入TPP（跨太平洋伙伴关系协定）等 |
| 2017年之前 | 日本央行平均每月购买国债3.5万亿日元 |

# 第十九章　中国的经济发展历程：从全面计划到市场化

## 19.1　1978年以前，全面计划经济

改革开放以前，中国实行计划经济模式，国家对经济实行绝对控制，这种控制不仅涉及生产资料部门，更深入到生活资料部门。

第一，对生产资料部门的控制。

中华人民共和国成立初期，我国实行社会主义公有制经济，要求对生产资料进行社会主义改造，将生产资料私人占有变为国家所有。1954年开始有计划地发展公私合营经济，标志是1954年9月国家公布《公私合营工业企业暂行条例》。1956年1月，资本主义改造进入全行业公私合营阶段，年底公私合营全部完成。这标志着资产阶级占有的生产资料已经全部为国家所有，私营工商业的社会主义改造完成。

农业生产，从互助合作到统一生产、平均分配。1951年12月，中共中央通过了《关于农业生产互助合作的决议（草案）》，提倡组织起来，发展农民互助合作的积极性。农业生产合作社是农业生产互助合作运动的高级形式，1953年12月，中共中央发布了《关于发展农业生产合作社的决议》，高级社以生产资料集体所有制为基础，完全

实行集体劳动和按劳分配。1958 年 8 月，党中央在北戴河会议上公布了《关于在农村建立人民公社的决议》。在原有的农业社里，按照自愿互利的原则实行公有化，部分社员还有自己的自留地、生产资料和家庭副业，人民公社则废除一切私有制，进行统一生产、核算和分配，完全平均主义。1956 年实现了农业合作化以后，高级社还是真正的集体经济，国家的计划仅对其生产经营具有指导作用。直到 1958 年建立政社合一的人民公社，政府直接控制了农村经济运行，计划经济才完全形成。

国家对手工业的社会主义改造则是从手工业供销小组、手工业供销合作社到手工业生产合作社，其中从供销合作社到生产合作社的改变就是个体生产者的生产资料由私有到公有的过程。1952 年年底，参加手工业合作社的从业人员仅占全部手工业从业人员的 3.1%，到 1956 年年底这个数字已经达到 71.7%，标志着手工业的社会主义改造也基本完成。

工业生产采取计划经济模式。第一个五年计划（1953—1957 年），基本任务就是建立社会主义工业化的初步基础，包括电力、煤矿、石油、钢铁、有色金属和基本化学工业，大型机床、发电、冶金、采矿设备和汽车、飞机的机器制造业。同时相应地发展其他轻工业以及为农业服务的中小型工业企业。第一个五年计划共投入 764.4 亿元，超越了中国历史上任何时期用于国家建设的支出。

这一时期，单一的公有制虽然分为全民所有制和集体所有制，但是无论是农村的人民公社还是城市的集体企业，实际上其经营管理都严密控制在各级政府部门手中。

第二，对生活资料部门的管理。

国家对生活资料部门的控制，集中表现为对消费品生产、价格、流通和分配的严格计划和把控。

中华人民共和国成立初期（1949—1952 年），物价飞涨，国家控制主要商品，通过抛售商品平稳物价，还成立了针对紧俏商品的国营商业机构，如粮食、花纱布、煤炭、油脂等专业公司，加强国家对市场的调控能力。

国家还加强工商市场管理。实行工商业普遍登记，未经核准不准开业，建立交易所，集中物资交易，用行政力量调控价格，国营牌价成为市场领导价格，打击投机倒把。由于现金管理制度的实施，流通中的现金大量流回国家银行，扭转了通货膨胀的局面。1950 年 3 月的批发物价指数为 100，4 月下降为 75，5 月即下降为 49。

物价下降以后，市场上的消费品突然供过于求，不少投机性的工厂、商店纷纷倒闭。为了改变这种情况，也为了适应社会主义国家体制，需要把资本主义生产关系逐步变为社会主义生产关系，具体包括政府和国营企业委托私营加工厂生产，以增加生产的计划性，政府收购部分农产品，并帮助工业品出口等。

第一个五年计划期间（1953—1957 年），国家对消费品的流通进行管理。从 1953 年起，国家开展了有计划地扩展加工订货的工作。7 月，政府开始对主要物资和工业原料进行控制，借此，国家对各种经济成分进行了全面的生产安排，国家对私营工业的产品绝大部分实行了加工订货、统购包销。关于私营运输业和私营商业，对前者国家实行统一货源、统一调度、统一运价，对后者国家采取“留、转、包”三个步骤，即让一些批发商在国营商业的领导下继续进行批发业务，之后把其中的经营人员转到其他经济部门，最终将私营批发商都吸引到国营企业中去。

虽然计划经济有利于形成合力，在国家建设初期有不可磨灭的贡献，但长期实行却使经济缺乏活力，阻碍进一步发展。人民公社完全废除私有制和大搞平均主义的做法，造成社员劳动积极性下降，不顾公社生产实际包吃、包穿、包住、包生养、包教育等做法使公社财力和资源不堪重负。城市居民购买食品和基本的生活产品长期需要凭借票证购买，消费品供应量严重不足，种类少。

中国计划经济体制将企业变成了行政体制内的产品生产组织，企业生产产品的数量和品种皆由上级政府甚至中央政府来制订生产计划，并拨付生产资料。企业的唯一作用就是利用生产资料、组织工人完成生产计划。这整个过程中，企业是政府的下级单位，企业对政府负责，听从政府指挥。而企业生产出的产品也由政府安排专门的销售系统进行销售。在票证时代，大多数企业产品直接定量配给民众，即便产品质量有瑕疵也不愁没有销路。供应的产品在质量、外观、功能等方面存在令消费者不满意的地方，但是消费者却不能要求企业改进，在商品短缺的时代甚至没有其他选择。

当生产力恢复和发展到一定水平以后，生产力的继续发展就要依靠技术的革新和新式设备的投入来实现，而技术的革新需要劳动者额外付出大量的劳动。在没有回报的前提下，这种额外付出是对劳动者的一种损害。为了规避这种损害，人们会尽量不去花费大量的个人时间、脑力来革新生产工具。工人会刻意避免进行那些不需要彻底更换生产设备，只需改进一种或部分生产工具，或是对原有生产工序进行新的排列组合的方式就能促进生产力进一步有限度发展的额外劳动①。

## 19.2 改革开放就是放开生活资料部门

1978 年以后，随着改革开放的推进，在农村，政社合一的人民公

① 韩非：《中国计划经济体制历史变迁研究》，《吉林大学》2014 年。

社解体，农民及其乡镇企业摆脱了政府的直接计划管理，获得了经营自主权；在城市，随着个体经济、私营经济和“三资”企业的迅速发展，以及国有企业的“简政放权”，特别是政府放松了对市场的控制，主动缩小了指令性计划范围，使得越来越多的企业经营活动脱离了政府的直接干预，市场调节的范围越来越大。到1992年中共十四大正式提出市场经济改革目标和强调市场调节的基础作用以后，不仅非国有经济依靠市场调节，政府不再直接干预其经营，国有经济也进入适应市场经济的体制改革和结构调整阶段。可以说，1992年以后，中国就不再是计划经济，不仅确立了市场经济的改革目标，而且逐步完成了由计划经济向市场经济的转变（转变基本完成的标准是看微观经济运行究竟以计划管理为主还是以市场调节为主）。

改革开放的过程主要是对生活资料部门放开的过程。

改革开放初期（1978—1985年），对农村生产资料部门的改革主要包括促进农村商品流通，积极开展多种经营，实行政社分设和发展乡镇企业。

第一，扩大企业的自主权，放开对消费品生产环节的管控。1978年，首先在四川省选择了六个重点企业作为扩权试点，放宽了政府对企业的计划管理，给予企业一定的控制权和自主权，对于企业的超额盈利，政府给予其部分所有权。“放权让利”的措施扩大了企业的生产规模，提高了企业的经济效益。1979年7月，国务院颁布了《关于扩大国营企业经营管理自主权的若干规定》《关于国营企业实行利润留成的规定》《关于提高国营工业企业固定资产折旧率和改进折旧费使用办法的暂行规定》《关于开征国营工业企业固定资产税的暂行规定》《关于国营工业企业实行流动资金全额信贷的暂行规定》5个文件，先行在部分企业进行试点。主要内容包括：在完成国家计划的前提下，允许企业增产市场需要的产品并销售商业、物资、供销部门不收购的产品以及试制新产品。企业可以进行计划内利润留成，职工可以得到一定的奖金；企业经主管部门同意，可以引进新技术、新设备，可以利用外资对外装配、加工等。1983 年，国有企业开始实行“利改税”，目的是建立一个稳定的利润分配制度，以减少政府对企业的直接行政干预，明晰政企权责，进一步放权让利。1984 年 5 月，《国务院关于进一步扩大国营工业企业自主权的暂行规定》在生产经营计划、产品销售、产品价格、物资选购、资金使用、资产处理、机构设置、劳动人事、工资奖金和联合经营 10 个方面，进一步扩大了企业的自主权①。企业的活力得到增强，国家和企业都增加了收入。

第二，改革商业流通体制，扫除消费品流通障碍。在原有的经济体制下，农村的商品流通渠道只有国家建立的统购统销制，表现为各种商业局、物资局、农资局、粮食局以及供销社等。但随着农业多种经营的发展，更多的产品进入了流通领域，原有的统购统销已经不能满足需求。1983 年，中央 1 号文件宣布完成统购任务的农副产品可以通过多种渠道进行经营，由此一个多层次、多成分、多渠道的农村流通体制逐渐形成。

旧的流通体制是按行政区、行政层次统一收购与供应，不能满足人民群众商品交换的需要，中共十一届三中全会以来，城市开始恢复货栈贸易，发展集体商业和个体商业，恢复城乡集市贸易，开展工业产品的自销，并试办农工商联合企业等。同时，生产资料市场也扩大了交换的范围和品种，一些重要物资，如煤炭、钢材等也进入了市场。

第三，放开消费品价格管控，交给市场决定。这个过程一直持续

① 孙健：《中华人民共和国经济史》，中国人民大学出版社 1992 年版。

到现在。1984 年以后，在提高粮食、棉花、油料等国家订购价的同时，国家放开了其他绝大多数农副产品的购销价格。1986 年以后，随着工业产品供给能力的提高，又放开了自行车、黑白电视机、电冰箱等工业消费品的价格；另外全面放开了日用品、百货、文具等商品价格。

1987 年 9 月 11 日，国务院发布了《中华人民共和国价格管理条例》，明确规定了国家现行的 3 种价格形式：政府定价、政府指导价和市场调节价，明确赋予了企业对部分产品自行定价的权力，将这一阶段的改革成果用文件形式固定了下来。计划内产品价格的不断调整和计划外产品价格控制的逐步放开，形成了生产资料双轨制。

1987 年，党的十三大提出了“国家调节市场，市场引导企业”的新的经济运行机制，明确了改革方向，价格改革在更广的范围内展开。此阶段改革使价格形成机制发生了重大变化，形成了“价格双轨制”，对原来单一的计划体制有所突破①。

1993 年 11 月，中共十四届三中全会审议通过了《中共中央关于建立社会主义市场经济体制若干问题的决定》，其中有关消费品部门的改革包括：①改革价格管理体制，到 1993 年年底，绝大多数农产品的价格和经营已经完全放开，粮食定量配给转为市场供应，全面取消粮票。按市场价格销售的产品在社会商品零售总额中占的比重由 1991 年的 50.3%上升到 93.8%，确立了市场价格在价格体系中的主体地位②。②外贸体制改革，将中央外贸进口指令性计划改为指导性计划，赋予具备条件的企业进出口经营权，培育有国际实力的大型外贸企业，

---

① 张芸：《中国经济体制的市场取向改革研究》，海南大学，2011。

② 郑有贵编：《中华人民共和国经济史（1949—2012）》，当代中国出版社 2016 年版，第 213 页。

积极推行国际质量认证标准，加快外贸体制与国际接轨，降低关税总水平，实现了中国消费部门和世界的整体接轨。

价格闯关与治理整顿：1988—1992 年。

1988 年“价格闯关”开始，宣布放开物价，但刚开始市场上就出现了抢购风，造成了全国性的恐慌。政府立刻宣布停止闯关，重新控制物价。

1988 年 10 月，国务院发出了《国务院关于加强物价管理严格控制物价上涨的决定》，内容包括：核定主要农业生产资料综合零售价；对计划外生产资料严格执行最高限价；重新控制定购粮、议价粮及定量供应部分猪肉的价格，对城市大路菜实行计划价格；限定烟酒价格的浮动率；对所有重工业、轻工业品实行最高限价等。治理整顿措施不仅冻结了物价，还收回了大部分已放开的定价权。尽管采取了冻结物价和收紧银根等控制措施，1988、1989 连续两年的物价指数还是高达 20%左右。

1990 年以后，由于西方的“制裁”，中国经济出现了很大困难。但中国政府没有因此而放慢改革的步伐。为了解决“谷贱伤农”问题，国务院出台了国家专项粮食储备和最低保护价收购制度。在通货膨胀压力缓解的情况下，政府分批提高了粮食、棉花、糖料、统配煤、原油、客货物运输等几大类，20 多个系列产品和服务的价格，缩小了计划价格和市场价格之间的差距，为日后解决生产资料价格“双轨制”问题打下了基础；并逐步放松了对消费品市场的价格控制。这一阶段初期，由于急于价格闯关，引起了通货膨胀，物价上涨，但国家及时加强调控，物价水平总体上得以控制。

1992 年年初邓小平同志南方讲话以后，价格改革进入了一个新阶段。其主要特征是在完善政府宏观调控手段的同时，有计划地放开政府各部门管制的物价。1993年，为了转换价格形成机制，国家放开了除个别省份外的粮油价格、部分水泥价格、大部分钢材价格和通配煤的价格。1994、1995年对粮油等重要商品进行了流通体制改革，尤其对原油、成品油价格实行了并轨，其价格根据国际市场变化进行定期调整。这一阶段价格改革的重要成就是实现了价格双轨的并轨，形成了市场调节起基础作用的价格机制，95%以上的商品价格由市场供求形成。1997亚洲金融危机发生后，国内市场供过于求，延续多年的生产资料价格双轨制宣告结束。

1998年国务院机构改革，撤销了几乎所有主管竞争性行业的政府部门，只有少数垄断性行业、公用事业行业保留了主管部门，其产品和服务价格由政府价格主管部门，即各级发展与改革委员会（由原各级计委和体改委合并而成）与行业主管部门共同监管。朱镕基总理进行国企改革的本质就是把第二部门（消费品部门）推向市场的过程。

在市场价格体制基本确立的基础上，国家进一步综合运用以经济手段为主的宏观调控手段，对不同商品采取了不同的价格政策：第一，对粮食，采取了建立最低收购保护价、建立国家粮食储备系统的政策，以稳定国内粮食生产和粮价。第二，对非生活必需品，如汽油，采取了根据国际市场价格定期调整的政策，让民众根据价格信号来调节自己的消费。第三，对垄断性行业，如电力、电信、铁路、民航、邮政、城市公用事业等产品和服务的价格，加强政府监管和社会监督。对能引入竞争的领域，尽量引入新的竞争者；难以引入竞争的领域，则引入供需双方和政府参与的听证会制度，提高政府管理价格的透明和科学程度。

至此，经过三十多年的努力，我国市场机制在商品和服务价格形成中占据了主导地位。

中共十八大以来，政府继续进行价格改革。

农产品价格方面，全面放开种子、桑蚕茧、食盐、烟叶等的价格，农产品价格全部由市场形成。2014 年起在新疆和东北、内蒙古分别开展棉花、大豆目标价格改革试点。棉花目标价格改革成效超过预期，探索出一条农产品价格主要由市场供求形成、价格与政府补贴脱钩的新路子，激发了生产、加工、流通、纺织全产业链活力。

2014 年在深圳开展输配电价改革试点，到 2017 年 6 月完成了省级电网输配电价改革，初步建立“准许成本+合理收益”的电网输配电价监管框架，推进电力市场化交易。

成品油价格改革。2013 年，取消成品油调价幅度限制，将调价周期缩短至 10 个工作日，国内成品油价格“小步快走”，能够更加灵敏地反映国际市场油价及国内市场供求变化。与国际市场接轨的成品油价格机制化调整已成为常态，该降则降，该涨则涨。

天然气价格改革。2013—2015 年，区分存量和增量，分三步实现非居民存量气与增量气价格并轨，建立了与可替代能源价格挂钩的动态调整机制。先后放开页岩气、煤层气、煤制气、液化气（LNG）、直供用户用气，以及进入交易市场公开交易的天然气价格，明确储气设施相关价格由市场确定，占消费总量 80%以上的非居民用气价格主要由市场主导形成。2016 年，出台《天然气管道运输价格管理办法（试行）》和《天然气管道运输定价成本监审办法（试行）》，改革管道运输价格机制。在上海和重庆建立石油天然气交易中心，2017 年 1—8 月上海交易中心交易量达到 142 亿方，占同期全国天然气消费总量的比重达 9.4%，发布的价格指数对市场的影响力日益提高。

医药价格改革。2014 年，放开了 500 多种低价药品价格，在此基础上，2015年又一举放开了除麻醉药品和第一类精神药品外的2000多种药品价格。全面放开非公立医疗机构医疗服务价格，29个省份放开特需医疗服务和个性化需求较强、市场竞争较充分的部分医疗服务价格。

交通运输价格改革。放开散货快运、社会资本投资控股新建铁路货物运输等竞争性领域货运价格，放开满足旅客较高品质出行需求、与其他运输方式形成竞争的高铁动车组等旅客票价，由运输企业依法自主制定。2013—2015年分三步理顺了国铁货运价格，并由政府定价改为政府指导价，允许铁路运输企业适当上浮，下浮不限。放开民航国内航线货物运输价格，放开相邻省份之间、800公里以下、800公里以上与高铁动车组列车平行等竞争性航线旅客票价，放开港口劳务性作业和船舶供应服务、国内客运和旅游船舶港口作业费。

经过四年多的改革，中央政府定价项目由约100项缩减为20项，地方定价项目也由平均100项缩减为平均45项，主要限定在重要公用事业、公益性服务和网络型自然垄断环节。按照价值量测算，市场调节价比重由2012年的94.33%上升至2016年的97.01%，其中一、二、三产业价格市场化程度分别达到100%、97.37%、95.9%，分别比2012年提高0.57、1.77、5.4个百分点。

## 19.3 改革开放依然不能放弃计划生产资料部门

放开生活资料部门被证明是激发经济活力的有效手段，但放弃对生产资料部门的计划将会引发市场风险，美国等西方资本主义国家自由发展的历程已经一次次证明了这一点。

中共十一届三中全会后，我国计划经济体制改为指令性计划、指导性计划和市场调节相结合的三种计划管理形式。其中指令性计划，即以前的直接计划，必须坚决执行。指导性计划就是不是必须坚决执行的计划。市场调节则是计划调节的补充。国家开始重视运用经济杠杆调节经济活动，比如通过调整商品收购价格、调整银行信贷价格、健全税制、实行财政补贴等经济办法刺激经济。

中共十一届三中全会讨论了1979和1980两年的国民经济计划安排，同意了《中共中央关于加快农业发展若干问题的决定（草案）》和《农村人民公社工作条例（试行草案）》。农业上，根据《中共中央关于加快农业发展若干问题的决定》，明确公社执行按劳分配的社会主义原则，肯定社员自留地、家庭副业和集市贸易。工业上，调整比例关系，加快轻工业发展，具体包括对轻工业实行原材料、燃料、电力、银行贷款、运输、利用外资和引进新技术优先，重工业的发展也为轻工业服务，如机器制造业多生产用于轻工业生产的设备，提高轻工业的生产能力。

1980年12月中央工作会议召开，决定对国民经济进行进一步调整，短期目标是实现财政平衡、信贷平衡和物价稳定。长期则要继续克服国民经济的比例失调，建立合理的经济结构。具体措施包括，控制基建规模，加强财政信贷管理，开源节流。继续增加轻工市场急需产品的生产，在计划、物资、财政、银行等部门都对轻工业给予优先照顾；完善和稳定农村中以各种形式存在的生产责任制，因地制宜促进农林牧副渔全面发展。

1986—2002年，市场经济体制建立。1993年11月，中共十四届三中全会审议通过了《中共中央关于建立社会主义市场经济体制若干问题的决定》，其中有关生产资料部门的改革包括：金融体制改革，逐步建立起以中央银行为核心的独立执行货币政策的宏观调控体系，政策性金融与商业性金融分离；汇率并轨，取消外汇双重汇率，建立起以市场供求为基础的单一的浮动汇率制度，实行人民币在经常项目下可自由兑换；投资融资体制改革，强化企业的投资主体地位，引入市场竞争机制，在基础建设中引入多种融资方式，直接融资在固定资产投资中所占比重不断上升。1994 年实现了汇率并轨，单一的、有管理的浮动汇率制形成。1996 年年底，实现了人民币经常项目兑换。

2003 年开始，我国进入金融机构市场化取向的企业化改造，重点是对银行企业进行股份制改造，并建立公司治理结构，使银行真正自主经营、自负盈亏、自担风险；同时，完善金融法律体系，加强对金融风险的防范，保障金融业市场化的顺利进行。

2015 年的《中国制造 2025》，进一步发展高科技制造业就是对生产资料部门的控制和支持。这和德国的工业 4.0、美国的工业互联网效果是一样的。《中国制造 2025》明确了 9 项战略任务和重点：一是提高国家制造业创新能力；二是推进信息化与工业化深度融合；三是强化工业基础能力；四是加强质量品牌建设；五是全面推行绿色制造；六是大力推动重点领域突破发展，聚焦新一代信息技术产业、高档数控机床和机器人、航空航天装备、海洋工程装备及高技术船舶、先进轨道交通装备、节能与新能源汽车、电力装备、农机装备、新材料、生物医药及高性能医疗器械等十大重点领域；七是深入推进制造业结构调整；八是积极发展服务型制造和生产性服务业；九是提高制造业国际化发展水平①。

中央政府还计划到 2020 年，重点形成 15 家左右制造业创新中心（工业技术研究基地），到 2025 年形成 40 家左右制造业创新中心（工业技术研究基地）。在这些生产资料领域的投资都不会引起不良反应，只会促进经济良性发展，这也是我们以后要继续努力的方向。

---

① 张文晖、王嘉伟 综编：什么是《中国制造 2025》？2015 年 5 月 19 日，见 http://history.people.com.cn/peoplevision/n/2015/0519/c371452-27024940.html。

作为社会主义国家，1956年我们完成了全社会所有企业的社会主义改造，不但控制了生产资料，而且控制了生活资料。不但在城市进行了社会主义改造，而且在农村也进行了人民公社化，所有生产资料归公，基本取消了私有制。这也引起了新的改革，1978年，开始把生活资料部门交给市场。下表是主要的政策过程。

**中国政府的政策过程**

| 时间 | 政府行为 |
| --- | --- |
| 1951.12 | 通过了《关于农业生产互助合作的决议（草案）》，提倡组织起来，发展农民互助合作的积极性 |
| 1953—1957 | 第一个五年计划。基本任务就是建立社会主义工业化的初步基础，包括电力、煤矿、石油、钢铁、有色金属和基本化学工业，大型机床、发电、冶金、采矿设备和汽车、飞机的机器制造业。同时相应地发展其他轻工业以及为农业服务的中小型工业企业。第一个五年计划共投入764.4亿元，超越了中国历史上任何时期用于国家建设的支出 |
| 1953 | 国家开展了有计划地扩展加工订货的工作 |
| 1953.7 | 政府开始对主要物资和工业原料进行控制，借此，国家对各种经济成分进行了全面的生产安排，国家对私营工业的产品绝大部分实行了加工订货、统购包销。私营运输业和私营商业，对前者国家实行统一货源、统一调度、统一运价，对后者国家采取“留、转、包”三个步骤，即让一些批发商在国营商业的领导下继续进行批发业务，之后把其中的经营人员转到其他经济部门，最终将私营批发商都吸引到国营企业中去 |
| 1953.12 | 发布了《关于发展农业生产合作社的决议》，高级社以生产资料集体所有制为基础，完全实行集体劳动和按劳分配 |
| 1954.9 | 国家公布《公私合营工业企业暂行条例》 |
| 1956.1 | 资本主义改造进入全行业公私合营阶段，年底公私合营全部完成。这标志着资产阶级占有的生产资料已经全部为国家所有，私营工商业的社会主义改造完成 |
| 1958.8 | 党中央在北戴河会议上公布了《关于在农村建立人民公社的决议》。在原有的农业社里，按照自愿互利的原则实行公有化，部分社员还有自己的自留地、生产资料和家庭副业，人民公社则废除一切私有制，进行统一生产、核算和分配，完全平均主义 |

续表

| 时间 | 政府行为 |
| --- | --- |
| 中共十一届三中全会 | 讨论了1979和1980两年的国民经济计划安排，同意了《中共中央关于加快农业发展若干问题的决定（草案）》和《农村人民公社工作条例（试行草案）》 |
| 1978—1985 | 对农村消费品部门的改革主要包括促进农村商品流通，积极开展多种经营，实行政社分设和发展乡镇企业 |
| 1979.7 | 国务院颁布了《关于扩大国营企业经营管理自主权的若干规定》《关于国营企业实行利润留成的规定》《关于提高国营工业企业固定资产折旧率和改进折旧费使用办法的暂行规定》《关于开征国营工业企业固定资产税的暂行规定》《关于国营工业企业实行流动资金全额信贷的暂行规定》5个文件，先行在部分企业进行试点。主要内容包括：在完成国家计划的前提下，允许企业增产市场需要的产品并销售商业、物资、供销部门不收购的产品以及试制新产品。企业可以进行计划内利润留成，职工可以得到一定的奖金；企业经主管部门同意，可以引进新技术、新设备，可以利用外资对外装配、加工等 |
| 1980.12 | 对国民经济进行进一步调整，短期目标是实现财政平衡、信贷平衡和物价稳定。长期则要继续克服国民经济的比例失调，建立合理的经济结构 |
| 1984.5 | 作出了《国务院关于进一步扩大国营工业企业自主权的暂行规定》，在生产经营计划、产品销售、产品价格、物资选购、资金使用、资产处理、机构设置、劳动人事、工资奖金和联合经营10个方面，进一步扩大了企业的自主权 |
| 1984年以后 | 在提高粮食、棉花、油料等国家订购价的同时，国家放开了其他绝大多数农副产品的购销价格 |
| 1986年以后 | 随着工业产品供给能力的提高，又放开了自行车、黑白电视机、电冰箱等工业消费品的价格；另外全面放开了日用品、百货、文具等商品价格 |
| 1987.9.11 | 国务院发布了《中华人民共和国价格管理条例》，明确规定了国家现行的3种价格形式：政府定价、政府指导价和市场调节价，明确赋予了企业对部分产品自行定价的权力，将这一阶段的改革成果用文件形式固定了下来。计划内产品价格的不断调整和计划外产品价格控制的逐步放开，形成了生产资料双轨制 |
| 1987 | 党的十三大提出了“国家调节市场，市场引导企业”的新的经济运行机制，明确了改革方向，价格改革在更广的范围内展开 |

续表

| 时间 | 政府行为 |
| --- | --- |
| 1988. 10 | 国务院发出了《国务院关于加强物价管理严格控制物价上涨的决定》，内容包括：核定主要农业生产资料综合零售价；对计划外生产资料严格执行最高限价；重新控制定购粮、议价粮及定量供应部分猪肉的价格，对城市大路菜实行计划价格；限定烟酒价格的浮动率；对所有重工业、轻工业品实行最高限价等。治理整顿措施不仅冻结了物价，还收回了大部分已放开的定价权。尽管采取了冻结物价和收紧银根等控制措施，1988、1989 连续两年的物价指数还是高达 20%左右 |
| 1993 | 国家放开了除个别省份外的粮油价格、部分水泥价格、大部分钢材价格和通配煤的价格 |
| 1993. 11 | 中共十四届三中全会审议通过了《中共中央关于建立社会主义市场经济体制若干问题的决定》，其中有关生产资料部门的改革包括：金融体制改革，逐步建立起以中央银行为核心的独立执行货币政策的宏观调控体系，政策性金融与商业性金融分离；汇率并轨，取消外汇双重汇率，建立起以市场供求为基础的单一的浮动汇率制度，实行人民币在经常项目下可自由兑换；投资融资体制改革，强化企业的投资主体地位，引入市场竞争机制，在基础建设中引入多种融资方式，直接融资在固定资产投资中所占比重不断上升 |
| 1994—1995 | 对粮油等重要商品进行了流通体制改革，尤其对原油、成品油价格实行了并轨，其价格根据国际市场变化进行定期调整 |
| 2003 | 进入金融机构市场化取向的企业化改造，重点是对银行企业进行股份制改造，并建立公司治理结构，使银行真正自主经营、自负盈亏、自担风险。同时，完善金融法律体系，加强对金融风险的防范，保障金融业市场化的顺利进行 |
| 2008 | 4 万亿投资计划 |
| 2013 | “一带一路”倡议 |
| 2015 | 中国制造 2025 |
| 2016 | 供给侧结构性改革 |

## 19. 4 过度市场化

在一些领域，比如教育、医疗、房地产等领域的改革也出现了过度市场化的倾向。

教改：高校收费改革从20世纪90年代开始，到1996年左右并轨的时候，全国平均收费标准年均约为500元，但到2005年时，收费飙升到了5000元左右，10年平均上涨了10倍。这样的结果导致每年有一批考上大学的孩子上不起学，幸运者得到资助，但很多人失去了接受高等教育的机会。教育本身就是一个供需不平衡的精英取向制度的结果，也就是说教育本身就是一个供给和需求不可能平衡的精英取向制度。而市场化就是通过价格机制，使得供需平衡。其结果就是我们要花更高的学费才能进大学，没有钱的农村贫穷家庭的子弟，再也念不起书！今天各行各业很多有成就的人，都来自农村。如果教育简单地套用市场化的路子，其结果无疑是失败的。

医改只有两条路可以走：一条是非市场化模式，另一条是市场化模式。英国和德国通过政府的税收向全民提供免费或者低价保险，是非市场化的运作；美国就是典型的市场化医疗体系。到目前为止，全世界没有一个国家和地区的医疗改革是成功的。美国的克林顿总统上任的第一天，就聘任他的太太希拉里为美国医药改革委员会主席，结果两年之后彻底地失败。奥巴马通过了医改法案，也是漏洞百出。欧洲、亚洲各国也进行过医疗改革，结果都是失败，原因就是保险费用太高，政府无法负担。另外一个导致医改失败的原因是信息不对称问题。以中国台湾地区的劳工保险为例，由政府部门出钱，劳工拿着保单就可以去医院看病。结果病人没有生病，却拿着保单到医院，和医院合谋骗取政府部门的医药费，导致政府部门不得不取消劳保。正因为医疗改革是一件很艰难的事，我们不能轻易把市场化的概念加在医改上！市场化的医疗改革注定失败，医疗改革必定是要由政府部门扛下这个担子。

房改：房改的问题在于供给面市场化严重不足，需求面市场化严重过度。地产供给面的特性可分 3 个要点来解释：第一，两大核心资源，里面包含两个小项，一个是银行信贷权，一个就是土地开发权。这两个权力基本上操控在地方政府手中，只要操控在地方政府手中，就可能产生腐败。第二，长流程管理。任何地产开发商从立项到开工再到验收到销售等等，整个流程差不多一百多个环节，每一个环节都需要政府盖公章，每个公章都有可能造成权力的腐败，这个又飙高了成本。第三，也就是政府卖地的心态。一个地方的领导到任之后，什么事都不要做，光卖地 GDP 就上去了，而且卖的价格越高，GDP 上升就越快。官员为了个人的形象工程、政绩工程，卖地价格越卖越高，涨幅越来越快。两个核心资源、长流程管理加上政府卖地使得地产供给面价格大幅度上升，供给面的市场化严重不足，进而造成地价飙高，房价飙高。因为投资环境恶劣挤压出的企业家的投资资金、国际热钱以及老百姓的储蓄款进入楼市，吹起泡沫，造成地产的需求面市场化过度。地方政府应把卖地资金，取之于民，还之于民，比如说盖廉价租屋或者盖经济适用房等。

2008 年的 4 万亿投资导致了两个问题。第一，把调控的方向深入消费品领域，消费品需求在短时间暴涨传导到上游，导致产能严重过剩。第二，直接大量投资“铁公基”部门。这都说明生产资料部门也不能短时间过度发展。

第一，按照 4 万亿最初的规划是投资十大方向：一是加快建设保障性安居工程。二是加快农村基础设施建设。三是加快铁路、公路和机场等重大基础设施建设。重点建设一批客运专线、煤运通道项目和西部干线铁路，完善高速公路网，安排中西部干线机场和支线机场建设，加快城市电网改造。四是加快医疗卫生、文化教育事业发展。加强基层医疗卫生服务体系建设，加快中西部农村初中校舍改造，推进中西部地区特殊教育学校和乡镇综合文化站建设。五是加强生态环境建设。加快城镇污水、垃圾处理设施建设和重点流域水污染防治，加强重点防护林和天然林资源保护工程建设，支持重点节能减排工程建设。六是加快自主创新和结构调整。支持高技术产业化建设和产业技术进步，支持服务业发展。七是加快地震灾区灾后重建各项工作。八是提高城乡居民收入。提高明年粮食最低收购价格，提高农资综合直补、良种补贴、农机具补贴等标准，增加农民收入。提高低收入群体等社保对象待遇水平，增加城市和农村低保补助，继续提高企业退休人员基本养老金水平和优抚对象生活补助标准。九是在全国所有地区、所有行业全面实施增值税转型改革，鼓励企业技术改造，减轻企业负担 1200 亿元。十是加大金融对经济增长的支持力度。取消对商业银行的信贷规模限制，合理扩大信贷规模，加大对重点工程、"三农"、中小企业和技术改造、兼并重组的信贷支持，有针对性地培育和巩固消费信贷增长点①。但是在地方政府落实过程中基本都进入了地产行业，重新引爆了中国楼市，造成了通货膨胀，同时很多相关行业严重产能过剩，比如钢铁、纺织、电解铝、玻璃、家电等。

第二，投资"铁公基"造成大量没有车跑的高速公路、几乎全部处于亏损状态的机场等。举例而言，民航局发布《关于对 2016 年民航小机场补贴预算方案的公示》，我们发现在民航总局补贴、地方政府补贴的情况下，亏损的机场比例依然超过 80%，这些大部分是 2008 年建设起来的。

鉴于此，政府不得不花很长时间来解决这些问题，2013 年提出"一带一路"和 2015 年提出供给侧结构性改革。

① 《国务院常务会议部署扩大内需促进经济增长的措施》，2008 年 11 月 9 日，见 http://www.gov.cn/ldhd/2008-11/09/content_ 1143689.htm。

“一带一路”沿线 60 个国家，经济总量 21 万亿美元，占全球 GDP 的 29%，基本都是发展中国家，基建需求巨大。2013—2016 年，我国与“一带一路”沿线国家新签对外承包工程项目合同金额为 3758 亿美元。中央企业在“走出去”过程中的年均投资增长 15%，年均销售收入增长 4.5%。通过“一带一路”的基建项目，中国有效解决了产能过剩问题，也让沿线国家的基础设施水平得到巨大提升，形成了更高水平的陆海空交流网络。同时使投资贸易的便利化水平更有效地提升，建立高品质、高标准的自由贸易区域网，使中国的产能过剩输出取得了双赢局面。这不得不归功于习近平主席高瞻远瞩的国际视野。

供给侧结构性改革的重点任务是“去产能、去库存、去杠杆、降成本、补短板”，具体来说包括处置僵尸企业，化解房地产库存，防控金融风险，降低企业成本和补充供给短板等。目的是以供给侧结构性改革提高供给体系的质量和效率，进一步激发市场活力和社会创造力。如果没有 4 万亿带来的普遍产能过剩，可能 2008 年借助危机的推动就开始国内的产业升级了，不用等到现在。

供给侧改革的道路可能很漫长。2016 年 5 月 9 日，《人民日报》头版发表了把脉中国经济的访谈，权威人士表示，“我国经济运行不可能是 U 形，更不可能是 V 形，而是 L 形的走势。这个 L 形是一个阶段，不是一两年能过去的”。

十九大报告提出，“必须坚持质量第一、效益优先，以供给侧结构性改革为主线，推动经济发展质量变革、效率变革、动力变革”。这也是我国经济由高速增长阶段转向高质量发展阶段的必然选择，符合国际发展大势和我国发展阶段性要求。我国供给体系产能强大，220 多种主要工农业产品生产能力稳居世界第一，但我国生产能力大多数只能满足中低端、低质量、低价格的需求，有大量过剩产能；供给结构不适应需求新变化，有效供给严重不足，关键核心技术长期受制于人，旅游、体育、健康、养老、家政等领域供给不能满足居民需要。深化供给侧结构性改革具体来说就是牢牢主导生产资料部门：提高产品和服务质量；提升制造业水平；强化基础体系支撑，加强水利、铁路、公路、水运、航空、管道、电网、信息、物流等基础设施网络建设；发挥人力资本作用，更加注重调动和保护人的积极性。主导生产资料部门不需要直接由国家经营、投资，只需要政策引导、金融支持就够了。还是要靠市场的活力完成供给质量的提高，这才是符合马克思中观经济学的正确道路，也是主要的发达国家普遍选择的道路。

# 附录一　各国政府干预生产资料部门的法案

| 美国 | | |
|---|---|---|
| 时间 | 生产政策/法律 | 内容 |
| 1933 | 《农业调整法》<br>《国家工业复兴法》<br><br>《紧急银行法》<br>新税法 | 政府规定农产品最低价，政府出面休耕土地<br>政府确定企业的生产规模、价格水平、工资标准、工作时间等<br>审查银行业，关闭了 1.08 万家银行，放弃金本位<br>超额累进税率和遗产税 |
| “二战”期间 | 美国建立 2600 多家大型国有工业企业 | 国有企业主要分布在军火、机械制造、化工、合成橡胶、电力等部门 |
| 1938 | 国会特许成立政府资助的股份制公司——房利美 | 扩大二级抵押贷款市场规模 |
| 1970 | 国会特许成立政府资助的股份制公司——房地美 | 促进二级抵押贷款市场的竞争 |
| 1971 | 美国全国铁路客运公司 | 以接受国家补贴、租用私营公司铁路的方式为美国提供城际客运服务至今 |
| 1989 | 国会通过《金融机构改革、复兴与强化法案》 | 为了解决经济危机下储蓄和贷款协会的破产困境，政府部分拨款成立了重组信托公司，对出现问题的储贷机构进行重组处置 |
| 1993 | 国家信息基础设施工程计划 | 计划提出用 20 年时间，耗资 2000—4000 亿美元发展信息产业 |

续表

| 美国 | | |
|---|---|---|
| 时间 | 生产政策/法律 | 内容 |
| 2008 | 金融危机，美国政府直接接管了 AIG（美国国际集团），美国联邦住房金融局接管房地美和房利美 | 为 AIG 提供了 1823 亿美元的救助资金；提供 7000 亿美元不良资产收购计划，并开启了持续量化宽松的大门 |
| 2009 | 《美国复苏与再投资法案》 | 总额 7870 亿美元，包括科研计划、生物医学领域、新能源领域等投资计划 |
| 2010.8 | 《制造业促进法案》 | 降低制造生产成本，促进就业，在税收、贸易、能源和基础设施等各项政策方面给予扶持 |
| 2011.6 | 《确保美国先进制造业领导地位》 | 联邦政府加大对先进制造业在研发资金上的支持 |
| 2012.2 | 《国家先进制造战略规划》 | 对先进制造进行重新定义：先进制造是一系列制造活动，它是采用信息化、计算机应用、软件、网络化等先进技术，其显著特征是新产品的快速推广应用和工艺的持续改进。 |
| 2012.6 | 《先进制造伙伴（AMP）计划》 | 建立企业、大学、政府之间的合作伙伴关系，以此汇集国家高端人才，扩大政府投资，制定先进制造业技术发展战略，从而增加就业机会，增强国际竞争力，继续保持美国在制造业的领先地位 |
| 2012.7 | 《赢得本国先进制造竞争优势报告》（简称 AMP1.0 报告） | 通过扩大先进制造、增强行业资源共享、完善技术创新政策、重视人才培养等多种措施，提升先进制造能力，推动制造业的发展 |
| 2013.2 | 《制造业创新的国家网络：初步设计》 | 提出构建“国家先进制造创新网络”，计划在制造工艺、先进材料及其加工工艺、高效能技术及其平台建设 15 个国家先进制造创新研发中心（IMI） |
| 2013.4 | 《2013 先进制造业创新法案》 | 出台一系列政策促进先进制造业创新 |
| 2014.10 | 《加速美国先进制造业》（AMP2.0 报告） | 就 1.0 报告中三大支柱如何进行加速给出建议，有三个制造业突破性领域被选为急需加速，它们是制造业先进感知、控制与平台（ASCPM），可视化、信息与数字化制造（VIDM），先进材料制造（AMM） |

续表

| 美国 | | |
|---|---|---|
| 时间 | 生产政策/法律 | 内容 |
| 2014.11 | 《2014 振兴美国制造业和创新法案》 | 关注领域：纳米技术、先进陶瓷、光子及光学器件、复合材料、生物基和先进材料、混合动力技术、微电子器件开发等 |
| 2015.10 | 《美国国家创新战略》 | 维持美国创新生态系统，创造高质量的经济增长，催生国家重点领域的突破，建设一个创新型政府。强调九大战略领域：先进制造、精准医疗、大脑计划、先进汽车、智慧城市、清洁能源和节能技术、教育技术、太空探索和计算机新领域 |
| 2016.2 | 《国家制造创新网络战略计划》 | 促进新技术向规模化、经济化和高效本土制造化转变 |
| 2016.4 | 《先进制造：联邦政府优先技术领域速览》 | 提出了 14 个国家优先的先进制造技术领域，包括 5 个重点潜力技术领域：先进材料制造、面向先进生物制造的工程生物学、可再生医学的生物制造技术、先进生物产品制造、药物连续制造等 |
| 2016.4 | 《2016—2045 年新兴科技趋势——领先预测综合报告》 | 帮助美国相关部门了解未来可能影响国家安全的核心科技，并为国家及社会资本指明科技投资方向，机器人技术和自动系统、增材制造（3D 打印）等在报告中得到了强调 |
| 2016.5 | 《21 世纪美国国家安全科学、技术与创新战略》 | 指出科技与创新对于维护美国的全球领导地位、支撑美国国家安全战略的实现发挥着至关重要的作用 |

| 英国 | |
|---|---|
| 时间 | 政府行为 |
| 1868 | 将本岛的电报业国有化到英国邮政总局 |
| 1908 | 政府建立伦敦港湾局，统一管理伦敦船坞 |
| 1912 | 将本岛的电话业国有化，由英国邮政总局经营 |
| 1926 | 成立中央电力局，协调全国的电力系统。将广播业收归国有，但由独立经营的英国广播公司（BBC）管理 |
| 1933 | 政府成立了伦敦客运局，独立经营伦敦的公共交通；建立公有英国海外航空公司 |
| 1938 | 通过《煤炭法》将所有煤炭利益授予煤炭委员会 |
| 1939 | 由于长期受政府资助，帝国航空有限公司被收归国有 |

续表

| 英国 | |
|---|---|
| 时间 | 政府行为 |
| 1945 | 声称“社会主义政党”的工党政府发表了《让我们面对未来》的竞选纲领，并建立以国有化为核心的经济政策 |
| 1946. 3 | 英国政府把英格兰银行收归国有，并成为法定中央银行 |
| 1946. 7 | 通过《煤炭法》，建立国家煤炭局，政府用 1. 6 亿英镑的补偿费将全国 800 家公司收归国有 |
| 1946 | 开始实施煤炭工业国有化 |
| 1946 | 通过《民用航空法》，将民用航空业收归国有，成立 3 家国营航空公司 |
| 1947. 8 | 政府先后依据一系列国有化法令，在铁路运输、电力、煤气、航空、电信、航运等企业部门推行国有化，通过《国内运输业法》《民航法》《电力法》，建立英国欧罗巴航空公司、英国运输委员会和中央电力局 |
| 1948 | 通过了《煤气法》，将煤气业收归国有 |
| 1949 | 将天然气供应收归各地区所有 |
| 1951 | 《冶金工业国有化法案》也正式生效 |
| 1962 | 麦克米伦政府首次成立了国家经济发展委员会 |
| 1963 | 成立英国铁路局 |
| 1965 | 新的国有化法案恢复“英国钢铁公司”的名称，钢铁企业被重新国有化 |
| 1967 | 成立英国钢铁公司 |
| 1968 | 通过新的《运输法》，把部分机场和港口收归国家管理经营，并将 160 公里以上的货运公司进行国有化改造；并于 1967 年开始实行第二次国有化 |
| 1969 | 成立全国客车公司，成立邮政公司 |
| 1971 | 劳斯莱斯有限公司破产，政府将航空发动机部分另立公司收归国有 |
| 1973 | 通过水务法，水资源管理高度一体化，由 10 个地区性水务局管理；创建英国燃气公司 |
| 1974 | 工党政府提出要把开发的土地收归国有 |
| 1975 | 为了保持充足的石油供应，政府建立英国国家石油公司（BNOC）；建立国家企业局，推行产业国有化 |
| 1975 | 英国政府成立国家企业局，并先后向该局注入资金，国家企业局职责是推进成立特定工业部门，并将被用来控制管理政府现有股份，对陷入困境的国有企业提供资金补助 |

续表

| 英国 | |
|---|---|
| 时间 | 政府行为 |
| 1976 | 利兰汽车公司被收归国有 |
| 1977 | 将造船工业国有化，组成英国造船公司 |
| 1977 | 将霍克·西德利公司和英国飞机公司两大集团国有化，成立英国航空和宇航公司；还将一些自动化高端技术设备企业收归国有 |
| 20世纪70年代末 | 卡拉汉政府成立了英国国家石油公司，执行政府参加沿海油田的开发权利；将造船和飞机工业国有化，并把私人所有的商业港口和运输设备置于国家所有和管理之下 |
| 20世纪80年代和90年代的新自由主义时期 | 英国重新开始出售国有企业 |
| 1998 | 英国工党宣布设立“政府引导基金”，首期投入1亿英镑，用以推动中小企业发展，支持社会大众创业创新 |
| 2008 | 2008年经济危机，英国政府拿出2000亿英镑买入多家银行股份，为银行提供担保，并且连续6次降息，把基准利率从5%降到0.5%，创下英国央行1694年以来新低 |
| 2009.5.5 | 英格兰银行宣布将购买750亿英镑的金融资产，随后增加购买金额至2000亿英镑 |
| 2012.2.9 | 英格兰银行将购买总金额增至3250亿英镑 |
| 2012.7.5 | 英格兰银行再次宣布购买500亿英镑的金融资产，三轮资产购买计划的总金额达到3750亿英镑 |
| 2012.7 | 英格兰银行引入了“融资—贷款计划”（FLS），从2012年8月1日起的18个月内，英国各银行能够以非常便宜的资金价格融入长期资金，但前提是要增加贷款规模（资金价格与银行的新增贷款规模呈负相关） |
| 2012.10 | 英国建立“绿色投资银行”，由英国政府全资控股，三年内在英国境内投资了超过40个绿色项目 |
| 法国 | |
| 时间 | 生产政策/法律 |
| 19世纪初 | 拿破仑政府拨巨款建立新企业，举办工业展览会，鼓励机器生产 |

续表

| 法国 | |
|---|---|
| 时间 | 生产政策/法律 |
| 1800 | 成立法兰西银行，银行总裁由政府指定并且派人监督，到19世纪后期成为中央银行 |
| 1810 | 政府建立烟草与火柴工业经营部 |
| 1816 | 国有金融机构法国地产信贷银行成立，议会、法国央行、国家审计法院、巴黎工商会等机构的代表组成的委员会对其运作进行监督 |
| 1851 | 政府出资建立邮政局 |
| 1860 | 法国供热总公司成立 |
| 1863 | 里昂信贷银行成立，战后通过两轮国有化，国家取得了完全控制权 |
| 70年代 | 政府采取贷款、补贴和直接投资的方式，扶植冶金、采矿和机械制造等部门 |
| 1877 | 西方铁路公司收归国有 |
| 1878 | 设立了邮政部 |
| 80年代 | 拨款50亿法郎，计划用20年时间兴建全国交通网络，包括公路、铁路、运河等 |
| 1914 | 法国政府对酒精实行国家垄断经营 |
| 1919 | 法国通过立法，有关矿物燃料的开发也被国有化 |
| 1924 | 国家出资成立法国石油公司，以便管理法国政府获得的德国在土耳其和伊拉克的一部分石油股份 |
| 1929 | 国家出资成立法国炼油公司 |
| 1933 | 法国政府将各家航空公司合并，成立法兰西航空公司 |
| 1937 | 政府为对付财政赤字，对铁路实行国有化，成立法国铁路公司 |
| 1939 | 成立石油独立公司 |
| 1944 | 对北方煤矿、法国航空公司、新闻机构进行了国有化 |
| 1945 | 法国国营雷诺汽车公司被戴高乐临时政府法令没收，改为国营企业，雷诺1996年被私有化 |
| 1945. 12. 2 | 法兰西银行被收归国有，正式成为法国的中央银行 |
| 1946. 1. 1 | 法国里昂信贷银行收归国有，法国政府拥有其66. 15%的股份 |

续表

| 法国 | |
| --- | --- |
| 时间 | 生产政策/法律 |
| 1946 | 戴高乐将军牵头成立了法国计划总署，实施计划经济。该机构直接向政府首脑汇报，主要职能是制定中长期经济规划方案，预测和协调经济发展 |
| 1946 | 法国电力集团（EDF）以国有企业形式成立，负责全法国的发、输、配电业务 |
| 1946 | 法国煤炭公司被国有化 |
| 1946—1952 | 第一个国民经济计划 |
| 1948.6.16 | 法国国民议会颁布法令，成立新的法国航空公司，法国政府拥有70%的股权，成为法国国营航空公司 |
| 1948 | 全国煤炭局、国家铁路局、国家宇航公司和法兰西电力公司等经营管理机构建立 |
| 1954—1957 | 第二个国民经济计划 |
| 1958—1961 | 第三个国民经济计划 |
| 1962—1970 | 第四、第五个国民经济计划 |
| 1966 | 巴黎国民银行成立，是法国最大的国有银行 |
| 1967 | 将34家保险公司改组为3家集团，即巴黎保险联合公司、国家保险集团、巴黎保险总公司 |
| 1967 | 法国国营氮气工业管理局和国营阿尔萨斯钾矿公司合并为矿业与化学企业 |
| 1970 | 北方飞机制造公司、南方飞机制造公司和弹道导弹研究和制造公司合并为国营宇航工业公司 |
| 1971—1975 | 第六个国家计划方案 |
| 1974—1981 | 第七、第八个国民经济计划 |
| 1979 | 法国兴业银行被国有化，国家控制该行资本的93.5%，后转为全额控制 |
| 1981 | 法国政府通过将债务变成股本金的方式收购了于齐诺尔公司 |
| 1981—1986 | 第九个国民经济计划 |
| 1981—1982 | 密特朗政府颁布国有化法律，在1981—1982年将五大工业集团（法国通用电气公司、圣戈班公司、佩希内于吉纳-库尔曼公司、罗纳-普朗克公司、汤姆逊-布朗特公司）、两大金融公司（巴黎荷兰金融公司和苏伊士金融公司）以及存款在10亿法郎以上的36家大银行都国有化 |

续表

| 法国 | |
|---|---|
| 时间 | 生产政策/法律 |
| 1991 | 撤销邮政部，更名为法国电信 |
| 1991 | 法国军工产业集团被政府收归国有 |
| 1996.7 | 新的《电信法》出台，法国电信公司变为公共公司 |
| 2004 | 把“科研税收抵免”确定为一项永久性的、鼓励创新的公共政策 |
| 2006 | 直接取消了计划总署，改组成法国战略与展望总署 |
| 2008 | “科研税收抵免”主要面向从事基础研究、应用研究和实验开发的企业，而且与科研有关的人员费用、转包费用等都可以进行税收抵免 |
| 2012 | 将税收抵免政策扩展为针对中小企业的“创新税收抵免” |
| 2012.11.6 | 法国总统奥朗德发布了《促进增长、竞争力和就业国家公约》，开始推行“竞争力与就业税收抵免”政策，继续为企业改善科研与创新等提供税收抵免的财政支持 |
| 2013 | 法国进行了高校与研究体制的改革，《高教与研究指导法》提出建立国家科研战略委员会，把科研视作国家发展战略的重要一环 |
| 德国 | |
| 时间 | 生产政策/法律 |
| 17—18世纪 | 在普鲁士王国首先出现了国有企业，一个是皇家海外贸易机构，后来发展为普鲁士国家银行，另一个是普鲁士银行，是德意志联邦银行的前身 |
| 1839 | 《股份法》 |
| 1861 | 《全德意志贸易法典》 |
| 1871—1890 | 普鲁士王国还接管了邮政、铁路、海港和内河港口、城市建设，发展了供应水、电、煤气的公共企业和环境卫生事业 |
| 1876 | 合并各邦电报系统 |
| 1879 | 帝国最大的普鲁士邦以及阿尔萨斯-洛林地区率先实现了铁路国有化 |
| 1897 | 柏林、汉诺威等地的私人邮政被取消，建立了由国家管理的统一邮政系统 |
| 20世纪50年代 | 联邦政府先后颁布法令将水、电、煤气、交通、铁路、邮电和航空等重要公共经济部门收归国有 |
| 1957 | 《德意志联邦银行法》 |

续表

| 德国 | |
|---|---|
| 时间 | 生产政策/法律 |
| 1961 | 《促进经济稳定与增长法》 |
| 1961 | 《信贷法》 |
| 20世纪60年代开始 | 德国以综合运用财政、金融手段对陷于困境的农业部门、煤炭工业等基础部门进行整顿、改组和资助，对计算机、核能等新兴产业予以积极措施鼓励发展 |
| 1994 | 德国联邦铁路与前民主德国地区的德国国营铁路合二而一，成为德国铁路股份公司 |
| 1995.1.1 | 联邦德国还着手进行邮政私有化改革，将邮电部一分为三，即德国电信股份公司、德国邮政股份公司和德国邮政银行股份公司 |
| 1991—2002 | 德国联邦直接参股企业和联邦特别财产企业的总数由214个减少到120个，重要直接参股企业从136个减少为37个。三大重要公共部门联邦铁路、联邦邮政和联邦通信的私有化任务基本完成，整个私有化期间总收入为235.74亿欧元 |
| 2006 | 德国国家层面首次提出中长期发展战略《德国高科技战略》(2006—2009年)，政府将支持引导中小企业将高科技研发创新置于战略中心地位，并重点加强了对处于未来战略重点领域的17个高科技产业的研发支持 |
| 2009.1 | 德国出台《一揽子经济刺激计划Ⅱ》，2009—2011年为研发和推广电动汽车提供5亿欧元资金支持 |
| 2009.9 | 发布《国家电动汽车发展计划》，作为德国发展电动汽车的纲领性文件 |
| 2010.5 | 德国政府成立了“电动汽车国家平台”(NPE) |
| 2010.7 | 通过了《思想·创新·增长——德国2020高技术战略》 |
| 2011.4 | 德国政府提出“工业4.0”战略 |
| 2011.5.16 | “电动汽车国家平台”发布的第二份政策咨询报告为将来德国电动汽车发展制定框架：2011—2014年，研发和开展示范项目；2015—2017年，电动汽车及其配套基础设施的市场推广；2018—2020年，形成可持续的商业模式 |
| 2012 | 推出《高科技战略行动计划》，为《国家高科技战略2020》框架下《十大未来项目》的开展保驾护航 |
| 2013.4 | 《德国工业4.0战略计划实施建议》 |

续表

| 日本 | |
|---|---|
| 时间 | 政府行为 |
| 1870—1885 | 明治维新初期实行“殖产兴业”计划 |
| 1870—1885 | 日本投入各类“劝业资金”共2.09亿日元 |
| 1870.12 | 成立工部省，全面负责推行殖产兴业政策，工部省下面设立不同的局，比如矿山局、铁路局、造船局、冶铁局、制造局等；工部省运用国库资金引进西方先进的生产技术和设备，创办了大量官营企业 |
| 1873.11 | 成立内务省，重点发展轻工业 |
| 19世纪80年代 | 日本政府拥有3家造船厂、5家军械厂、10处矿山和52家纺织、水泥、玻璃、火柴、酿酒等工厂 |
| 1880 | 日本已经建成了两大陆军工厂——东京、大阪炮兵工厂；两大海军工厂——筑地、横须贺海军工厂 |
| 1880.11 | 日本颁布《处理官营企业条例》，将大部分官营企业以极其低廉的价格处理给与政府关系密切的私人资本 |
| 1885 | 殖产兴业政策基本实施完毕，建成了大量规模巨大，设备先进的炮兵工厂、造船厂、机器制造厂和矿山 |
| 1897 | 日本用部分战争赔款创办了八幡制铁所，以掠自中国大冶的铁矿石为原料 |
| 1901 | 第一座高炉投产，八幡制铁所后来发展为日本最大的钢铁企业，更成为以战争发展经济的“成功”典范 |
| 1914 | 日本政府兴办的军事工厂达到842家 |
| 20世纪30年代 | 日本政府颁布了一系列实施经济统制、强化国家干预经济的政策法规等，如《国家总动员法》《重要产业统制法》《进出口临时措施法》《临时资金调整法》《军需工业动员法》《电力国家管理法》等，进一步强化对主要经济领域的控制 |
| 20世纪40年代 | 采用“倾斜生产方式”，集中发展煤炭和钢铁产业 |
| 1940.7 | 日本政府制定出《基本国策纲要》，又制定了一系列强化经济统制的法规和条令，例如《公司经理统制令》《企业整治纲要》《重要产业团体令》《农业生产统制令》《军需融资指导金融机构制度》《粮食管理法》等，将军事、经济统制渗透到国民经济和国民生活的各个领域 |

续表

| 日本 | |
|---|---|
| 时间 | 政府行为 |
| 1943.11 | 为增强对经济统制的绝对领导，设了“军需省”，由内阁总理兼任军需大臣。此外，还在一切主要工业和金融部门中建立“统制会”和“统制组合”，由政府所属官厅管辖 |
| 1945 | 美国接管日本后强迫解散财阀，禁止垄断等，对日本进行经济上的解体 |
| 1945.11.4 | 发表《关于解散控股公司的备忘录》，强令三菱、三井、住友、野村等十大财阀上缴有价证券，由日本政府公开转售 |
| 1946 | 发放价格补贴金90.1亿日元中煤炭业占71.9% |
| 1947 | 煤炭业获得价格补贴金占总数的44%，居各产业之首 |
| 1947 | 通过了《禁止垄断法》，计划分割1200个大企业和大银行 |
| 1947 | 日本政府制定了《临时利率调整法》等法律，实行人为的低利率政策，以防止利率失控而造成企业借贷成本增加和物价上涨的恶性循环。作为补充，日本政府还实行“小额储蓄免税制度”，以便将城乡劳动者的大量闲散资金集中起来的同时，实施政府“超额贷款制度”和“银行不倒”原则，为银行向企业供给稳定的低成本的资金保驾护航。这种对资金的供给和需求“两手抓”的制度，保证了日本国民的个人储蓄几乎百分之百地转化为产业资本，为日本的产业尤其是重化工业的发展源源不断地补充血液 |
| 1947.1 | 成立的复兴金融公库由政府出资，专门为煤炭业提供优惠贷款 |
| 1947.6.29 | 日本政府决定对大煤矿实施国家直接管理，这是标准的计划经济 |
| 20世纪50年代 | 实行“贸易立国”模式，在国家主导下发展出口导向型经济，成立国家出口银行，为出口型企业提供资金援助，发放低息贷款等 |
| 1950.8 | 政府制定了《钢铁业和煤炭工业合理化政策纲要》 |
| 1951—1953 | 实施“产业合理化政策”，通过产业结构调整的政策，其实质就是通过技术改进和设备更新来降低基本工业产品的成本 |
| 1951.2 | 《关于我国产业的合理化措施》 |
| 1952.3 | 《企业合理化促进法》重点发展电力、海运、运输、通信四大产业，日本开发银行的80%的贷款都发放给了这四个产业，也是标准的计划经济 |
| 1955 | 日本政府颁布第一个经济发展计划《经济自立五年计划》 |
| 1955 | 《石油化学育成对策》 |

续表

| 日本 | |
| --- | --- |
| 时间 | 政府行为 |
| 1956 | 《机械工业振兴临时措施法》 |
| 1957 | 《电子工业振兴临时措施法》 |
| 1958 | 制定第二个经济计划《新的长期经济计划》，国家对经济的干预由直接控制转向间接调控 |
| 1960. 8. 24 | 日本政府通过“国民收入倍增计划”(1961—1970) |
| 1960. 1 | 《中期经济计划》 |
| 1963 | 《60年代通商产业构想》 |
| 1967. 3 | 《经济和社会发展计划》 |
| 1970. 3 | 《第二个经济和社会发展计划》 |
| 1971 | 《70年代通商产业政策构想》 |
| 1976 | 《产业结构长期构想》 |
| 1980. 3 | 《80年代通商产业政策构想》 |
| 90年代 | 日本提出了“创造性知识密集型”的产业政策 |
| 1994. 6 | 《新技术立国》 |
| 1995 | 《科学技术创造立国》 |
| 1995 | 《科学技术基本法》 |
| 1995. 10 | 产业结构审议会又提出了《面向21世纪的日本经济结构改革思路》的报告，提出以制造业为中心展开国际分工，特别是与东亚国家和地区的国际分工，日本应开发新的产业领域，向高附加值产业转移 |
| 1995. 12 | 日本内阁通过了政府的第十三个长期计划《经济社会结构改革计划》，鼓励创业和改组原有产业，对那些开发能力强、有发展前途的风险企业，理顺其资金渠道，提供资金保障 |
| 1997 | 《1997年技术白皮书》 |
| 2000. 7 | 由首相负责的“IT战略本部”成立，设立了“IT战略会议”，由索尼公司总裁井出伸之任委员长 |
| 2000. 11 | 政府制定了《信息技术基本法》，把“IT立国”法律化 |
| 2003. 4 | 政府出资10万亿日元成立“产业再生机构”，对资不抵债的企业进行业务重组、裁员、招聘新的经营团队等，然后重新评估再生后的企业价值，据此推算企业能偿还债务的上限，超过限额的部分要求银行免除债务 |

续表

| 日本 | |
|---|---|
| 时间 | 政府行为 |
| 2006.7 | 经济产业省成立了"信息大航海工程联合财团"，参加者包括 NTT（日本电信电话公司）、NEC（日本电气公司）、富士通、日立制作所等著名企业，联合东京大学、早稻田大学等著名大学共 56 家事业团体，计划投入 300 亿日元的预算，用三年时间独立研发日本自己的搜索引擎并确立日本在世界的领先地位 |
| 2013.1 | 日本通过了 2267.6 亿美元的政府投资 |
| 2016.2.16 | 日本央行把利率调整为-0.1%，成为首个负利率的国家 |
| 2016 | 推出了总额高达 28 万亿日元的财政刺激计划。结构性改革，比如提高消费税、加入 TPP（跨太平洋伙伴关系协定）等 |
| 2017 年之前 | 日本央行平均每月购买国债 3.5 万亿日元 |
| 瑞典 | |
| 时间 | 生产政策/法律 |
| 1990—1992 | 瑞典央行入市，购买银行资产 |
| 1992.9.16 | 瑞典央行把基准利率调高到 500%，三天后降到 50% |
| 1992.11.19 | 瑞典央行操纵汇率让瑞典克朗一次性贬值 10% |
| 中国 | |
| 时间 | 政府行为 |
| 1951.12 | 通过了《关于农业生产互助合作的决议（草案）》，提倡组织起来，发展农民互助合作的积极性 |
| 1953—1957 | 第一个五年计划。基本任务就是建立社会主义工业化的初步基础，包括电力、煤矿、石油、钢铁、有色金属和基本化学工业，大型机床、发电、冶金、采矿设备和汽车、飞机的机器制造业。同时相应地发展其他轻工业以及为农业服务的中小型工业企业。第一个五年计划共投入 764.4 亿元，超越了中国历史上任何时期用于国家建设的支出 |
| 1953 | 国家开展了有计划地扩展加工订货的工作 |
| 1953.7 | 政府开始对主要物资和工业原料进行控制，借此，国家对各种经济成分进行了全面的生产安排，国家对私营工业的产品绝大部分实行了加工订货、统购包销。私营运输业和私营商业，对前者国家实行统一货源、统一调度、统一运价，对后者国家采取"留、转、包"三个步骤，即让一些批发商在国营商业的领导下继续进行批发业务，之后把其中的经营人员转到其他经济部门，最终将私营批发商都吸引到国营企业中去 |

续表

| 中国 | |
|---|---|
| 时间 | 政府行为 |
| 1953.12 | 发布了《关于发展农业生产合作社的决议》，高级社以生产资料集体所有制为基础，完全实行集体劳动和按劳分配 |
| 1954.9 | 国家公布《公私合营工业企业暂行条例》 |
| 1956.1 | 资本主义改造进入全行业公私合营阶段，年底公私合营全部完成。这标志着资产阶级占有的生产资料已经全部为国家所有，私营工商业的社会主义改造完成 |
| 1958.8 | 党中央在北戴河会议上公布了《关于在农村建立人民公社的决议》。在原有的农业社里，按照自愿互利的原则实行公有化，部分社员还有自己的自留地、生产资料和家庭副业，人民公社则废除一切私有制，进行统一生产、核算和分配，完全平均主义 |
| 中共十一届三中全会 | 讨论了1979和1980两年的国民经济计划安排，同意了《中共中央关于加快农业发展若干问题的决定（草案）》和《农村人民公社工作条例（试行草案）》 |
| 1978—1985 | 对农村消费品部门的改革主要包括促进农村商品流通，积极开展多种经营，实行政社分设和发展乡镇企业 |
| 1979.7 | 国务院颁布了《关于扩大国营企业经营管理自主权的若干规定》《关于国营企业实行利润留成的规定》《关于提高国营工业企业固定资产折旧率和改进折旧费使用办法的暂行规定》《关于开征国营工业企业固定资产税的暂行规定》《关于国营工业企业实行流动资金全额信贷的暂行规定》5个文件，先行在部分企业进行试点。主要内容包括：在完成国家计划的前提下，允许企业增产市场需要的产品并销售商业、物资、供销部门不收购的产品以及试制新产品。企业可以进行计划内利润留成，职工可以得到一定的奖金；企业经主管部门同意，可以引进新技术、新设备，可以利用外资对外装配、加工等 |
| 1980.12 | 对国民经济进行进一步调整，短期目标是实现财政平衡、信贷平衡和物价稳定。长期则要继续克服国民经济的比例失调，建立合理的经济结构 |
| 1984.5 | 作出了《国务院关于进一步扩大国营工业企业自主权的暂行规定》，在生产经营计划、产品销售、产品价格、物资选购、资金使用、资产处理、机构设置、劳动人事、工资奖金和联合经营10个方面，进一步扩大了企业的自主权 |

续表

| 中国 | |
|---|---|
| 时间 | 政府行为 |
| 1984 年以后 | 在提高粮食、棉花、油料等国家订购价的同时，国家放开了其他绝大多数农副产品的购销价格 |
| 1986 年以后 | 随着工业产品供给能力的提高，又放开了自行车、黑白电视机、电冰箱等工业消费品的价格；另外全面放开了日用品、百货、文具等商品价格。 |
| 1987. 9. 11 | 国务院发布了《中华人民共和国价格管理条例》，明确规定了国家现行的 3 种价格形式：政府定价、政府指导价和市场调节价，明确赋予了企业对部分产品自行定价的权力，将这一阶段的改革成果用文件形式固定了下来。计划内产品价格的不断调整和计划外产品价格控制的逐步放开，形成了生产资料双轨制 |
| 1987 | 党的十三大提出了“国家调节市场，市场引导企业”的新的经济运行机制，明确了改革方向，价格改革在更广的范围内展开 |
| 1988. 10 | 国务院发出了《国务院关于加强物价管理严格控制物价上涨的决定》，内容包括：核定主要农业生产资料综合零售价；对计划外生产资料严格执行最高限价；重新控制定购粮、议价粮及定量供应部分猪肉的价格，对城市大路菜实行计划价格；限定烟酒价格的浮动率；对所有重工业、轻工业品实行最高限价等。治理整顿措施不仅冻结了物价，还收回了大部分已放开的定价权。尽管采取了冻结物价和收紧银根等控制措施，1988、1989 连续两年的物价指数还是高达 20%左右 |
| 1993 | 国家放开了除个别省份外的粮油价格、部分水泥价格、大部分钢材价格和通配煤的价格 |
| 1993. 11 | 中共十四届三中全会审议通过了《中共中央关于建立社会主义市场经济体制若干问题的决定》，其中有关生产资料部门的改革包括：金融体制改革，逐步建立起以中央银行为核心的独立执行货币政策的宏观调控体系，政策性金融与商业性金融分离；汇率并轨，取消外汇双重汇率，建立起以市场供求为基础的单一的浮动汇率制度，实行人民币在经常项目下可自由兑换；投资融资体制改革，强化企业的投资主体地位，引入市场竞争机制，在基础建设中引入多种融资方式，直接融资在固定资产投资中所占比重不断上升。 |
| 1994—1995 | 对粮油等重要商品进行了流通体制改革，尤其对原油、成品油价格实行了并轨，其价格根据国际市场变化进行定期调整 |

续表

| 中国 | |
|---|---|
| 时间 | 政府行为 |
| 2003 | 进入金融机构市场化取向的企业化改造，重点是对银行企业进行股份制改造，并建立公司治理结构，使银行真正自主经营、自负盈亏、自担风险；同时，完善金融法律体系，加强对金融风险的防范，保障金融业市场化的顺利进行 |
| 2008 | 4万亿投资计划 |
| 2013 | “一带一路”倡议 |
| 2015 | 中国制造2025 |
| 2016 | 供给侧结构性改革 |

# 附录二　各国政府的福利政策时间表

| 美国福利政策时间表 | | |
|---|---|---|
| 时间 | 福利政策/法律 | 内容 |
| 1932 | 签署了《紧急救济和建设法案》(*ERCA*) | 授权联邦政府贷款给州3亿美元用于救济失业者 |
| 1933. 5 | 《联邦紧急救济法》，成立联邦紧急救济署（FERA） | 旨在通过向州和地方提供资金救济和创造一些非技术性公共服务岗位（如修建草坪、清扫树叶等） |
| 1934 | 《新税法则》 | 按照收入和资产多寡征收超高额累进税和遗产税，目的就是让富人多交钱，穷人不交钱 |
| 1935. 4. 8 | 《紧急救济拨款法》 | 针对城市失业人员，由联邦政府拨款50亿美元实施以工代赈计划，兴办了大量公共工程（水坝、公路），提供就业 |
| 1935. 8. 14 | 《1935年社会保障法》 | 规定了老年人保障、失业保障和未成年儿童的保障：老年人保障对年满65岁的老年人给予每日发放一定款项的养老金，保险金由工人、雇主及联邦政府共同负担；对16岁以下无依靠的受抚养儿童、残疾儿童和盲人进行救济；建立了失业保险制度，为工人提供失业保险 |
| 1935. 12 | 联邦紧急救助署正式被工程进度管理署和社会保障委员会（SSB）取代 | 前者负责提供公共工作，后者则负责提供公共救助 |

续表

| 美国福利政策时间表 | | |
|---|---|---|
| 时间 | 福利政策/法律 | 内容 |
| 1937.9.1 | 《全国住宅法》 | 制订长远计划，为低收入家庭修建公共住房，每建造一栋公共住宅就得清除一栋不够标准的住房 |
| 1938.2.3 | 《全国住房修正案》 | 建立了联邦国民抵押协会，联邦贷款机构和联邦工作机构 |
| 1938.6.21 | 《公平劳动标准法》(*FLSA*) | 规定不分男女，劳动工资最低每小时25美分，并逐步增加到40美分；最高工时每周不超过40小时，如超过规定标准，则应支付原工资的一倍半 |
| 1945 | 杜鲁门住房政策 | 要求国会通过法令限定房子的最高价，授权把全国建筑材料的50%用来建造廉租房 |
| 1946 | 《1946年失业法》 | 政府必要时可以通过赤字的方式来实现“最大程度的就业、提高生产力和购买力” |
| 1946 | 《全国学校午餐法》 | 为各州建立、实施学校午餐计划提供帮助，对财政拨款、午餐计划支出、午餐营养等做出规定 |
| 1948.3.30 | 《1948年住房与房租法》 | 房租控制和对住房建设给予紧急财政援助 |
| 1949.7.15 | 《1949年住房法》 | 美国将在6年内兴建81万套公共住房，提供给收入较低的阶层；清除大城市的贫民窟 |
| 1950 | 《社会保障法修正案》 | 终身残疾与完全残疾救助 |
| 1950 | 《1935年社会保障法修正案》 | 老年及遗属保险得到进一步完善，1000多万人被纳入保险，保险津贴也提高到每月45美元 |
| 1950 | 对特殊地区学校的援助 | 为学校运转所需的花费提供拨款，为修建新学校提供拨款，有600多个地区学校受益于这两项援助 |
| 1952 | 《社会保障法修正案》 | 将老年及遗属保险津贴又提高到每月75美元 |
| 1954.6.1 | 《社会保障综合修正案》(H9366号) | 扩大社会保障津贴 |
| 1956 | 《社会保障法修正案》 | 增设伤残保险 |
| 1956 | 失业保险调整 | 扩大了失业保障的范围 |
| 1960 | 《社会保障法修正案》 | 将社会保障税率提高到雇主和雇员各3% |
| 1962 | 《公共福利修正案》 | 扩大儿童、老人、盲人和残疾人的福利支出，大幅度增加了联邦对州政府的工作培训与工作安置的支持力度 |

续表

| 美国福利政策时间表 | | |
|---|---|---|
| 时间 | 福利政策/法律 | 内容 |
| 1964.8.20 | 《经济机会法案》(*Economic Opportunity Act*) | 旨在为每一个人提供教育与培训机会、工作机会，以及体面和尊严的生活机会 |
| 1964 | 将食品券改为永久性政策 | 有资格获得食品券的低收入家庭可以用6美元购买相当于10美元的食品，联邦政府负担这一计划的全部费用 |
| 1964 | 妇女孕期照顾 | 联邦政府在每个财政年度为妇女孕期照顾拨款1.1亿美元 |
| 1965 | 退休津贴调整 | 提高退休津贴（7%） |
| 1965 | 《经济机会法案修正案》 | 鼓励州政府参与到反贫困计划中 |
| 1965.4.11 | 《中小学教育法》 | 规定以一个地区的低收入家庭儿童为基础向学校所在地区拨款，当年拨款17亿美元，全国95%的县得到补贴 |
| 1965 | 《高等教育法》 | 首次规定为贫困大学生提供联邦奖学金。此外，政府还每年拨款500美元给大学购买图书资料，向大学提供津贴以增加与社区发展相联系的课程，向贫困的小型学院提供资金 |
| 1965.8.10 | 《住房和都市发展法案》 | 对住不起体面住房的穷人给以租金补贴，增建24万套住宅，拨款29亿美元用于城市更新。对有资格居住公共住房，财力负担超过本人收入25%的，其超过部分由政府补贴。该法案还提出10年的住房目标，“继续完成260万套住房的建造和修缮，其中60万套是为低、中等收入家庭准备的” |
| 1967 | 退休津贴调整 | 退休津贴提高13% |
| 1967.9.27 | 国会通过5953号议案 | 继续为食品券计划提供两年的拨款 |
| 1969.10.11 | S3467号决议案 | 第一，特别牛奶计划，授权为非营利学校和其他训练及照顾儿童的机构供应牛奶。第二，学校早餐计划，授权各州为学校实施早餐计划。第三，非食品援助计划，授权拨款为低收入地区援助公立的和非营利的私立学校，提供储藏、储备、运输和服务所需设备的费用 |

续表

| 美国福利政策时间表 | | |
|---|---|---|
| 时间 | 福利政策/法律 | 内容 |
| 1973 | 《全国就业培训法案》 | 大力推进社区创立就业与培训计划 |
| 1996 | 《个人责任和工作机会协调法案》 | 用贫困家庭临时救助（TANF）代替原来的未成年子女家庭救助，对现金救助设置了严格的时间限制（5年），通过工作优先项目促进就业，鼓励个人承担责任，创立贫困家庭临时救助专项基金，使各州有更大的自主权对自身社会福利计划进行设计 |
| 2002 | 《为自立而工作法案》(*Working Toward Independence Act*) | 倡导通过就业产生的工作福利而自食其力，减少福利依赖 |
| 2003 | 《医疗保险法案》施行 | 将更多处方药品划入公共医疗补助范围，并且创设了健康储蓄账号（Health Savings Account）制度，使人们可以选择省下医疗保险的一部分资金以投资在其他重要地方 |
| 2006 | 《退休金改革法案》 | 严令美国企业拨付足够资金，确保员工的退休福利，将当时承担的90%的拨付比例提高到100%，并在其后7年内补交完拖欠的退休金，拨付不足的企业将被严惩 |
| 2010 | 《病人保护和可负担医疗法案》 | 构建低成本、全覆盖的医疗保险体系，强化公共项目，提高医疗服务的质量和效率，确保透明和项目廉正，增强医疗服务人力资源建设，强化经费保障六大内容 |
| 英国福利政策时间表 | | |
| 时间 | 政策/法案 | 内容 |
| 1601 | 伊丽莎白《济贫法》 | 在济贫问题上遵循区别对待的原则，将那些确无劳动能力的人送入“济贫院”，有劳动能力的穷人即官方认为懒惰的穷人则进行惩罚 |
| 1782 | 《吉伯特法》 | 主张对穷人实行工资补助和户外救济 |
| 1834 | 新《济贫法》 | 规定了济贫院内济贫的原则，任何人要想得到济贫法规定的救济就必须进入济贫院中，济贫院的条件远远低于院外最低生活条件 |

续表

| 英国福利政策时间表 | | |
|---|---|---|
| 时间 | 政策/法案 | 内容 |
| 1905 | 《老年养老金法》 | 对年满70岁的老人发放养老金，养老金免予缴费，完全由国库开支 |
| 1906 | 《教育（供餐）法》 | 地方政府被授权为学校的贫困儿童提供伙食 |
| 1909 | 《劳工介绍所法》 | 所有介绍所均由商贸部官员管理，由雇主、工人和地方机关组成的顾问委员会加以协助 |
| 1909 | 《行业委员会法》 | 对服装和成批定制衣服的缝纫业、纸盒作业、机制花边和网丝、锁链制造业共四个行业的最低工资和工时进行监视和干预，这些受控行业不断扩大 |
| 1911 | 《国民保险法》 | 确定了以社会保险为核心的现代社会保障制度，包括关于残疾人的国民健康保险和关于失业问题的失业保险 |
| 1918 | 《产妇与儿童福利法》 | 地方政府有权为产妇提供牛奶与营养品、家庭服务及产妇用品，并有权建立产妇与婴儿福利中心和产前诊所 |
| 1918 | 《教育法》 | 所有小学一律免交学费，并把学生离校的年龄提高到14岁 |
| 1920 | 新《失业保险法》 | 每个年收入不足250英镑的体力劳动者、非体力劳动者均可参加（农业、家庭服务以及学校与政府等部门成员除外） |
| 1923 | 《住房法》 | 规定政府以提供补助的形式鼓励私人建房 |
| 1925 | 第一个全国性质的纳捐型老年补助金法 | 实行缴纳费用的养老金制度，向所有寡妇、孤儿、65岁以上的老人提供补助，向被保险人的寡妇及孤儿提供年金 |
| 1937 | 颁布了寡妇、孤儿及老年人自愿缴费养老金法 | 扩大了1925年养老金法的适用范围，开始向没有参加国民健康保险的收入较高者提供缴费型养老金 |
| 1938 | 《盲人养老金法令》 | 将1920年的《盲人养老金法》规定的年龄由50岁的标准降低至40岁，并规定新法令下向老年盲人所提供的养老金是免费且不附带任何财产状况调查的条件 |

续表

| 英国福利政策时间表 | | |
|---|---|---|
| 时间 | 政策/法案 | 内容 |
| 1944 | 《国民保险部法》 | 新成立的国民保险部，将全面接管健康保险制度和各种养老金制度、失业保险制度以及工伤赔偿制度 |
| 1944 | 新《教育法》 | 对所有的11—15岁（苏格兰地区为12—15岁）的孩子实行免费的中等教育 |
| 1945 | 《家庭补贴法》 | 从第二个孩子开始，向每个孩子提供平均每周5先令的家庭补贴 |
| 1945 | 《国民保险（工伤）法》 | 雇主、雇工与国家三方共同缴纳工伤保险费用，发生工伤事故后由工伤保险基金赔付工伤保险津贴 |
| 1946 | 《国民保健法》 | 国民保健制度由医院提供的服务和特殊的医疗服务、由地方健康当局提供的服务以及由开业医生提供的一般性医疗和牙科服务构成 |
| 1946 | 新《国民保险法》 | 为参保人提供七种津贴，分别是失业保险津贴、疾病保险津贴、产妇津贴、寡妇年金以及寡妇补贴、孤儿补贴、养老金以及死亡津贴 |
| 1948 | 新《国民救助法》 | 废除济贫法制度。用于对贫穷个人所提供救助的支出、地方政府为贫穷人口提供的住所和其他服务，与国民救助制度相关的各种支出均由议会拨款承担。建立国民救助局，为英国民众提供帮助与救济 |
| 1952 | 新《家庭补贴法》 | 将补贴标准提高到每周8先令 |
| 1956 | 新《家庭补贴法》 | 将补贴开始从第一个孩子提供，标准为每周8先令，而其他孩子增加到每周10先令 |
| 1982 | 取消了与收入关联的疾病与失业救济 | 对失业者的救济改为应纳税津贴。同时，通过对各种救济征税来变相削减福利支出 |
| 1986 | 《社会保障法》 | 降低了养老金的发放基数和最高发放比例 |
| 1988 | 未成年保障调整 | 16—18岁的未成年人不再获得收入支持，同时取消对已经离开全日制教育的未成年人发放儿童津贴 |
| 1990 | 加强中央政府对教育的管理；压缩教育经费，以削减政府预算开支 | 把高等院校学生的助学金制度改为贷学金制度。政府每年还拨出1500万英镑作为特别困难基金，由地方教育机构管理 |

续表

| 英国福利政策时间表 | | |
|---|---|---|
| 时间 | 政策/法案 | 内容 |
| 1993—1994 | 压缩政府福利支出 | 对各种福利金征税；1982年以后由雇主而不是公务员支付疾病救济金，在1986年以后由雇主而不是公务员支付产妇津贴；以选择救济来取代普遍性救济；强化企业与个人保险计划，扩大社会保险空间 |
| 1998.4 | 《我们国家的新动力：新的社会契约》绿皮书 | 围绕“工作观念”重塑福利国家，提供高质量的教育、保健和住房公共服务，减少儿童贫困，扶助残疾人，帮助极度贫困者 |
| 1998.4 | 布莱尔政府推出了“改救济为就业”计划 | 取消失业津贴，鼓励25万年轻失业者就业。英国政府财政对提供见习工作机会和培训机会的企业，按每个岗位每周60英镑发放补贴。把征收的52万英镑“意外收入税”作为基金，用于资助青年人和单亲家庭的就业 |
| 1998 | 布莱尔政府推行新的国民医疗保健计划 | 减少医疗保健服务覆盖面，鼓励医疗保健服务的市场化 |
| 1998.7.14 | 工党政府医疗投资计划 | 工党政府公布了其后3年开支规模，决定向医疗机构增加210亿英镑的额外拨款，医疗投资以每年4.7%的速度递增 |
| 1999.2 | 《福利制度与养老金法案》 | 提高投保型养老金的效率。通过收入补助的形式，建立最低收入保障制度，确保每一位退休者能获得体面的保障 |
| 1999.4.1 | 推出了最低工资制度 | 规定18—21岁的雇员每小时薪金3英镑；22岁以上的雇员时薪至少为3.6英镑；接受新职业培训者，最低时薪为3.2英镑 |
| 2000.7.27 | 布莱尔政府公布了全国医疗改革五年计划，建立方便病人的医疗服务体系 | 其主要内容包括：新建医院，增设7000张床位；增招医护人员；设立一个负责国家卫生局现代化的机构，一个5亿英镑的全国医疗保险基金；向中间医疗机构投资9亿英镑；提高老年人的医疗标准等 |

续表

| 英国福利政策时间表 | | |
|---|---|---|
| 时间 | 政策/法案 | 内容 |
| 2007 | 政府发布《投身工作更幸福：完全就业的下一步》《准备好工作：我们下一代实现充分就业》 | 实施求职者制度和弹性就业新政，为各年龄层的求职者提供简化的一站式就业服务，以使所有失业者的求职机会最大化 |
| 2008.7 | 英国就业与养老金部发布福利改革绿皮书 | 以新的就业与援助津贴（Employment and Support Allowance）取代无工作能力福利 |
| 2009 | 《社会福利改革法案》 | 为取消收入补助金制定了框架，而且对申请求职者津贴或就业与援助津贴者限定了不同的领取条件 |
| 2012.3 | 《2012年福利改革法案》 | 把既往的各种收入津贴、住房补贴、儿童税收抵免（Child Tax Credit）和工作税收抵免（Working Tax Credit）等统合为通用福利（Universal Credit）。进一步完善工作导向性福利制度 |
| 法国福利政策时间表 | | |
| 时间 | 政策/法案 | 内容 |
| 1898 | 《工伤保险法》 | 雇主承担雇员一切工伤费用，只适用于工业企业工人 |
| 1899 | 工伤保险制度扩大 | 工伤保险制度扩大到使用机器而导致工伤事故的农业工人 |
| 1904 | 儿童救济制度 | 以省为单位的儿童社会保护服务体系 |
| 1905 | 老年救济制度 | 对患有疑难杂症的老人进行义务救济 |
| 1906 | 工伤保险制度扩大 | 工伤保险制度扩大到商业领域的从业人员 |
| 1910 | 第一个强制性养老保险法律 | 以工人和农民为保障对象，尝试建立统一的养老制度，但因第一次世界大战爆发未能实施 |
| 1913 | 孕妇救济制度 | |
| 1917 | 扩大了1913年对孕妇的救济范围 | |

续表

| 法国福利政策时间表 | | |
|---|---|---|
| 时间 | 政策/法案 | 内容 |
| 1919 | 工伤保险扩充 | 把路途工伤以及某些特定的职业病包括进工伤保险，并委托社会保险机构管理 |
| 1923 | 儿童补贴 | 中央政府提供资金对家庭3—13岁的儿童提供补贴 |
| 1930 | 《社会保障法》 | 向工资低于一定水平的全部劳工提供预防疾病、孕产、残疾、退休和死亡的社会保障 |
| 1932 | 《家庭补贴法》 | 除公务人员和铁道部门外，其他行业雇主都有义务为贫困雇员提供家庭补贴 |
| 1939 | 《家庭法典》 | 家庭补贴不再仅限于向贫困雇员发放，而是向全体在职人员发放 |
| 1945.10 | 《社会保险法》 | 所有有雇佣劳动关系的劳动者都必须参加基本养老保险，按照本人职业按收入比例缴纳社会保险费，在行业保险的基础上扩大保险的覆盖面 |
| 1946 | 《社会保险法》修订 | 将保险范围扩大到居住在法国领土上的所有公民，将工伤事故保险归并到整个社会保障制度中 |
| 1946 | 家庭补贴制度 | 将家庭补贴制度的适用范围扩大到全体人口，包括失业者和不能受雇者 |
| 1947 | 养老金制度扩充 | 扩大到全体经济活动人口 |
| 1948 | 住房津贴 | 资助收入不高的家庭租房 |
| 1952 | 农民养老保险制度 | 保险对象包括自己拥有土地的农场主、农业经营者及其家属、农业工薪人员，以“农业社会互助金”的形式实现 |
| 1961 | 农民疾病和生育保险制度 | 将疾病、残疾、生育纳入保险范畴，农业家庭成员必须参保 |
| 1966 | 自我雇佣者的疾病和生育保险制度 | 将自我雇佣者、手工业者和自由职业者纳入保险范畴 |
| 1966 | 工伤事故保险扩围 | 工伤事故保险制度扩大到农场主，农场主必须参加工伤事故保险制度，或者与某个工伤保险机构订立契约，或者加入某个工伤事故保险机构 |

续表

| 法国福利政策时间表 | | |
|---|---|---|
| 时间 | 政策/法案 | 内容 |
| 1970 | 实施最低工资制度 | 最低工资根据物价的上涨幅度，每年做一次甚至几次调整 |
| 90年代中期 | 制定了针对非就业人员的政策 | 引入“最低收入保障”，为年龄在25岁以上的失业者提供最低收入保障，但领取保障金的失业者必须接受就业培训；实行“综合社会捐”，对各种工资水平的人都征收1.1%的专用目的税，用于非缴纳性福利 |
| 德国福利政策时间表 | | |
| 时间 | 福利政策/法律 | 内容 |
| 1839 | 《工人保护法》 | 100名雇员以上的采矿企业应成立工人委员会，代表工人的利益 |
| 1881.11.17 | 《黄金诏书》 | 设立了带有社团管理结构的三重保险体系 |
| 1870 | 《济贫法》 | 建立贫困人口救济制度 |
| 1883 | 《工人疾病保险法》 | 对以工资和薪水维持生计的社会阶层实行强制性保险，适用于年收入不超过2000马克的工厂劳动者 |
| 1884.7.6 | 《工伤保险法》(或《事故保险法》) | 因公发生事故的，受害人及其家属可以从事故保险中得到补偿，适用于年收入低于2000马克的工业劳动者 |
| 1885 | 工伤保险扩围 | 工伤保险法的适用范围扩大到由帝国与各州举办的工业企业的工人 |
| 1887 | 工伤保险扩围 | 工伤保险法的适用范围扩大到建筑业和造船业的工人 |
| 1889 | 《老年和残疾保险法》(或《养老金保险法》) | 规定退休老人和因伤残而丧失劳动能力的人，可以按照伤残程度领取养老金 |
| 1911 | 《帝国保险条例和职员保险法》(职业保险法) | 把保险的对象从工人扩大到公司职员 |
| 1919 | 《社会保险法典》 | 将强制性疾病保险的适用范围扩大到农业工人、佣人、零工、家庭雇佣者以及流动小商贩 |

续表

| 德国福利政策时间表 | | |
|---|---|---|
| 时间 | 福利政策/法律 | 内容 |
| 1920.3 | 《帝国供给法》和《健康严重受损法》 | 用以抚恤第一次世界大战留下的伤兵和阵亡者家属 |
| 1923 | 《矿工保险法》 | 建立全国性矿工保险基金，对从事矿业工作的所有雇主和雇员提供疾病和养老保险津贴 |
| 1925 | 工伤保险扩围 | 将11种职业病开始纳入工伤保险制度 |
| 1929 | 工伤保险扩围 | 纳入工伤保险制度的职业病增加到21种 |
| 1927 | 《失业介绍法和失业保险法》 | 开始实行全面的法定失业保险，费率为雇员工资的3%，由雇主和雇员各承担一半 |
| 1935 | 家庭补贴制度 | 从第5个孩子开始提供补贴 |
| 1937 | 年金保险 | 所有40岁以下的城市居民有权参加自愿性年金保险 |
| 1938 | 社会补贴制度首次立法 | 主要针对妇女和儿童，覆盖范围包括有一个及一个以上子女的家庭，资金来源主要是政府的财政拨款 |
| 1938 | 《手工业者养老金法》 | 将强制性老年和残疾保险扩大到大部分自我雇佣的手工业者 |
| 1939 | 强制工伤保险扩围 | 适用范围扩大到所有的农业从业者及其妻子 |
| 1941 | 疾病保险和养老金制度扩围 | 适用范围扩大到自我雇佣者，如艺术工作者、家庭作坊雇员以及佣人 |
| 1942 | 工伤保险体制改革 | 工伤保险制度首次覆盖全部企业雇员 |
| 1951 | 社会保障经营制度 | 由社会保险机构、雇主和投保人三方共同管理 |
| 1952 | 《母亲保护法》 | 正常情况下不得解雇怀孕期间和分娩后4个月内的妇女。如果雇员事后发现自己怀孕，只要在收到解雇通知后2周内通知雇主，解雇行为归于无效 |
| 1953 | 《严重伤残职工保护法》 | |
| 1954 | 新的《家庭补贴法》 | 给被雇佣者提供从第三个孩子开始的家庭补贴，家庭补贴的财政来源于雇主缴费 |

续表

| 德国福利政策时间表 | | |
|---|---|---|
| 时间 | 福利政策/法律 | 内容 |
| 1956 | 《失业保险法》修正 | |
| 1957 | 养老保险改革 | 养老金开始与在职人员工资增长挂钩 |
| 1960 | 《青年工人劳动保护法》 | 致力于对儿童和青少年的特别保护。该法规定不得雇用童工，即年龄小于15岁的自然人，但主管部门可以在特殊情况下给予雇佣许可。雇用15—18岁的青少年也必须遵守法律的特别规定，比如不允许让青少年在周日工作 |
| 1961 | 新的《社会救助法》 | 对社会救助做了一般原则性规定，具体的救助额度等细节问题则由各州立法决定 |
| 1963 | 《住宅扶助法》 | 对居住人进行扶助，提高居民购买力 |
| 1963 | 老年补贴制度 | |
| 1963 | 《联邦度假法》 | 雇员一年的法定带薪假期是4个星期。雇主不能通过和雇员做出约定来缩减这一法定度假时间，但双方可以对这一强制性的规定做出有利于雇员的约定，比如长于4个星期 |
| 1969 | 《劳动促进法》和对《联邦社会救济法》的修改决定 | 扩大了对伤残人士的救济范围，增加了特殊社会困难救济等 |
| 1969 | 养老保险基金筹资模式改革 | 养老保险基金筹资模式向现收现付模式转变 |
| 1971 | 工伤保险体制改革 | 进一步扩大了工伤保险的覆盖面，将全国所有社会成员纳入进来 |
| 1972 | 养老保险改革 | 一是高额的工资替代率，一个工作了45年的工人在退休后可以拿到退休前净收入的70%，而同样情况下在美国只有53%。而这个比例将随着工资的增加而指数性地增加；二是提前退休政策，1972年改革废除了法定退休年龄为65岁的规定，而可以在63—65岁弹性选择。如果加上对于无劳动能力以及妇女的保护，这个退休年龄期可扩大到60—65岁 |

续表

| 德国福利政策时间表 | | |
| --- | --- | --- |
| 时间 | 福利政策/法律 | 内容 |
| 1974 | 实施7.5%的私人投资补贴 | 针对失业率上升问题 |
| 1975.5.15 | 《战争致损害赔偿法》 | 规定了对因暴力行为受损者本人及其家庭给予救济，受损者的待遇与战争致损供养范围一样，但财产损失不予赔偿 |
| 1975 | 《联邦子女补贴费用法》 | 以法律的形式对未成年者进行补贴做出规定，补贴标准主要根据每一家庭子女的多少和家庭收入的多少来决定 |
| 1977 | 养老保险基金的现收现付模式完成 | 额定储备金规定为能够支付一个月的养老保险支出，如果连续两年未达到额定储备金，就要提高养老保险费率 |
| 1982 | 采取新的促进就业措施 | 实行10%的投资补贴 |
| 1987 | 对《劳动促进法》进行了修改 | |
| 1992 | 《医疗保险结构法》 | 主要对全额报销的医疗保险制度做了重要的调整，使保险公司、参保人按照比例共同承担医疗费用 |
| 1992 | 养老金改革已经明确地将现收现付制的运行模式写入德国社会法典中（《社会法典》VI第153条） | 每一年的支出由当年的收入抵偿，若收不抵支时，从额定储备金中提取资金来抵偿。保险费率确定的依据是，当额定储备金在当年年末少于养老保险金一个月支出的数额时，就必须提高保险费率，若超出，则必须降低保险费率 |
| 1994 | 《护理保险法》 | 保障老年人和病残人员生病后的护理需求权利 |
| 1994.8 | 《就业支持法》 | 允许建立私营的职业介绍所，这更有利于减少失业 |
| 1996 | 《健康保险费豁免条例》 | 主要针对住院和康复治疗的保险形式进行了改革，提高了自费的比例，目的在于限制以创收性的处方为营利方式的医院行为 |

续表

| 德国福利政策时间表 | | |
|---|---|---|
| 时间 | 福利政策/法律 | 内容 |
| 1996 | 《就业促进法》 | 其对失业保险和失业救助进行了详细的规定，严格失业保险的申请和给付条件，以强化失业者的工作、求职意愿。如果一个失业者想得到失业保险金或失业救济金，那么他必须接受职业介绍员介绍的“合适的职业” |
| 1999 | 通过了《法定养老保险改革法》 | 养老金计算公式的变动，养老金水平的保障，鼓励企业养老保险，改革子女抚养期间的缴纳养老金办法，鼓励特殊人群参加私人养老保险 |
| 2001.5 | 《养老保险改革法令》 | 扩大私人养老保险，补贴养老储蓄，免税特别支出 |
| 2001 | “照顾儿童”（Kinderberücksichtigungsgesetz）的法令 | 从2005年1月1日起，无子女家庭成员，年龄在22岁以上应按照1.95%的税率缴纳护理保险。对于失业者，联邦劳动局代为缴付 |
| 2001 | 控制缴费率计划（overload protection） | 规定缴费率将被控制在2020年的20%以及2030年的22%间。法律规定所有就业人员都必须参加养老保险，不包括公务员及月收入低于320欧元的就职人员，他们的养老保险费用由国家承担 |
| 2003.1.1 | 哈茨改革Ⅰ | 通过部分就业和放宽劳动力的借用来创造新就业岗位 |
| 2003.1.1 | 哈茨改革Ⅱ | ①要将原来的失业机构改建成包括劳动部门和社会救济部门双重职能的“工作中心”；<br>②资助失业者建立所谓的“一人公司”（Ich-AG，简称“IInc.”）；<br>③修改了“迷你工作”（mini job）的定义；<br>④设置小型工作（mini job）标准，“小型工作”标准是针对月工资在400—800欧元的劳动关系 |
| 2003.7 | 《法定医疗保险现代化法》 | 主要是减少法定医疗保险覆盖的项目，增加参保人责任，即要求参保人为医疗诊治支付更多的费用 |

续表

| 德国福利政策时间表 | | |
|---|---|---|
| 时间 | 福利政策/法律 | 内容 |
| 2003.10.17 | 新的医疗保险改革计划《医疗卫生改革法》 | 稳定医疗保险缴费率的基础上，强调个人责任在医疗保险制度的重要作用，对个人医疗缴费部分给予了较大幅度的提高，以及对医疗保险的给付方式进行了调整，例如取消了丧葬费补贴、妇女生育补贴；就业妇女在产后获得的育儿金将不再由法定医疗保险承担，而是由税收来支付；并从2005年起，法定医疗保险不再对镶牙费用给予报销；取消原由医疗保险机构承担的病假津贴；并向每位看病者征收每个季度最高10欧元的门诊费用，以及保险费之外为所有医疗支出加付最低5欧元最高10欧元的费用 |
| 2003.12.19 | “劳动市场现代服务第四法案”，即哈茨改革第四大法案 | 将所有具备就业能力（具备就业能力的标准是每天至少可以从事3个小时的就业活动）的享受救济人员，不再按失业救济和社会救济分别管理，而是将这两种救济合二为一，统称“失业保险金Ⅱ”，为失业者的基本生活和安置提供统一的待遇。资金来源渠道保持不变，享受的条件还是根据基本生活需要 |
| 2004.1.1 | 哈茨改革Ⅲ | 转变联邦劳动局和地方各级劳动部门的职能，把它们由管理部门转变成服务机构 |
| 2004.3 | 推出了两项重要养老保险改革措施 | 扩展养老金计算公式，逐步提高法定退休年龄，制定长期稳定养老保险条例，2004年3月11日，联邦议院制定了关于长期稳定养老保险条例 |
| 2005.1.1 | 哈茨改革Ⅳ | 核心思想是“促进和要求”。“促进”是指政府将为失业者提供更快更好的就业指导；“要求”是指失业者，尤其是长期失业者必须接受职业介绍机构提供的任何工作，即使这份工作的工资低于当地正常工资水平 |
| 2006.7.1 | 哈茨改革Ⅳ | 取消东西部居民之间在领取“失业保险金Ⅱ”的14欧元的差异，即德国东部的长期失业者每月也将领取与西部一样的345欧元的失业保险金 |
| 2007.1.1 | “父母津贴”（Elterngeld）政策 | 凡是在家照顾子女的父母均可得到子女未出生前净收入的67%作为补贴，最高每月可达1800欧元。如果父亲停职两个月在家照顾子女，就可得到长达14个月的父母津贴 |

续表

| 日本福利政策时间表 | | |
|---|---|---|
| 时间 | 福利政策/法律 | 内容 |
| 1941 | 工人年金保险（《劳动者年金保险法》） | 船员保险法的适用对象扩大到十人以上企业所雇佣的男性工人 |
| 1944 | 《厚生年金保险法》 | 保险对象扩大到男女职员，涵盖被雇佣者人数五人以上、十人以下企业的所有被雇佣者 |
| 1945 | 《厚生年金法（新法）》 | 把过去只是报酬比例制的养老金，改为定额部分加报酬比例部分的双层次养老金。同时为了扩大养老保险覆盖面，建立以中小企业劳动者、自营业者、农民等为对象，保障老后所得的国民养老保险制度 |
| 1945. 12 | 《紧急贫困者援助生活纲要》（《生活贫困者紧急生活援助纲要》） | 对失业者、军人、归国者及其留守家属、伤残军人等实施救助 |
| 1946. 9 | 《生活保护法》 | 以无差别和平等的原则，强调了国家的责任和保障了最低水平的生活 |
| 1947 | 制定并实施《劳动基本法》 | 替代1911年制定、1916年实施的《工厂法》 |
| 1947. 3 | 设立儿童局 | 明确了保护儿童是国家的责任，并把保护的对象扩大为所有儿童 |
| 1947. 11. 21 | 《失业保险法》 | 在受保者失业后，向其支付失业补助金，以保障受保者的生活安定 |
| 1948 | 《儿童福利法》 | 把保护和增进儿童的健康、改善和充实儿童成长的环境作为总体目标 |
| 1949 | 修改《失业保险法》 | 进一步完善了劳动者灾害补偿保险制度 |
| 1950 | 工人灾害补偿保险 | 从此由健康保险和厚生年金保险替代的工伤、疾病的补偿被纳入正式轨道 |
| 1959. 4 | 《国民年金法案》 | 对20—59岁的农民、渔民、4人以下的私营企业雇员及配偶、独立经营者实行强制加入 |
| 1961 | 国民皆保险、国民皆年金体制 | 使医疗、年金保险覆盖全民，成为日本社会保障制度的主干 |

续表

| 日本福利政策时间表 | | |
|---|---|---|
| 时间 | 福利政策/法律 | 内容 |
| 60年代中期 | 政府增加保障支出 | 财政支出新增加了面向生活基础的公共事业费、社会保障费、公害对策费等所谓“民主型、社会政策型”的经费。与社会保障有关费用的预算在一般会计预算中的比例，被规定为14% |
| 1973.1 | 老人医疗费支付制度 | 修改老人福利法，从制度上把医疗保险与老人福利统一起来，实现了“老人医疗免费化” |
| 1973.10 | 修改《健康保险法》 | 对被雇佣者医疗保险引入定率负担制，把家属医疗费支付比率提高到70%，政府掌管健康保险的20%费用，由国库负担 |
| 1973.11 | “5万元年金” | 开始实行“5万元年金”，并与物价挂钩 |
| 1975.4 | 《雇佣保险法》 | 雇佣保险继承了失业保险制度的“失业补助”的功能，而且进一步积极预防失业、调整雇佣状态，扩大雇佣机会，促进劳动者能力的开发及提高，进而谋求增进改善劳动者福利状况 |
| 1983 | 《老人保健法》 | 医疗保险制度负担70%的费用，废除全额公费负担的老人医疗费支出制度中的公费负担，减轻60%由国库负担的国民健康保险的费用 |
| 1984 | 修订《失业保险法》 | 1. 在失业保险金支付天数确定方面，将过去仅依据年龄大小改成依据年龄及被保险人参加保险时间长短确定，支付天数改为90—100天。2. 65岁以上老年人原则上被排除在失业保险适用范围之外，因为日本规定退休年龄线多数在60—65岁，有些部门还可以工作到70岁。所以，已达到退休年龄的人，应该从失业保险适用范围中排除。3. 创设了对提早重新就业的失业人员支付补助金的制度，这种补助称为“重新就业补贴” |
| 1984 | 修订医疗保险 | 被雇佣者的医疗费90%由医疗保险支付，其余由个人负担，借以减少诊疗和医疗费的增加 |
| 1985 | 修订社会保护制度 | 停止1965年以来的缩小差额方式，而使用改善一般国民消费水平的差距维持方式 |

续表

| 日本福利政策时间表 | | |
|---|---|---|
| 时间 | 福利政策/法律 | 内容 |
| 1985 | 修订儿童津贴制度 | 将以前的适用对象仅限于一个家庭中第三个及其以后的孩子扩大到第二个及其以后的孩子，1991 年进而修订为第一个孩子（未满 3 岁） |
| 1986. 4 | 公共年金制度改革 | 国民年金的适用范围由以往仅限于自营业者和没有加入被雇佣者年金者扩大到被雇佣者及其妻室，国民年金发展成向全民支付共同的基础年金的制度。新国民年金的支付包括老龄基础年金、残疾基础年金、遗属基础年金等 |
| 90 年代以来 | 高龄化社会保障制度 | 为创设看护保险而制定《看护保险法》；根据对以往福利制度的重新认识和“黄金计划”(推进高龄者保健福利 10 年战略)，有计划地加强基础工作 |
| 1998 | 修订《失业保险法》 | 1. 创设了“教育训练补助”制度，即对参加了劳动大臣指定的教育训练讲座的工人，不分在职与失业，均可支付经费的 80%；2. 对因护理家人而中止工作的人，也可支付“连续就业补助”，标准相当于本人工资的 25% |
| 2000. 03. 28 | 日本国会通过《厚生年金保险法》《国民年金法》等 7 部有关年金制度改革的法案 | 大幅修改缴纳年金保险费和领取养老年金的制度 |
| 瑞典福利政策时间表 | | |
| 时间 | 福利政策/法律 | 内容 |
| 1884—1891 | 建立医保制度 | 向德国学习疾病、工伤和老年方面实行强制性国家保险的做法，对自愿健康保险团体提供国家资助 |
| 1891 | 自愿健康保险计划 | 政府开始对注册登记的自愿性健康保险团体提供国家资助，瑞典医疗保险政策得以建立 |
| 1901 | 建立工商保险制度 | 成立了社会保险局，雇主开始对工伤事故承担责任 |
| 1910 | 健康保险立法 | 对自愿性健康保险团体提供国家资助 |

续表

| 瑞典福利政策时间表 | | |
|---|---|---|
| 时间 | 福利政策/法律 | 内容 |
| 1912 | 出台《劳工福利法》 | 进一步保障劳工福利 |
| 1913 | 通过《养老金法案》 | 对绝大多数的公民（所有18—66岁公民）提供了一体化的公共养老金覆盖，以政府财政资助为主要收入来源，也接受个人缴费，同时也提供收入调查（Means Test）的养老救济 |
| 1914 | 建立失业补贴与救济制度 | 通过家计调查，向失业者、贫苦者提供经济补助，但因经济水平不高，经济补助效果较差 |
| 1931 | 建立疾病补贴制度 | |
| 1931 | 医保制度的修订 | 瑞典政府规定所有健康保险互助团体必须接受国家资助，并按照政府的规定运行 |
| 1934 | 通过有关自愿性失业保险的第一个法案 | 允许由工会组建的失业保险基金到政府进行失业登记，从而获得国家的承认和资助。对领取失业保险津贴的资格和标准做出了明确的规定 |
| 1937 | 《家庭补贴法》 | 专门向子女提供生活费用补助 |
| 1943 | 建立国家健康保险 | 将之前所存在的通过慈善机构和工会建立的个人医疗保险纳入统一的国家医疗保险中 |
| 1944 | 《工人运动战后纲领》 | 强调公平分配、合理就业有利于增强国家经济实力，改善人民生活质量，加快社会民主建设 |
| 1946 | 建立《健康保险法》 | 明确强制瑞典各单位要落实医保制度，在全国范围内第一次建立起强制性的健康保险制度，每个16岁以上的瑞典公民都必须参加强制性健康保险。新健康保险法要求政府为公立医院的门诊服务提供财政补贴 |
| 1948 | 新的养老金立法 | 构建了以国家财政支持为核心的普遍性养老金制度，所有国民均可享受养老金福利并缴纳统一费率的养老金。另外还附加特别住房和家属津贴以提高基本养老金的待遇水平，同时增加了残疾和死亡给付（残疾人年金和寡妇年金） |

续表

| 瑞典福利政策时间表 | | |
|---|---|---|
| 时间 | 福利政策/法律 | 内容 |
| 1950 | 开始实行9年制义务教育 | 全国有统一的教学计划、教学大纲，甚至规定了每个科目的主要内容和细则以及所要达到的目的。各级学校的行政机构简单，学校的用具和设备，从粉笔到校舍都是国家配给的，学校设备整齐划一。学校不设教务处、事务处，职工很少，主要由校长负责与上级联系。教师由国家任命，教师工资在指定银行领取 |
| 1957 | 《社会救助法》，并废止了原有的《济贫法》 | 这一制度认为人们拥有生存权，国家保证社会成员享有基本生活的义务，提供帮助的对象主要是儿童和妇女，并且主要是生活救济 |
| 1958 | 《养老金补充法》 | 管理方是国家，但费用全部由雇主承担，国家不给予财政支持和担保，具有强制性 |
| 1959 | 健康保险制度 | 把自愿性疾病基金团体转变为强制性国家健康保险的管理机构，提高健康保险日现金津贴的标准 |
| 1963 | 实施与收入相关联的国家补充年金制度（ATP） | 补充年金的给付水平与退休前的收入水平和工作年限相关 |
| 1969 | 养老金制度 | 为没有补充年金或年金很低的人提供特别养老金，以抚平补充养老金导致的贫富差距 |
| 1969 | “七克朗改革” | 将所有的医生收编成为全职的公共职员，并限制医生建立私人门诊，将私人运营的医疗机构逐渐纳入公立医院管理，建立统一的公共医疗服务体系 |
| 1980 | 建成了世界上水平最高的公共老年服务体系 | 居家养老服务和机构养老服务 |
| 1982 | 《社会服务法案》 | 被服务的人无论其需求大小，都有权利在家中得到帮助服务 |
| 1992.1 | 实行新的医疗保险制度 | 重新界定了政府、雇主和个人在医疗保险制度中的责任，并对个人的支付待遇进行了调整。引入雇员康复计划，雇主和政府为患病的雇员提供涵盖医学上的、心理上的、社会中的或者其他与工作相关的帮助 |

续表

| 瑞典福利政策时间表 | | |
|---|---|---|
| 时间 | 福利政策/法律 | 内容 |
| 90年代中期 | 养老金改革 | 通过“参数”调整来削减养老金的福利待遇。修改了原来用于鼓励延迟退休的部分养老金津贴资格年限和待遇标准，将资格年限提高了1年，同时部分养老金津贴标准由以往工资的65%降到55% |
| 1997.3 | 议会通过新的失业保险制度 | 1. 失业保险给付的收入替代率由90%降为80%；2. 等待期由0天增为5天；3. 失业保险金缴纳期限由4个月增加为6个月；4. 雇主缴纳费用由工资比例的2.16%增加为5.42%。新的失业保险制度增加了收的部分，缩减了支的部分，为可持续性发展提供了条件 |
| 90年代中后期 | 养老金制度改革 | 首先是取消了原来的国家基本养老金制度、国家补充养老金制度和部分养老金津贴制度，建立了名义账户养老金，实行缴费确定型（DG）的计划，接受雇主、雇员缴费资助和国家财政的补贴，雇主、雇员的缴费义务相同。同时又建立了国家财政资助的保障养老金（Means Test）来对生活在瑞典3年以上、年龄达到65岁、收入低于最低保障线的公民提供基本生活保障 |
| 中国福利政策时间表 | | |
| 时间 | 福利政策/法律 | 内容 |
| 1951 | 《中华人民共和国劳动保险条例》 | 劳动保险制度采取一个统一的费率，涵盖了养老、疾病、工伤、残疾、死亡、生育等多项内容。机关事业单位和企业执行统一的劳动保险政策，保障范围包括了职工家属 |
| 1978 | 《国务院关于工人退休、退职的暂行办法》 | 针对国有企业、事业单位等非公务员的退休制度安排 |
| 1986.7 | 《国营企业职工待业保险暂行规定》 | 针对失去工作的国有企业职工建立起了待业保险制度 |
| 1991 | 《国务院关于企业职工养老保险制度改革的决定》 | 正式确立了基本养老保险的社会统筹制度 |

续表

| 中国福利政策时间表 | | |
|---|---|---|
| 时间 | 福利政策/法律 | 内容 |
| 1997 | 《国务院关于建立统一的企业职工基本养老保险制度的决定》 | 从缴费比例、个人账户规模、基本养老金计发办法三个方面统一企业职工基本养老保险制度，要求各地已经建立起来的制度都要向此过渡 |
| 1998 | 《国务院关于建立城镇职工基本医疗保险制度的决定》 | 正式建立起了社会统筹和个人账户相结合的城镇职工基本医疗保险制度 |
| 1999.1 | 《失业保险条例》 | 制度覆盖范围不再局限于国有企业，而是所有城镇企业；筹资方式从原来只由单位缴费改为单位和个人共同缴费 |
| 1999.10 | 《城市居民最低生活保障条例》 | 对城市贫困群体提供基本生活物质帮助。在城市低保的基础上，各地还附着建立了就业援助、教育援助、住房保障、司法援助等专项救助制度，拓展了救助范围和内容 |
| 2002 | 新型农村合作医疗制度建设 | 提出“到2010年，全国新型农村合作医疗基本覆盖农村居民”的目标 |
| 2005 | 《国务院关于完善企业职工基本养老保险制度的决定》 | 对制度进行了局部调整和完善，并把制度覆盖范围扩大到了城镇各类企业职工、个体工商户和灵活就业人员 |
| 2007 | 开始进行城镇居民基本医疗保险试点，2009年实现了全覆盖 | |
| 2007 | 《国务院关于在全国建立农村最低生活保障制度的通知》 | 农村低保制度 |
| 2009 | 《国务院关于开展新型农村社会养老保险试点的指导意见》 | 政府全面介入了新型农村社会养老保险制度，基础养老金完全由公共财政预算安排资金解决；地方财政对农民缴费实行补贴，全部进入个人账户 |
| 2011 | 国务院按照新农保的相同模式，开始建立城镇居民基本养老保险制度 | 主要覆盖城镇地区未参加企业职工基本养老保险的人群 |

续表

| 中国福利政策时间表 | | |
|---|---|---|
| 时间 | 福利政策/法律 | 内容 |
| 2012 | 建立起了大病保险制度 | 保费从城镇居民医保基金、新农合基金中划出，通过招标形式向商业保险公司购买大病保险，不再额外增加个人缴费负担 |
| 2015.1 | 《国务院关于机关事业单位工作人员养老保险制度改革的决定》 | 按照与企业相同的模式，建立起了机关事业单位基本养老保险制度，从制度层面解决了机关事业单位与企业养老保险“双轨运行”的问题，实现了就业人员内部的公平与统一。目前依旧没有解决公务员的双轨制问题 |

**图书在版编目（CIP）数据**

马克思中观经济学：拯救世界的经济学：普及版 / 郎咸平 著. —北京：东方出版社，2018.6
ISBN 978-7-5207-0372-7

Ⅰ.①马… Ⅱ.①郎… Ⅲ.①马克思主义政治经济学—中观经济学—研究 Ⅳ.①F0-0

中国版本图书馆 CIP 数据核字（2018）第 082501 号

**马克思中观经济学（普及版）：拯救世界的经济学**
［MAKESI ZHONGGUAN JINGJIXUE（PUJIBAN）：ZHENGJIU SHIJIE DE JINGJIXUE］

**作　　者**：郎咸平
**责任编辑**：陈丽娜　许正阳
**出　　版**：东方出版社
**发　　行**：人民东方出版传媒有限公司
**地　　址**：北京市东城区东四十条 113 号
**邮　　编**：100007
**印　　刷**：三河市金泰源印务有限公司
**版　　次**：2018 年 6 月第 1 版
**印　　次**：2018 年 6 月第 1 次印刷
**开　　本**：710 毫米×1000 毫米　1/16
**印　　张**：19
**字　　数**：220 千字
**书　　号**：ISBN 978-7-5207-0372-7
**定　　价**：49.80 元
**发行电话**：（010）85924663　85924644　85924641

**版权所有，违者必究**
**如有印装质量问题，我社负责调换，请拨打电话：（010）64023113**